汪曾祺

书信全编

E X - L I B R I S

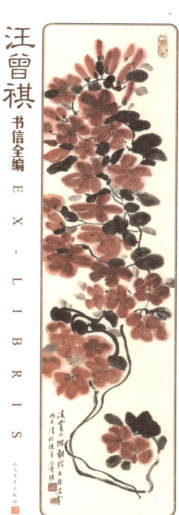

凌霄不附树　独立自凌霄

汪曾祺

全集版

汪曾祺

书信全编

人民文学出版社

图书在版编目（CIP）数据

汪曾祺书信全编/汪曾祺著. —北京：人民文学出版社，2019（2020.5重印）
ISBN 978-7-02-014771-7

Ⅰ.①汪… Ⅱ.①汪… Ⅲ.①汪曾祺（1920—1997）—书信集
Ⅳ.①K825.6

中国版本图书馆 CIP 数据核字(2018)第 295189 号

责任编辑　周墨西
装帧设计　刘　静
责任印制　王重艺

出版发行　人民文学出版社
社　　址　北京市朝内大街 166 号
邮政编码　100705
网　　址　http://www.rw-cn.com

印　　刷　三河市鑫金马印装有限公司
经　　销　全国新华书店等

字　　数　319 千字
开　　本　680 毫米×960 毫米　1/16
印　　张　22　插页 3
印　　数　5001—8000
版　　次　2019 年 6 月北京第 1 版
印　　次　2020 年 5 月第 2 次印刷

书　　号　978-7-02-014771-7
定　　价　49.00 元

如有印装质量问题,请与本社图书销售中心调换。电话:010-65233595

出版说明

本书收入作者书信293封(含残简)。所收书信据手迹进行排校,凡无手迹者,则在题注中说明来源。按写信时间排序,1980年9月22日,编号即800922;时间不确定的,用□示意,特殊情况在题注中说明;个别书信属夏历,按所折公历编序。题注介绍收信人简况;信中注释力求简约,注不完全的人名或事,如注释"巴公",不注释"巴金"。原件中的笔误,用以下方式标示:误字用〔 〕,排仿宋体;漏字用〔 〕,排仿宋体;原稿漫漶无法辨认的字,用□替代。保留异体字,保留带有作家个人风格与时代印记的用语。本书是我社《汪曾祺全集》中的"书信卷",为满足读者需求,单独出版。

人民文学出版社编辑部

目　　录

1986 年

1987 年

1943 年

43□□□□ 致朱奎元[①]

奎元:

　　我大概并未神经过敏:我们之间曾经发生过一点小小不愉快事情。

　　我两天来一直未能摆脱此事,则知你的生活也未必不受此影响。这点事实与推想,教人明白我们过往这些日子并未白费,证明我们关系并未只是形式。我非常自然的想到你与冯名世。思想范围既已不粘着在那件完全出于偶然事情上,心境便清爽平和得多。而觉得不可避免的冲动实在不应当支持下去。人有比自尊更切需的东西。

　　我把一向对你的了解在心里从新誉清一次:把你的性格,你的生活历程,你近日来的情绪,大概排比一下,对你的言行似乎更能同情。——你觉得"同情"两字有点刺伤你的骄傲么?所幸我自知并未居高临下的说这句话。

　　另一面,我也尽能力分析一下自己,也并未懊悔。你相当知道我的随便处与严肃处。知道我对于有些事并不会马虎。尤其,我近来感情正为一件事所支配,我愿意自己对一些理想永远执持不变,并且愿意别人也都不与我的理想冲突。这两天最好我们不谈起有关女孩子事情。

　　因为想这些事,也联带想起许多别的事。我甚至于想到一生的事情,一切待面谈,写信有时免不去装腔作势。

　　我十二点钟来找你。怕你明天早晨不在,才写信。

　　明天也许在决定我生活方向上是一个相当重要的日子:我们系主任罗先生今天跟我说,先修班有班国文,叫我教。明天正式决定。他说是先给我占一个位置,省得明年有问题。这事相当使我高兴。别的都还是小,罗先生对我如此关心惠爱,实在令人感激。联大没有领得文凭就在本校教书的,这恐怕是第一次。

好,十二点钟等我。

曾祺

注　释

① 朱奎元(1915—2011),江苏高邮菱塘人。同乡,高邮中学的同学。

1944 年

440418　致朱奎元

……①

偶闻吴奎说调笙师已婚娶生二子，兹事前未之闻。则你寓居景况又当与原来设想者稍异。灯下不少谈笑，山头无由杖策，为得为失，诚未可知，李小姐亦是初中同学，或尚依稀记得我小时模样，尝谈及否？

调笙师风采何似，想即略白发，未若我多，问亦思家不。谨为候安。

我被"朋友"逼往南英中学教书。唬小孩子，易易事耳。现已上课半月，不知校方何以忽发奇想，要撤换原有训育主任，以我承替。奎元知我，放浪不理政事，且尚计自读书，写我大作，必不应之也。我以"名士派"为辞，愿依然作闲人。

三月之后，缅北、印度雨季收稍，战事将有进展，我仍想各处看看。"门前亲种柳，生意未婆娑"，曾祺非甘老大人，奎元其赞而勉之。事未决成，亦不必为调笙师说起，然亦不必不为之说起矣。

振邦处一共去了一次，而去了是为了借钱救急。此无人识，吾其将信唯物论！然幸勿为奎元喋喋。

欲赴海口之愿，持之有日，然竟何日始得见阿宁也！我事多为此蹉跎，恨恨，复羞与人言。"固穷"之苦，良非易忍。

陈淑英如何了？曾与振邦言去海口，去海口者，只一句话耳。然奎元不必为此不高兴，女孩子类多如此，一心在口曰唯唯，一口在心旋曰否否。然而《一捧雪》的莫怀古不言之乎："有这两句话，也就是了。"当以读诗心情信其当时之真，不必以看小说心情直指其日后之虚也。你不是曾说过，要回忆，回忆向是断章取义的，欣赏可也。当出之以原谅，且连原谅亦不必也。得作痴人，斯能免俗，此义奎元当笑颔之。

睡眠不足，营养不良，时亦无烟抽，思酒不得一醉，生果为何事乎？其佳写信。

曾祺　四月十八日

注　释

① 此信为残简，开头缺页。

440424/25　致 朱 奎 元

奎元：

你走的那天是几号，我不知道，是星期几也不清楚，我近来在这些普通事情上越发荒唐的糊涂了，我简直无法推算你走了已经多少时候。幸好你自己一定是记得的。你记得许多事情，这一天恐怕将来任何时候都在你心里有个分量。什么时候我忽然非常强烈的想知道我们分别了多久，你一定能毫不费事的告诉我。我放心得很。我想问的时候一定有，但不知那时还能够问你否。我近来伤感如小儿女，尽爱说这种话，其实也就是说说，不真的死心眼儿望多么远处想。你大概不以为怪吧。

你动身时自己也许还有点兴奋，这点兴奋足以支持你平日明快的动作，就像阴天的太阳，可以教人忘记阴天（太阳只是个比喻，你走时是下点点雨的）。我是一夜未睡，恍恍惚惚的，脑子里如一汪浊水，不能映照什么，当时单看到那点太阳（那些明快的动作）。连动作其实比平日慢了些也不想到，所以还好。振邦怎样，我不知道，我是一车子拉回来就蒙头睡了。那一阵子应当难过的时间既过去，也就没有什么了。人总是这样，一种感情只有一个时候。以后你如果要哭，你就哭，要笑，

4

就笑吧,错过那个神秘的时候,你永远也找不到你原来的那个哭,那个笑!

我自然还是过那种"只堪欣赏"的日子。你知道的,我不是不想振作。可是我现在就像是掉在阴沟里一样,如果我不能确定找到一池清水,一片太阳,我决不想起来去大洗一次。因为平常很少有人看一看阴沟,看一看我,而我一爬出来,势必弄得一身是别人的眼睛了!你不了解我为什么不肯到方家去,到王家去,不肯到学校里去,不肯为你送那张画片?但是除了南院之外,我上面所说地方差不多全去了,我是在一种力量衰弱而为另一种力量驱使时去的。于此可以证明,我并非不要生活,不要幸福。自然,你路上会想到我,比你平常想到时候更多。平常,我在你的思索中的地位是西伯利亚在俄国,行李毯子在床底下,青菜汤在一桌酒筵上;现在,正是那个时候,你想起我的床,我的头发,我的说话和我的沉默了。所以,我告诉你这些。你希望我下回告诉你另外一些东西,希望我不大想起你那座小楼(因为我想起小楼时即表示我常想到那里去,表示我不能用另一个地方代替它)。

我缺少旅行经验,更从未坐过公路车子,不能想象你是如何到了桐梓的。我只能从一些事情连构出你的困难:一个人,行李重,钱不多……这些困难是不可免的,必然的,其他,还有什么意外困难么?昆明这两天还好,没下雨,你路上呢?车子抛锚没有?遇险没有?挨饿没有?招凉没有?这些,你来信自然会说,我不必问。

到了那边怎么样呢?顾先生自然欢迎你,不然你没有理由到那里去。自然也不欢迎你,他信上说得很明白恳切。你必不免麻烦到他,这种出乎意料的事,照例令人快乐,也招人烦恼。我不知道你所遭到的是什么。如果他的招待里有人为成份,希望你不必因此不高兴。如果他明白他的麻烦的代价是非常值得的,以那种小的麻烦换得十分友谊,减少一点寂寞,他会高兴的。

我信到时,你的预定计划不知开了头没有?你必须在计划前再加一笔,就是如何计划实行你的计划。这几天的浪费是必须的。一些零零碎碎事情先得处理好,就像住房子,吃饭,都得弄好,然后你才能念

5

书,才能休息。这些琐屑事情,你比我会处理,大概不会因此生气。你的生活情形自然会告诉我的。

你要我写的文章,一时不能动手。你大概不明白我工作的甘苦。文章本身先是一个麻烦。所写的题目又是一个麻烦。我如果对一个对象没有足以自信的了解,决无能下笔。你有许多方面我还不知道,我知道你不少事情,但其中意义又不能尽明白。我向日虽写小说,但大半只是一种诗,我或借故事表现一种看法,或仅制造一种空气。我的小说里没有人物,因为我的人物只是工具,他们只是风景画里的人物,而不是人物画里的人物。如果我的人物也有性格,那是偶然的事。而这些性格也多半是从我自己身上抄去的。所以我没有答应你一时就写出来。这并不是说我不答应给你写一点东西。你等我自己的手眼进步些,或是改变些,才能给你写个长篇。不然我只能片面的取一点事情写点短东西。而,不论长短,我仍旧不会用我的文字造一个你,你可以从其中找到你就是了。我的迟迟著笔和絮絮申说,无非表示我对于你的希望和我的工作都看得很重。我看重我的工作,也正是看重你的希望。

任振邦自然会写信给你,我要告诉你的事情他自己会说。我对这宗事有点直觉上的悲观。他的"懦弱"实正并不是懦弱,这点我倒是相当欣赏的。现在这点懦弱已经由你,由陈淑英,自然也由他自己除去了,可是我更相信他的事情仍和常见的事一样,在开始之前就结束了。我老实说这回事不是我所响往的,赞赏的。我梦想强烈的爱,强烈的死,因为这正是我不能的,世界上少有的。他的事,跟我的事(不指哪一桩事)是世俗的。这种世俗的事之产生由于不承认每个生命的庄严,由于天生中的嘲讽气质,由于不得已的清高想法,由于神经衰弱,由于阳痿,由于这个世纪的老!你知道我并不反对他的事,正如我不反对我自己的事一样。我所以悲观,正因为这是无可奈何的事。我们能做的,只是在这个整个说起来并不美丽的事情当中寻找一点美丽了。这点美丽一半出于智慧,一半赖乎残余的野性。野性就是天性,我的小说里写的是这种事情,我也以这种事鼓励人,鼓励我自己。

今天早上做了一个梦,梦见我父亲到昆明来了。他不知怎么逶去找了 L 家孩子,自然你可以想见昆明在我的梦里着色了,发光了,春天是个完全的春天了。好玩得很。醒来我大回味一气,于是忘了去吃饭,于是饿到下午三点半!这就是我,我是个做梦的人。

吃了饭,在马路旁边沟里看见一个还有一丝气的人。上身穿件灰军装,下面裤子都没有。浑身皮都松了,他不再有一点肉可以让他有"瘦"的荣幸。他躺在那里,连赶走叮在身上的苍蝇的动作都不能做了。他什么欲望都没有了吧,可是他的眼睛还看,眼睛又大又白,他看什么呢?我记得这种眼睛,这也是世界上一种眼睛。英国诗人奥登写一个死尸的眼睛,说"有些东西映在里面,决非天空",我想起这句诗。我能做什么呢?现在他大概硬了,而我在这里写他。我不是说我是写"美丽"的么?

而这回事跟我的梦在一天。

我不知道为什么要告诉你这些。我也想到我的死填沟壑,但我想这些事情,不是因为想到自己的死。你也想到这些事么?你应当想想,虽然我们只能想想。

我好久不写这种散漫的信了。我先后所说各事,都无必然关系。要有关系,除非在你把它们放在你看完之后产生的感想上。这个感想,可能是:这个人是消沉的。

我不知道我是否消沉,但是我愿意说我,不。

好了,我又犯了老毛病了。我这是干什么,我咳嗽了三四天,今天头疼不止,到现在还不睡觉,写这种对于谁也无益处的信!

问候顾先生。

曾祺
廿四日夜三时

为你的紫藤花写的那几句东西想改一改,自然一时不会抄了送去,也许永远不会。我的灯罩不知何日动工,至少总得等我不常常饿到三点半的时候。海口自然去不成。任振邦教我常常去玩玩,给他讲讲词,我也没有去,穷得走不动也。你在张静之处小说也没有去取。刚才以为要病倒了,还好,不至于。我怕生病甚于死。死我是不怕的。

信写完,躺下时我记得你是星期六走的,你跟徐锡奎说过"我自然走,我星期六就走!"

440509　致朱奎元

奎元:

前天晚上十一点多钟文林街上遇见振邦。当然他那天在文林街决不止过了一次了。他问我要不要钱,借了一千元给我。一路走,谈起的不外是那几个人,那几回事,都是熟的。有一桩事,要说也是熟的,可是听是第一次听见。你把这次的旅行真弄成个旅行了?你想还记得,你说过的。一切作风,真是你。你很可以写一篇崭新的论文,"花溪与道德"。我说论文,不说小说,说诗,是尊重这个题目的庄严性。我向来反对开玩笑。我想知道你的行动有些什么"理"作底子。你的故事里浸染了你那种人格。

自然,现在,事的意义作用价值都还与事混在一处,未能泌发出来。那你先说说这个故事。故事如未能周细析说,说说那个人。你让我写文章,这倒是可以写文章了。我要写,一定从你在昆明写起。而且,一定把你写得十分平凡。你愿意如此还是不?

我还是那样。平平静静,连忧愁也极平静。一月来,除了今天烦躁了半点钟,其余都能安心读书作事,不越常规。即是今天,因为连着写了五封不短的信,也差不多烛照清莹,如月如璧了。语或不免过实,但也仿佛不离。教书情形还好,只是钱太少,学生根基不好,劳神又复得失不相偿。但愿这两方面有一方面能渐改好。我读了几本昆虫学书籍,对小东小西更加爱好。这是与平静互为因果的。百忙中居然一月写了三万字,一部分是自传,写我的家,我的教育,我的回忆和"回忆";

另一部分仍是自传,写近一年种种,写那种将成回忆的东西。前一部分平易明白,流活清甜,后一部分晦涩迷离,艰奥如齐梁人体格,所以然者,你很清楚。

唉,要是两件事情不纠着我,我多好。像这样一辈子,大概总应有点成绩。第一,钱。你或许奇怪我应当说,第二,钱,你以为我第一要说别的。诚然,可是说钱者说的是我父亲。穷点苦点,那怕就像现在,抽起码烟,吃起码以下的饭,无所谓。就像前天,没碰到振邦以前我已经饿了(从十一点到十一点)十二小时,而我工作了也比十二小时少不多少。振邦看见我时我笑的,真正的笑,一种"回也不改其乐"的喜悦,(跟你说,不怕自己捧,)他决想不到我没吃着晚饭。就像这样,我能支持。我不能支持的是父亲对我的不关心,甚至不信任。就像跟你的拨钱的事,你万想不到我为之曾茹含几多痛苦。这与你无关,正如你为这笔款子所受痛苦不能怪我一样。你知道我对我父亲是固执的爱着的,可是我跟他说话有时不免孩子气,这足以使他对我不谅解。而且我不能解释,这种误会发生是可悲的,但我只有让时间洗淡它。因为我觉得我一解释即表示我对他(对我)的信任也怀疑了;而且这种事越解释越着痕迹,越解释越增加其严重性。没有别的,我只有忍着。我自己不找人拨钱,要等父亲自动汇钱给我,因为这么一来,一切就冰释了。自然我现在已经过日子不大像人样,必不得已,我只好先拨一点。(我一面跟你这么说,一面我已经想法拨了,虽然是懒懒的,因为我总得活)可是我父亲如果一直不如我所想,自动汇钱给我,我也决不怨他。莫说他不会,当然我和你一样知道他不会。可是他不汇,是因为别的,你可以像我一样制造出许多理由来。对我说假话,也好,莫说一句伤我心的话。而且你说的假话不假,他一定的,一定在他最深的地方,在他的人性、父性,他的最真实的地方有跟我一样的想法。他关心我,也信任我,我所以怕他不正因为他曾经是。

我多复杂,多矛盾,你懂我。这些想法,反反正正常拉住我,像哪张电影里的那锅糖,把我粘住了。

现在说第二。第一第二不以轻重分,因为这其间无轻重可言。

我从来没有说过 L 家孩子一句抱怨的话是吧？现在，我的欢喜更是有增无已。我自从不找她以来就没有找过她。我没有破坏我的约言，（她在曲靖时我写信催她回来，说，回来至少可以不看我这些冒冒失失噜噜嗦嗦的信）我没有写一个字给她；虽然我是天天想去找她，天天想写信给她的。我常常碰到她，有时莫名其妙的紧张，手指有点抖，有时又像是什么也没有发生过，虽然都不说话，但目光里有的是坦白，亲爱。若是我们两个都是单独的，则相互看着的时间常会长些，而且常是温柔（你莫以为肉麻，我说温柔是别于激动）的笑一笑。我们不像曾经常在一处又为一点心照不宣的事撺开了，倒像是似曾相识，尚未通名，仿佛一有机缘就会接近起来似的。

　　当然我有一天会去找她。我想她会毫不奇怪的跟我出来。过去那点事本来未曾留什么痕迹，现在当然不必提起。也许再过好些日子，到我们已经可以像说故事一样说起这一桩事，彼此一定觉得极有意思，大概还要羞着玩。如果我再去找她，一定是像找一个还不怎样认识的人一样，而我的等待，也正是等待那一个时期，像等一只果子熟了。纪德说：

　　第一的德性：忍耐。

　　我与纯然的等待全不相干，宁与固执是有点相似的。

他算把我说对了。然而，我不是睿智的哲人，我有我的骚乱呵。就像今天半小时（何止！）的烦躁，我有甚理由可以解说。

　　我这一类话一开头就没有完，你腻烦不？

　　祝福

曾祺
五月九日

440522　致 任 振 邦 ①

振邦：

　　奎元来信说你不给他信,他怨而怒矣。你是怎么了?

　　我想亲来看看你,路这么远,雨这么大,我这么阑珊,一时怕又做不到。

　　把我写给奎元的信寄给你。一者催你赶快写信,并我信一块寄去。二者,我想让你看看我的信,算代替一次闲谈。望你晓得我一点近事。

　　下一两期《时与潮文艺》上大概有我的大作发表。

　　昨天小方夫妇一家子到你那里去了,你怎么不在家,哪里去了?

问好

曾祺　五月廿二

注　释

　①　任振邦,生卒年未详。高邮同乡。时在昆明电力局工作。

440522　致 朱 奎 元

奎元：

　　收到来信,已近一周。我早想给你写信,远在你信到以前就想写了。可是我没有。我试动笔两次,都不知道说了些什么。也是因为近来相当忙碌。我又得教书,又得写文章。教书不易偷懒,我在一个制度之中,在一个希望之中,在一个隐潜的热情围之中。写文章更不能马虎,我在这上头的习惯你是知道的,你知道我多么矜重于这个工作,我像一个贵族用他的钱一样用我的文字，又要豪华，又要得体，一切必归于恰当。因此，我的手不够用，虽然我的脑子，我的心是太充沛，太丰足，我像一个种田人望着他一地黄金而踌躇。大体上说来我的精神比较你走开时年青得多，我直接触到许多东西，真的，我的手握一个东西也握得紧些了，我躺在床上觉得我的身体与床之间没有空隙，处处贴紧。然而因此我也没法写信。

连烦忧也年青了。

昨天晚上细雨中回来，经过一座临街小楼，楼窗中亮着灯火，灯火中有笑声，我一听就听出来，那是 L 家孩子。我想，我把手上那个纪念戒指扔进去。我想那戒指落在楼板上，有人捡起来，谁也莫明其妙，她是认得的，……我简直听见戒指落地的声音，可是我一路想着已经到我的巷口了，虽然我的戒指已经褪在手里。

昆明又是雨季了。据说昆明每隔五年，发水一次，今年正是雨多的时候。你还记得我们来昆明那年，翠湖变得又深又阔，青莲街成了一道涧沟，那些情形不？今年又得像那个样子了。那，怎办？

独立小廊前，看小院中各种花木在大雨中样子，一时心中充满忧郁，好像难受，又很舒服，又蹙眉，又笑，一副傻相，一脸聪明，怪极了。

我认识 L 家孩子正是去年雨季中程未艾时，那个时候就快来了。想想看，快一年了，真快！我住这个小院子里也快一年了。院中各种花一一依次开过，一一落去，院中不住改换颜色，改换气味，这些颜色气味中都似溶有我生命情感在内。现在珠兰的珠子在雨里由绿而白了，我整天不大想出去。远处有鸟雀叫，布谷鸟听来永远熟悉，雨也许小了点，我或许又会漫无目的出去走走。一切自自然然的就好。

（有一天大雨中我一个人在翠湖里走了一黄昏，弄得一身水，一头水，水直流进我眼睛里去。）

我已经够忙了，但我还要找点事情忙忙。我起始帮一个人编一个报，参与筹谋一切。我的小说一般人不易懂，我要写点通俗文章。除了零碎小文之外，有计划写一套"给女孩子"，用温和有趣笔调谈年青女孩子各种问题。现在正在着手。印出来之后寄你看看。

我并未放弃暑假出去走走打算。不过这件事与我的编报不相妨碍。那个主持人很能干，有眼光，我只要看他弄得上路了，随时都可以放手。

密支那克服了，我高兴。不过我不一定到那里去。也许我跟一个人徒步到滇南滇西一带玩去。若能坐驮运车，随处游览，自然也好。

我还是穷。重庆那笔钱已经接洽好，我已经接到家里信，说已送了去，可是那边一直不汇来！不过不要紧，我已经穷出骨头来，这点时候还怕等吗？你只要想我不久就可稍稍阔起来，有两件新大褂，一双皮鞋，一双布鞋，有袜子，有手绢，有纸笔，有书，有烟，有一副不穷的神情，就为我高兴吧。

我想给你买两本书，我知道你要书。即使你不要，我也要寄给你。我不能设想没有书的生活。

你的国文，我以为没有一个具体办法或简便办法很快的弄得很好。不过是多看，多写。而且，乱看乱写。随便什么都可入之于目，出之于手，只要是你喜欢的。因为我们已经大了，所喜欢的即便不是最好的，也是不坏的。而且我像你自己所信任的一样的信任你，你有 taste。

你的信虽然乱些，仍是生动的，言之有物的。

至于文言，那是容易事情。如果你愿意，你可以写点东西，我逐篇看看，改了再给你寄回去。

我十分想念阿宁。我每天想去看 L 家孩子，每星期必想到去看阿宁。你考虑她的教育，自然很是。不过往回一想，又觉得没有什么严重。而且，谁能于此为力呢？换一个环境，换一种教育，一定会比这样好些，好得多吗？真正贤明的教育家怕也会踟蹰。

我告诉你，我那笔钱中有一个用处早在计划中了，就是到海口的旅费，阿宁的糖果玩具和书。

昨天路上看到阿宁姨娘，她在车上认出了我，我装作没有看见她，装作我不是我。

我老是装作不是我的。

有一次方继贤太太不是说我没有招呼她吗？我说我没有看见她。

我没有看见才怪！

不行了，我要出去走走，虽然雨又大起来了。

你看我的字，我一直没有把心弄得像 L 家孩子的头发一样平伏，我的心像陈淑英的走路一样。

谢谢你那个用三个人照顾我的心。其实我会照顾自己，只要不穷。我想写两个长篇小说，像这样的生活可没法动笔。能有张静之家西山那座房子住着，我一定写得出来。

把张小姐照片给我看看。我的报出版，文章印出来会寄她一份。

曾祺

五月廿二日

440609　致朱奎元

奎元：

我心里还是乱的很，本来不想写信。若不是有点事情找你，大概你至少得再等一个星期才会收到我信。（自然写信也不一定在平静时候，可能更短期内，我会想起一点话跟你说，只是不容易说得好，说得有条有理的；虽然你也许从此处能了解我的生活，我的心。）我根本不对现在所写的信抱一点希望，而且我早已很疲倦了，这时候倒是应当读别人来信的。所以，这封信算是"号外"。你等着下回。

第一，我被我的思想转晕了，（你设想思想是一辆破公路上的坏汽车，再想想我那次在近日楼的晕车！）我不知是否该去掉一向不自觉的个人主义倾向，或是更自觉的变成一个个人主义者。或者，我根本逃避一切。话说来简单，而事实上我的交扎情形极端复杂，我弄得没有一个凭对澄清的时候，我的心里的沉淀都搅上来了。

最近的战争也让我不大安定，这个不谈。

我的虚无的恋爱！

报纸事情不大顺利。

我穷得更厉害。

土司请我去作客卿,有人劝我不要去。因为那边法律跟我们不一样,可能七年八年回不来。

……

种种原因,使我的文章都写不下去了。我前些时写的几万字的发表搁置消毁都成了胸中不化的问题。

现在,说我那件"事":

审查处现在是司徒掌大权,陈保泰不大管事。我们这个报不免跟他打交道,他又是专"刻"刊物的。你能否给我写封信给他?再写个介绍信给我,我好去找找他,让他帮帮忙?

陈淑英的恋爱观也许太健康,太现实了。我在振邦处看见她的信,那么一泻无余,了无蕴藉的,令人不能完全欣赏。她说她是"热带人",我觉得热带人应当能燃烧人心,她似乎不大有意如此,而且又不固意不如此。自然我是空话。我近来觉得女孩子都不够深刻,不肯认真。

振邦处我最近去了一次,把你给我的信带给他看看。

我近来不好,对任何人任何事都不能完全欣赏。我渴望着崇拜一个人,一件事。

你见过蛇交么?我心里充满那么不得了的力量。

我的身体是否还好?它能否符合我的心,会不会影响我的心?

我现在是不正常的,莫相信我,我不是英雄主义者。

我想喝酒,痛痛快快的。

激烈的音乐!

我的嘴唇上需要一点压力!

曾祺

六月九日

信寄民强巷四号

440622　致朱奎元

　　……①厂看看,顾善余知道什么会告诉我,到时候再写信给你。你说要写给陈保泰的那封信,纲目什么时候写好寄给我好了。现在且不必老是想这些。希望你真能休息休息,过几天清净舒服日子。几个德国牧师的宗教思想即使不能影响你,他们的宗教生活,尤其是日常生活,应当能使你比较闲淡一点,潜沉一点。学学挤牛奶,种菜,蒸蛋糕,也许比读几本德文书更对于你有作用。

　　你觉得你在血属中,只承接母亲的遗传。我觉得不。我记得以前也跟你说过。上次听你谈起你父亲,我更肯定自己的意见。你和你母亲的关系也许较切较重,但是是较简单的。而你和你父亲在精神上的关系是比较复杂细致一点的。他给你影响不会很强烈鲜明易于看出,易于记得(如你母亲)。但潜移默化之中,他实在融染了你的性格。——自然他的影响于你的,本质上就多是不流露出来的。我想也许你应当看重这一些。这些性格在你做事上会有帮助,在你生活上也会起滋润作用。至少,现在,你似乎就很需要这点性格。你有的,只要你拿出来。我的印象中,你父亲是个好脾气的人,他会喜欢"好玩""好看"的东西。学着他,你不致整天起"燥"。"gentle"这个字,我想与"好玩""好看"是相关的。

曾祺　廿二日

问候许牧师

　　我有一张上下有油印花边的纸忘记在你那件西装里面口袋里,请寄回给我。

奎元：

廿二日我给你写了一封信，至今尚未寄出。中午到工厂，顾善余却交来你的信，非常高兴。（我年来写信，很少用"非常高兴"这几个字，这回用了，是表示真的非常高兴。）第一，你能动笔写信，足见心境还不坏，能写这种有些人觉得可以不写的信，尤可见心境比在城时好得多。自然十分宁帖还说不上，你不会整天悠闲忘物的，但是我想你每天总有心平气和时候，这种可贵的时候，你不下乡，不会有。再有，你的信虽然很短，写得真算不错。你的眼睛脑子相当够了，所差的也许只是笔，文字。而我觉得文字是不难弄好的。我想起你说过要学写文章的事，你不必认为不可能。自然，我并不劝你成为文章家或文人，你只要为自己写点什么，不为别的人或事。

——我不捧你，比如："配了白台布上的紫色花纹，我的表更外显得亮了，"这一句放在哪篇大作中，也不至逊色。

工厂情形，顾善余想已写信告诉你。陈保泰真有意思，居然想起来要顾善余引见王树年跟王，（王什么？唉，我这记性！）去了，还告诫了一番。那天刚好王什么发疟疾，陈保泰一板正经的"讲演"，他在底下不住的抖，情景想来大是好玩！那天，他说起你的事情，都无一句入木三分切中要害的话，无非是"公文程式"，最精彩的是"年青人做事哪能这样，你们看我！……"另外还有些极不是一个主管长官该说的话，诸如"工厂里用两三个女人"之类，顾善余教我不要告诉你，我也不想告诉你。不是因为他的顾忌，是觉得写来肮脏，至少与你的"台布，花，同墙上的画"不相称！而且我也没有用心记住。哪一天你回来，大家倒可以当个下流笑话谈谈。真怪，陈先生这种人实在让人起滑稽之感。

你最好还是回来一下，把手续弄弄清，徐燮煊说有一笔账须等你回来报。顾善余也好像有点负不起这个担子。徐先生凡事皆少决断，顾善余问他什么事，他总说等朱先生回来再说。

…………②

注　释

①②　此信为残简。此二处缺页。

44□□□□ 致 朱 奎 元

奎元：

振邦不在家，我偷看了你给他的信，觉得你过得不坏。

我没有更好的法子报告我的生活。只有说，这是一种无法写信的生活。

我近来老是在疲倦之中。你在的时候，我常常开夜车，每天多是睡六七小时，可是我那时的精神并不坏，我的红眼睛里看"□□□"，现在，不行啦。我老是忙，老是忙。事情当然也多些，不过真忙的是我的心。我时时有"汩余若将不及兮"之感，时时怕耽误事。真怪，如果我仍然像以前一样浮云般的飘来荡去，未始不可以，可是我不想那么做。即便真在飘荡时我也像一朵被风赶着的云，一朵就要落到地上变成雨的云，我不免感到时间和精神都不够用了。

这一个星期以来，我常常随便倒在什么地方就睡熟了。然后，好像被惊醒似的又跳起来。我不时发一点烧，一点点，不高。还好，不是一定时候，不在下午。

我伤风咳嗽，头昏昏的。

我要安定，要清静。这一向我整天跑，跑市政府，跑印刷局，跑报馆，跑这个那个。我得不偿失，我简直没有念一本过三百页的书，没有念一本好书！

好了，学校马上放假，我比较闲些了。至少第一天晚睡第二天可以不必起早。那时候报可以出版了，以后只须集稿，送审，付排，不用各处求爹爹拜奶奶的。姐姐的钱即可寄到，我另外还可弄得一点钱，我可以稍稍舒服的过点日子。我没有理由那么苦修，是不？没有理由，没有！

当然，我可以看看阿宁去了。我现在忙得连想她的时候都不多了。

当然，我可以给你好好的写信了。

当然,我可以读书,写文章,我可以找我冤家去了。

"干杯干杯",为我的解渴的幸福"干杯"!

不过事情也许不尽然。第一,我现在很担心战争。你莫笑,我许把自己送到战争里去。我现在变得非常激烈。

再则,那个迤南土司三顾茅庐,竭力望我去。(去做什么,我也不大清楚,大概他自己也不大清楚。)冤家如其仍旧是冤家,我一憋气,许会真到山里作隐士去。瘴气,管它!性命危险,管它!我的"不忠实盲肠",管它!我的小肠气,我的牙疼,我的青春,管它!

或许,我到军队中作秘书去。

或许,我会到一个大学里教白话文习作去。

或许,什么也不动,不换样子,我还是我,郎当托落,阑阑珊珊!

我想把未完成的"荼蘼集"在我不死,不离开,不消极以前写成,让沈二哥从文找个地方印去。

为什么不来信!

为什么瞒我许多事!

我要抱一堆凉滑柔软的玫瑰花瓣子!

曾祺

我冤家病了,我去看了一次,她自然依旧对我那么(不能令我满足的)好。我明天想送她去住院,我的钱一时寄不到,只有向振邦暂借了。

440726 致朱奎元

奎元:

我近来心境,有时荒凉,有时荒芜。即便偶然开一两朵小花,多憔悴可怜,不堪持玩。而且总被风吹雨打去,摇落凋零得快得很。要果子,连狗奶子那么大一点的都结不出。这期间除了一些商量汇钱汇付事俗的小条子之外,我简则就没写什么。而正因为那些小条子写得比往日多,我便不能好好给人写一封信。这二者是不能并存的,你知道。我越想写,越写不成。扯了又扯,仍然是些空洞无聊局促肮脏的话,文字感情都不像是我自己的,这种经验你应该也有过。写的时候,自己痛苦,寄了出去,别人看了也痛苦。不必为我的生活和我的精神,就单是那种信的空气,就会让人半天不爽快,半天之内对于花,对于月亮,对于智慧,对于爱,都不大会有兴趣。所以你应该原谅我。你看,我给章紫都没有写信。

刺激我今天写信的,除了你,和我,之外还有张静之。下午,我在头昏,直接侵犯脚趾的泥泞,大褂上的污垢和破洞,白头发和胡子所造成的阴郁中,挟了两本又厚又重的书从北院出来,急急想回去戴上我那顶小帽子坐到廊下,对雨而读。迎面碰到三个女孩子,其中一个是张静之。这时候我是一个人也不想碰见的!但是没有办法,她已经叫了我,问:"联大报名在哪里?"我只好把两本书放回去,陪她们去一趟了。一路她问起你,问你有没有信来。我嘴里回答她,心想,可该写一封信了。

我跟她走在一齐实在是个很好看的镜头:你只要想一想,一个不加釉的土罐子旁边放一朵大红玫瑰花。

我昨天晚上喝醉了,吐得一地全是。今天晕晕惶惶的一整天,我是苍白的,无神的,有黑眼圈的,所有的皱纹全深现了的……

而她呢,藏青毛料夹袍,陈金色砌粉红花的 coat,浅灰鼠色蝉翼丝袜,在我认识她以来,第一次看她穿着得如此豪华,第一次如此配称于她自己。她是新鲜的,夏天上午九点钟的太阳里的瓶供!老实说,今天叫住我的不是她而是她的美。她比以前开得更盛了。这是一个青春的峰顶。她没有胖,各部分全发育得结结实实的,发育得符合她的希望,许多女孩子的希望。她脸上本来不是隐约有点棕色的影子在皮肤底下么?现在,褪尽了,完全是水蜜桃的颜色,她像一个用丝手绢擦了又擦的水蜜桃。我相信她洗脸必极用力,当真右颊近颧骨处有一块表皮似乎特别薄,薄得要破,像桃子皮要破一样。她的口红涂得相当厚,令人起"熟了"的感觉,而且她涂了大红指甲油,这种指甲油是"危险的",她破坏了多少美,而完成的却极不多,在她的手上则是成功的。她走路是大摇大摆的,而今天的脚则简直带点"踢"的意思。一句话,她充满了弹性。她是个压紧了一点的蓓蒂·格拉宝。

我可以料定,考试的那天,一定有好多人想问人"这是谁",她引人注意就像是浑身挂了许多银铃铛的小野兽一样。如果可能,我那天就不躲起来,陪她在联大各处摇她的铃铛。我若不陪她,必定有个山芋干子一样的人陪她。那多不好。我得去作她的"背景",如果没有更合适的。她让我到新邨去玩,过两天我也许去,看我这个冰其骨碌的人还能不能烘一烘。

这孩子简直是头"生马驹",我无法卜测她的命运。她要读中文系,中文系跟她似乎连不起来。我告诉她"这个是个容易使人老了的系",她离老还远得很。她是饱满的,不会像王年芳那样四年之中如同过了十年一样。我想起顾善余,他现在还记得她么?

也许是可惜的,她的美似乎全在外面。我相信她不会喜欢却尔斯·鲍育。任一个导演还不会胡涂到这样让却尔斯·鲍育和蓓蒂·格拉宝演一个戏。你记得请她看《乐园思凡》么?——哎,你可别以为我是说我自己像却尔斯·鲍育。

好了,关于张静之应该不再说下去了。她考联大,也就是考了,考完了我就不会看到她了。

昆明的水蜜桃又上市了。今年试植比去年成功得多,我吃了一次,不算最好的。最好的有普通桃子那么大呢。你想得起那种甜么?那种甜味里浸着好些事情。跟你一齐吃过水蜜桃的有哪些人?吴丕勋,顾善余,阿宁,我,还有谁?我们有没有带桃子到西山去过?你前前后后想想,告诉我那时候的事,我记性坏得很。

阿宁大概回去了,我一想起心里就不舒服。

我跟L家孩子算吹了,正正式式。决不藕断丝连的。

下学期我下乡教书。

四点钟了,我该睡了。我气色近来坏极了,上次碰到吴奎,他劝我到医院里检查一下,星期天我许跟他一齐去。

昨天我醉酒吐呕时,除了吐了些吃的东西,还吐了一大堆一大堆黏痰,真怪,痰难道是在胃里的?

今天跟你写了这封信,已经算难得了。我头疼,恕我把好些该写的话不写进去。明后天再看吧。

你该出来了,实在。

祝福

曾祺

七月廿六日夜

(实已廿七了。写这封信我一枝都没有抽)

440729　致　朱　奎　元

奎元:

我这两天精神居然不坏,今天尤其好,这一下午简直可以算是难得的。这样的时刻,人的一生中也不会有很多次。原因微妙,难以析说,我自己也不大知道。可说者,我理了一次很合意的发,不独令我对头发满意,我将这满意推延到我整个的人,心里一切事皆如头发一样自然,一样服贴,都像我一样的"好看"。幸福,也许就是这么存在的。

你好久好久不给我信了。是生了一点气?但是我这回可不大怕,距离远着呢,你不会怂恿自己把这点别扭夸大"泡开"了。生气自是由于我不打电报不写信。我不要你原谅,因为这不是一件"事",这是"人",我从来不就是这样么?我们用"原谅"这一词汇时多是针指对方某一动作,某一言语,而这个动作或言语与他素昔作法不同,比如他本不刺伤人,而这次竟刺伤了,他本不粗俗下流,而这次竟似乎不大高贵。若是这个动作或言语已经是这人一向的风格形式,与这个人不可分,成为他的一部分，或简直是他整个的人了，那么如果不是不必原谅，就是不可原谅的了。我总不是不可原谅的吧？既不是，便也用不着原谅。所以，你应当给我来信了。

我十分肯定的跟你说，你必须离开，离开桐梓，离开那边一切。

我觉得那是个文化低落的地方，因为一个中人意的女人都没有。这是一个绝对的真理，文化是从女人身上可以看出来的。虽然女人不是文化的核心，核心是男人。这很简单，你走到一个城里，只要听一听那个城里的女人说些什么话，用什么样的眼色看人，你就可以断定这座城里有没有图书馆，有没有沙龙。你记得有一次来信说你也陪了许多女人出去玩过么？你只要回想一下那次经验！

那么一个地方，除了打算永久住下去，你不能有一刻不打算走。我不知道你的书念得怎么样了，即便念得很好，你也得离开。如果念得真好，你更该离开：因为你根本不是个念书的人。你之不能念书，正如我之作不了事情。我也还有点好动，正如你也还有时喜欢一个人静处，（像你在紫藤没有开花的时候）但是我的动与你的可不同。你的静是动的间歇，我的静则是动的总和。你必须出来，出来作点事。

你怀疑过自己，当然，像任何一个人。拿破仑也怀疑过自己。人不是神，不是动物，介乎这两者之间，也就永远上下于其间。有时神性升高，有时物情坠落。世界上本来原就不会有一个成功的人。但是我们所追求的也许正是那个失败。人总还应有自信。每个人都应有拿破仑一样的自信，而且应有比他更高的自信。因为拿破仑不过作了那么一点点事，我们比他低能的人若不自信，就怕什么事也作不了了。

我不担心你会狂妄，因为你还有自知。

我也没有希望过你成功，因为成功是个无意义的名词。人比一个字，一个名词所包含意义总要多些。

你有什么留恋的？除非你留恋那点胆怯和自卑。

我饿极了，要去吃饭。不久再写。

我的话说的有点过分,能够过分的时候不多,所以证明这一下午是难得的。

我想拍照去。

你想不想回昆明?

曾祺

七月廿九日

1945 年

450617　致朱奎元

奎元：

　　我的时间观念一向不大靠得住，简直就不大有观念。计算某一事情，多半用这种方式：我还小，什么花还开着，雨季，上回我理发的时候，……真要用数字推求起来，就毫无办法。最近爱说：一年前。这一年是指我来乡下教书的日子，去年暑假我来，现在像又快到放暑假的时候，应是一年了，于是凡是在未来乡下以前发生的事情都归于一年前。收不到家里的信，和 L 家孩子在一起，又分开了，整夜不睡觉，……都算在一年前，和你不写信，也在一年前了。这个一年在我意识中实是个很长的时间。并不夸张，犹如隔世。因为一年前的事情都像隔我很远了，那些事情并未延蔓到这一年来，虽然事情的意义仍是不时咀嚼一下的。如鱼饮水，冷暖自知。事有一年，许多烧热痛苦印象都消失了，心里平和安静得多，愿意常提起那些事情，很亲切，很珍贵。

　　把你的旧信看了一次。觉得你是个有性情人，我想这句话就够了。

　　很想晓得你近来生活情形，你不必详细说这一年如何，只要把最近的写一点就行了，我愿意从最近的推测较远的。我简直不想提起你的炼钢事业，即在当时，我也久想劝你不必想得那么远，你当时也知道我的意思的，你每次谈话时，我的表情是抑制不住的。可是我尽你说，你也尽让我听，实在很好玩。人靠希望活着，现在还是否跟别人谈起呢？我愿意你还谈谈，虽然也希望你真能成功的。不过谈谈我以为更重要，因为事业是由人做出来的，而谈谈简直就是人，是人本身。你并不以留学计划为一件偶然事情破坏而懊悔，我知道的，但代替那个计划的是什么呢？还那么热心的谈电影，谈头发式样，谈女人衣着，谈翠湖那棵柳树，谈文学，谈许多不像个工程师所谈的东西么？许多事情上，你是有天分的，这种天分恐是一种装饰，一种造成博雅的因素，若不算生活，也是承载生活，维持人的高尚，你不能丢了。

我不愿意提起陈淑英。她对自己不大忠实。女人都不忠实她自己。

自然我要说及漾宁，以一种不舒服心情来说。好像你走了之后我就没有看见过她。起先我还常想上她家里去，去问问她姨娘。后来简直不想了，因为知道总不会实现。你知道我在那种圈子里多不合适，现在我的情形，不合适，如情形转好，能像战前，怕也不合适。说真的，有点不大"门当户对"，我只可以跟漾宁单独来往，不与她的家庭，她的社会发生关系，这是可能的么？一个大人和一个小孩子？即是你，当时，对于那个孩子也是个童话性的人物，即不说是神话的吧。你说你跟她们家缔结了什么关系了么？恐怕这个关系只是那个孩子。而你还是那个时候的你呵。我喜欢那个孩子，我为这件事情不好受。有一阵十分想为漾宁写几篇童话故事，不过到我写成时，她恐怕已经在和男孩子恋爱了，那时一定连我的名字也记不起来。想起你时，以为是一个颇奇怪的人，在她一生中如一片光，闪了一下就不见了。关心她的身体，关心她的教育问题，还俨然看到她穿上一身白色夜礼服参加跳舞会的样子，实在都是一种可赞美的，也可悲哀的想头。我现在只想象你的铁路有一天铺到广东，以董事长身份受当地士绅名流招待，在许多淑女名媛中你注目于一个长身玉立，戴一朵白花的，而那个小姐（或是少妇了）心里很奇怪，这个人为什么老看我？或者，我有了一点名气，在一个偶然中于学术界有点地位，到一个大学演讲，作介绍词的正即是陈漾宁女士，我那天说话有点微微零乱了。……一切想来，很好玩有趣，但仍是可赞美的，也可悲哀的。

我在乡下住了一年，比以前更穷，也更孤独，穷不用提，孤独得受不了，且此孤独一半由于穷所造成，此尤为难堪。我一月难得进城一次，最近一次还是五四的时候。我没有找过任振邦，也久久不到冷曦那里去了。我的脾气你是知道的。冷曦将以为我是个不情之人。前些天，她要我画六张"儿童画"，我弄了三夜，结果仍是告诉她，我干不了。吴丕勋有一次通知我去上方瑾的坟，我亦因为被困而没有去。其实拚命弄钱是可以的，可是我没那份热心。我生活态度太认真，将成与世无谐。人是否应学学方继贤同鸣鸾一样过日子？"高处不胜寒"，近来老有演一次戏的欲望，因为演戏时人多热闹，"道不远人，因道而远人者，非为道也"，我应生活得比较平实，比较健康些。常在学校圈子，日与书卷接触，人怕要变得古怪得不通人情的。

你和吴丕勋和好了没有？乡下牛很多，我以为牛是极可爱的。你不应对这位牛如此，对别人，对我是可以的。

前些时顾善余到昆明，现在大概还在，他贵阳的厂解散了，到这里来找事的。曾来我这里两趟，一次因事，一次是纯粹友谊的拜访。他来了，让我在"人与人之间"这个题目上想了许久。张太太还邀他上新村"坐坐"，他坐了一次就不再坐了，大概"坐不下去"。张静之在中法大学念书了，还是那个样子，更"饱"了一点。我想起你请她看《乐园思凡》，实在是一件很"滑稽"的事，片子和人太不调和了，请她看看蓓蒂·葛拉宝还差不多。

冯名世有信没有？

想要你一张照片，但你还是不寄给我吧，我一来就弄丢了。

快暑假了，下学期干什么呢？不胜惆怅。

曾祺

六月十七日

1947 年

470715/16　致 沈 从 文[①]

从文师：

　　很高兴知道您已经能够坐在小方案前作事。——不知道为什么，我总觉得还是文林街宿舍那一只，沉重，结实，但不十分宽大。不知道您的"战斗意志"已否恢复。如果犹有点衰弱之感，我想还是休息休息好，精力恐怕不是一下子就可以涌出来的。勉强要抽汲，于自己大概是一种痛苦。您的身体情形不跟我的一样，也许我的话全不适用。信上说，"我的笔还可以用二三年"，（虽然底下补了一句，也许又可稍久些，一直可支持十年八年）为甚么这样说呢？这叫我很难过。我是希望您可以用更长更长的时候的，您有许多事要作，一想到您的《长河》现在那个样子，心里就凄恻起来。我精神不好，感情冲动，话说得很"浪漫"，希望您不因而不舒服。

　　刚来上海不久，您来信责备我，说："你又不是个孩子！"我看我有时真不免孩气得可以。五六两月我写了十二万字，而且大都可用（现在不像从前那么苛刻了），已经寄出。可是自七月三日写好一篇小说后，我到现在一个字也没有。几乎每天把纸笔搬出来，可是明知那是在枯死的树下等果子。我似乎真教隔墙这些神经错乱的汽车声音也弄得有点神经错乱！我并不很穷，我的褥子、席子、枕头生了霉，我也毫不在乎，我毫不犹豫的丢到垃圾桶里去；下学期事情没有定，我也不着急；可是我被一种难以超越的焦躁不安所包围。似乎我们所依据而生活下来的东西全都破碎了，腐朽了，玷污萎落了。我是个旧式的人，但是新的在哪里呢？有新的来我也可以接受的，然而现在有的只是全无意义的东西,声音,不祥的声音!……好,不说这个。我希望我今天晚上即可忽然得到启示,有新的气力往下写。

上海的所谓文艺界,怎么那么乌烟瘴气!我在旁边稍为听听,已经觉得充满滑稽愚蠢事。哪怕真的跟着政治走,为一个甚么东西服役,也好呢。也不是,就是胡闹。年青的胡闹,老的有的世故,不管;有的简直也跟着胡闹。昨天黄永玉(我们初次见面)来,发了许多牢骚。我劝他还是自己寂寞一点作点事,不要太跟他们接近。

黄永玉是个小天才,看样子即比他的那些小朋友们高出很多。(跟他回来的是两个"小"作家,一个叫王湛贤,一个韦芜。他们都极狂,能说会笑,旁若无人。来了,我照例是听他们自己高谈阔论,菲薄这个,骂那个。)他长得漂亮,一副聪明样子。因为他聪明,这是大家都可见的,多有木刻家不免自惭形秽,于是都不给他帮忙,且尽力压挠其发展。他参与全国木刻展览,出品多至十余幅,皆有可看处,至引人注意。于是,来了,有人批评说这是个不好的方向,太艺术了。(我相信他们真会用"太艺术了"作为一种罪名的。)他那幅很大的《苗家酬神舞》为苏联单独购去,又引起大家嫉妒。他还说了许多木刻家们的可笑事情,谈话时可说来笑笑,写出却无甚意思了。——您怎么会把他那张《饥饿的银河》标为李白凤的诗集插画?李白凤根本就没有那么一本诗。不过看到了那张图,李很高兴,说:"我一定写一首,一定写一首。"我不知道诗还可以"赋得"的。不过这也并不坏。我跟黄永玉说:"你就让他写得了,可以作为木刻的'插诗'。要是不合用,就算了。"那张《饥饿的银河》作风与他其他作品不类,是个值得发展的路子。他近来刻了许多童谣,(因为陈琴鹤的建议。我想陈不是个懂艺术的人)构图都极单纯,对称,重特点,幼稚,这个方向大概难于求惊人,他已自动停止了。他想找一个民间不太流行的传说,刻一套大的,有连环性而又可单独成篇章。一时还找不到。我认为如英国法国木刻可作他参考,太在中国旧有东西中掏汲恐怕很费力气,这个时候要搜集门神、欢乐、钱马、佛像、神俑、纸花、古陶、铜器也不容易。您遇见这些东西机会比较多,请随时为他留心。萧乾编有英国木刻集,是否可以让他送一本给黄永玉？他可以为他刻几张东西作交换的。我想他应当常跟几个真懂的前辈多谈谈，他年纪轻（方二十三），充满任何可以想象的辉煌希望。真有眼光的应当对他投资，我想绝不蚀本。若不相信，我可以身家作保！我从来没有对同辈人有一种想跟他有长时期关系的愿望，他是第一个。您这个作表叔的，即使真写不出文章了，扶植这么一个外甥，也就算很大的功业了。给他多介绍几个值得认识的人认识认识吧。

有一点是我没有想到的，他也没有告诉您。我说"你可以恋爱恋爱了"。（不是玩笑，正经，自然也不严肃得可怕，当一桩事。）他回答："已经结婚了！"新妇是广东人。在恋爱的时候，他未来岳父曾把他关起来（岳父是广东小军阀），没有罪名，说他是日本人。（您大概再也没想到这么一个罪名，管您是多聪明的脑子！）等结了婚，自然又对他很好，很喜欢，于是给他找事，让他当税局主任！他只有离开他"老婆"，（他用一种很奇怪语气说这两个字，不嘲弄，也不世俗，真挚，而充满爱情，虽然有点不大经心，一个艺术家常有的不经意。）到福建集美学校教了一年书，去年冬天本想到杭州接张西厓的手编《东南日报》艺术版，张跟报馆闹翻了，没有着落，于是到上海来，"穷"了半年。今天他到上海县的县立中学去了，他下学期在那边教书。一月五十万，不可想像！不过有个安定住处，离尘嚣较远（也离那些甚么"家"们远些），可以安心工作。他说他在上海远不比以前可以专心刻制。他想回凤凰，不声不响的刻几年。我直觉的不赞成他回去。一个人回到乡土，不知为甚么就会霉下来，窄小，可笑，固执而自满，而且死一样的悲观起来。回去短时期是可以的，不能太久。——我自己也正跟那一点不大热切的回乡念头商量，我也有点疲倦了，但我总要自己还有勇气，在狗一样的生活上作出神仙一样的事。黄永玉不是那种少年得志便颠狂起来的人，帮忙世人认识他的天才吧。

（忽然想起来，萧乾也许舍不得送他一本版画集，我从多方面听说萧乾近来颇有点"市侩气"起来了。那就算了。反正也不太贵，十万元即可得一本。）

我曾说还要试写论黄永玉木刻的文章，但一时恐无从着手。而且我从未试过，没有把握。大师兄王逊似乎也可以给他引经据典的，举高临下的，用一种奖掖后进的语气写一篇。（我希望他不太在语气上使人过不去。——一般人对王逊印象都如此，自然并不见得对所有人都如此，我知道的。）林徽因是否尚有兴趣执笔？她见得多，许多意见可给他帮助。费孝通呢？他至少可就文化史人类学观念写一点他一部分作品的读后感。老舍是决不会写的，他若写，必有可观，可惜。一多先生死了，不然他会用一种激越的侠情，用很重的字眼给他写一篇动人的叙记的，虽然最后大概要教导他"前进"。梁宗岱老了，不可能再"力量力量"的叫了。那么还有谁呢？李健吾世故，郑振铎、叶圣陶大概只会说出"线条遒劲，表现富战斗性"之类的空话来，那倒不如还是郭沫若来一首七言八句。那怎么办呢？自然没有人写也没有关系。等他印一本厚厚的集子，个人开个展览会时再说吧。——他说那些协会作家对他如何如何，我劝他不必在意，说他们合起来编一个甚么年刊之类，如果不要你，你就一个人印一本，跟他们一样厚！看看有眼睛的人看哪一本。

您的一多先生传记开始了没有？我很想到北平来助理您做这个事。我可以抄抄弄弄，写一两个印象片段。我恨像吴晗那样的人一天谈"一多一多"！

巴先生说在"文学丛刊"十辑中为我印一本集子。文章已经很够，只是都寄出去了。（我想稿费来可以贴补贴补，为父亲买个皮包，一个刮胡子电剃刀，甚至为他做一身西服！）全数刊载出来，也许得在半年后。（健吾先生处存我三稿，约五万字，恐印得要半年。您寄给他的《大和尚》我已收回，实在太不成东西。文章由三方面交去，既交与他，我照例又不好意思问一声。且如李有《老鲁》一文，即搁了整整半年，我见面时从未提起一字。）有些可能会丢失的。（刘北汜处去年九月有两稿，迄无下落。他偶尔选载我一二节不到千字短文，照例又不寄给我，我自己又不订报，自然领一万元稿费即完成全部写作投稿程序。小作家们极为我不平，说我们是同学，他不应太用力压我稿子。我倒知道一则他不喜欢我文章——也不喜欢我这个人；再则作编辑总得应酬，又得提拔女弟子，自然不免如此了。你千万不要在写给萧乾信上提这个。）倒是这二三小作家因为"崇拜"我，一见有刊出我文章处，常来告诉我，有哪里稿已发下了，也来电话。（他们太关心，常作出些令人不好意思事，如跑到编辑人那里问某人文章用不用之类。）原说暑假中编一编可以类为一本的十二三篇带小说性质的文章的（杂论，速写，未完片段不搁入），看样子也许得到寒假。——但愿寒假我还活着！暑假中原说拼命写出两本书，现在看样子能有五六万字即算不错。看我的神经如何罢。

顶烦心的事是如何安排施小姐②。福州是个出好吃东西地方，可是地方风气却配不上山水风景。她在那边教书，每天上六课，身体本不好，（曾有肺病，）自然容易疲倦。学校皆教会所办，道姑子愚蠢至不可想象地步。因为有一次她们要开除一个在外面演了一场话剧的女生，她一人不表示同意；平日因为联大传统，与同学又稍为接近，关心她们生活，即被指为"黑党"，在那边无一朋友，听到的尽是家常碎事，闷苦异常。她极想来上海，或北平，可是我无能已极，毫无路径可走！她自己又不会活动。（若稍会活动，早可以像许多女人一样的出国了，也不会欣赏我这么一个既穷且怪的人！）她在外文系是高材生，英文法文都极好。（袁家骅先生等均深知此）您能不能给她找一个比较闲逸一点事？问问今甫先生有没有甚么办法吧。

我实在找不到事，下学期只有仍在这里，一星期教二十八课，再准备一套被窝让它霉，准备三颗牙齿拔，几年寿命短吧。我大概真是个怯弱的人。您等着我向您发孩子气的牢骚！不尽，此请

时安！

曾祺

七月十五日

所寄七万之稿费收到。大概真只够作您所说那个用途。《益世报》的三万五是什么文章的？款何须往二马路领取，天热，当后几日。

从文师：

天热，信未即发，一搁下，有不想发出意，虽然其结果是再加写一点，让您的不快更大！我不知道为甚么不能控制自己，说了好些原先并不想说的话。我得尽量抑压不谈到自己，我想那除了显示自己的不德之外别无好处。——比如，我为甚么要说起我那些稿子呢？我久已知道自己的稚弱、残碎，我甚至觉得现在我所得到的看待还不是我应得的。然而虽是口口声声不怨尤，却总屡然流露出一种委屈之感来了！而且态度语言上总似乎在伤着人，（尤其是态度，我的怪样的沉默）真是怪可羞的。（这句话何其像日本人的语气！）比如刘北汜，他实在有时极关心我，（当然他有一种关心人的方便）有时他一句话，一个动作，即令我惭愧十分，而我在信里说了些很卑下市井气的话！我尚得多学习不重视自己。——真是一说便俗，越往深里说，越落窠套，作人实非易之事。

卞之琳先生已到上海，我尚未见到。听说他说您胖了一点，也好。虽然我很不愿您太胖。像健吾先生实已超过需要了。

很久以前与《最响的炮仗》同时寄来尚有一篇《异秉》，是否尚在手边？收集时想放进去，若一时不易检得，即算了，反正集子一时尚不会即动手编，而且少那么一篇，也不妨事。

上海市教员要来个甚么检定，要证书证件，一讨厌事，不过我想当无多大问题，到时候不免稍稍为难一下而已。我已教书五年，按道理似已可取得教员资格。果然有问题，再说吧。

《边城》开拍尚无消息，我看角色导演皆成问题，拍出来亦未必能满人意，怕他们弄得太"感人"，原著调子即扫然无余也。报上说邵洵美有拍摄《看虹录》英语片事，这怎么拍法？有那种观众，在看电影时心里也随着活动的么？

我仍是想"回家"，到北方来，几年来活在那样的空气里，强为移植南方，终觉不入也。自然不过是想想罢了。

曾祺

七月十六日

注　释

① 沈从文(1902—1988),湖南凤凰人。作家,学者。汪曾祺就读于西南联大时的老师。

② 施小姐即施松卿,参见信870831。

471030　致　黄　裳①

沈屯子偕友人入市,听打谈者说杨文广围困柳州,城中内乏粮饷、外阻援兵,蹙然诵叹不已。友拉之归,日夜念不置,曰,文广围困至此,何由得解。以此邑邑成疾。家人劝之相羊垌外,以纾其意。又忽见道上有负竹入市者,则又念曰,竹末甚锐,道上人必有受其戕者。归益忧病。家人不得计,请巫。巫曰,稽冥籍,若来世当轮回为女身,所适夫姓麻哈,回夷族也。貌陋甚。其人益忧,病转剧。渊友来省者慰曰,善自宽,病乃愈也。沈屯子曰,君欲吾宽,须杨文广解围,负竹者抵家,麻哈子作休书见付乃得也。②夫世之多忧以自苦者,类此也夫! 十月卅日拜上多拜上

黄裳仁兄大人吟席:仁兄去美有消息乎? 想当在涮羊肉之后也。今日甚欲来一相看,乃舍妹夫来沪,少不得招待一番,明日或当陪之去听言慧珠,遇面时则将有得聊的。或亦不去听戏,少诚恳也。则见面将聊些甚么呢,未可知也。饮酒不醉之夜,殊寡欢趣,胡扯淡,莫怪罪也。慢慢顿首。

注　释

① 黄裳(1919—2012),山东益都人。散文家,藏书家,记者。此信见于黄裳《也说汪曾祺》,《读书》2009年第三期;据此编入。

② 此段文字为《沈屯多忧》,出自明朝刘元卿撰《应谐录》。

47□□□□　致　唐　湜^①（两封）

一

我缺少司汤达尔的叙事本领,缺少曹禺那样的紧张的戏剧性。……我有结构,但这不是普通所谓结构。虽然我相当苦心而永远是失败,达不到我的理想,甚至冲散我的先意识状态(我杜撰一个名词)的理想。我要形式,不是文字或故事的形式,是人生,人生本身的形式,或者说与人的心理恰巧相合的形式。(吴尔芙,詹姆士,远一点的如契诃夫,我相信他们努力的是这个。)也许我读了些中国诗,特别是唐诗,特别是绝句,不知觉中学了"得鱼忘筌;得义忘言"方法,我要事事自己表现,表现它里头的意义,它的全体。事的表现得我去想法让它表现,我先去叩叩它,叩一口钟,让它发出声音。我觉得这才是客观。我的 absent in mind 时候也许我是在听吧,听或近或远汩汩而来的回声余音吧,如果你不以为我是在说谎。我想把我拟编的一个集子名为《风色》。司空表圣的"风色入牛羊"我颇喜欢,风色是最飘渺,然而其实是最具体实在的。

二

我现在似乎在留连光景,我用得最多的语式是过去进行式(比"说故事"似的过去式似稍胜一筹),但真正的小说应当是现在进行式的,连人,连事,连笔,整个小说进行前去,一切像真的一样,没有解释,没有说明,没有强调、对照的反拨,参差……绝对的写实,也是圆到融汇的象征,随处是象征而没有一点象征"意味",尽善矣,又尽美矣,非常的"自然"。

注 释

① 唐湜(1920—2005),浙江温州人。诗人。此两封信(片断)大约写于1947年,见于唐湜《新意度集》,三联书店,1990年9月;据此编入。

1948 年

480309　致　黄　裳

黄裳：

　　我已安抵天津。也许是天气特别好，也许我很"进步"了，居然没有晕船。但此刻又觉得宁可是晕船还好些，可以减少一点寂寞。刚才旅馆茶房来，让他给我沏壶茶来，他借故搭讪上来："茶给您沏，我看您怪寂寞的，给您叫个人来陪陪罢。"我不相信他叫来的人可以解除我的寂寞，于是不让他叫，倒留着他陪我聊了一会。很简单，拆开一包骆驼牌，给他倒杯茶，他即很乐意的留了下来。这家伙，光得发亮的脑袋，一身黑中山服，胖胖荅荅的，很像个中委。似乎他的道德观比我还强得多。他问我结了婚没有，我告诉他刚准备结婚，太太死了[①]，他于是很同情，说"刚才真不该跟您说那个胡话"。我说我离开这儿八九年没有回来了[②]，他就大跟我聊"日本"时候情形，问我当初怎么逃出去的。他又告诉我旅馆里住了几个做五金的，几个做玻璃、做颜料的，谁半年赚了四十亿，谁赔了。最后很关心的问我上海白面多少钱一袋。我这才发现在上海实应当打听打听面粉价钱，这儿简直遇到人就问这个。天津的行市我倒知道了，一百八、一百九的样子，北平一袋贵个十万光景。那位中委茶房再三为我不带货来而惋惜，说管带甚么来，抢着有人要，"就我就可以跟您托出去，半个钟头就托出去，这哪个不带货呀！"可是假如我带的是骆驼牌呢！这儿骆驼牌才卖四万八，上海已经卖到五万六了。加立克[③]也才三十二万，我在上海买的是三十四，有的铺子标价还是三十六万！

　　天津房子还是不太挤，我住的这间，若在上海，早就分为两间或三间了。据说这一带旅馆房间本来定价很低，不过得从姑娘手里买。现在算是改了，把姑娘撵出去，还是两三年的事情，很不容易。这大概不会像苏州一样会有姑娘们破门而入罢，我倒希望有，可以欣赏一下我的窘态也。有故友过安南，他的未婚妻曾竭力怂恿他叫安南妓女，该未婚妻实在是有点道理！

这儿饭馆里已经卖"春菜"了。似乎节令比上海还早些。所谓春菜是毛豆、青椒、晃虾等。上面三色，我都吃了。这儿馆子里吃东西比上海便宜，连吃带喝还不上二十万。天津白干比上海没有问题要好得多。因为甫下船，又是一个人，只喝了四两，否则一定来半斤。你在天津时恐还是小孩子，未必好好的喝过酒，此殊可惜。

我住的旅馆是"惠中"，你不知知不知道。在上海未打听，又未读指南之类，一个旅馆也不晓得，但想来"交通"、"国际"之类一定有的吧，于是雇了三轮车而随便说了个名字，他拉到"交通"，"交通"没有"房子"，一拐弯就到这儿来了。地近劝业场。各处走了走，所得印象第一是这里橱窗里的女鞋都粗粗笨笨，毫无"意思"。我测量一个都市的文化，差不多是以此为首项的。几家书店里看了看，以《凯旋门》和《秋天里的春天》最为触目。有京派人氏所编类乎《观察》型的周刊（？），撰稿为胡适、贺麟、张印堂等人，本拟买来带回旅馆里一读，而店里已经"在打烊中"了。以后若遇此种刊物，必当买来，看过，奉寄阁下也。

雅梨尚未吃，水果店似写着"京梨"，那么北京的也许更好些么？倒吃了一个很大的萝卜。辣不辣且不管它，切得那么小一角一角的，殊不合我这个乡下人口味也。——我对于土里生长而类似果品的东西，若萝卜，若地瓜，若山芋，都极有爱好，爱好有过桃李柿杏诸果，此非矫作，实是真情。而天下闻名的天津萝卜实在教我得不着乐趣。我想你是不喜欢吃的，吃康料底亚巧克力的人亦必无兴趣，我只有说不出甚么。

旅馆里的被窝叫我不想睡觉，然而现在又没有甚么地方可去了。附近有个游艺场，贴的是《雷雨》和《千里送京娘》，这是甚么玩意儿呢？一到，马上就买票，许还听得着童芷苓，然而童芷苓我本来就没有兴趣。这儿票价顶贵才六万多。据说北平也如此，还更便宜些。那么以后我听戏与看电影的机会将会均等了。中委茶房说得好,"北京就是听戏"!

然而我到北京怎么样还不知道呢,想起孙伏园的《北京乎?》。

我还是叫中委给我弄盆水洗洗脚罢,在那个看着教人心里不大明亮的床上睡一夜罢,明儿到北京城的垃圾堆上看放风筝去。

曾祺

三月九日

注　释

① ②　这里是作者和茶房开玩笑的话,并非实情。在此之前,作者从未到过天津。——编者注

③　加立克:香烟品牌。

480628　致　黄　裳

黄裳兄:

同学有研究语言学者,前曾嘱为代请上海熟人打听《外来语大辞典》,天马书店出版。上海现在不知还买不买得到。当时回答他说,问问人大概是可以的。说完了记着记着就忘了,今天他来问,有消息么,觉得非常不好意思,实在该写一封信了。我的上海熟人适宜于代办这一宗差事的除了阁下还有谁呢?劳您驾,往后若是串书店,顺便问问他们掌柜的。若是遇到,请先垫款代买了。见书界权威唐弢氏,代为致候之余亦请便问问此事,我准备更大的佩服他。他的地址是不是仍是从前那一个,前两天有汉学研究所赵君编《一千五百个中国小说和戏剧》,附作者小传,有他一条,他想寄一份表之类的东西请他填一填。希望我告诉他的不错。

桌上二表,一正指三点,一则已三点一刻,鸡鸣肚饿,只说事务,无

法抒情矣。待把两篇劳什子文章赶好的时候再畅叙幽怀一番如何。

黄永玉言六月底必离台湾，要到上海开展览会，不知知其近在何所否？我自他离沪后尚未有信到他，居常颇不忘，很想知道他现在怎么样了。少年羁旅，可念也。

我仍是那样，近来忽然有了从未有过的胃病，才吃便饱，放下筷子就饿，饱起来不停打嗝，饿起来不可当，浑身一点气力也无。可能此是一时现象，若竟长此下去，不亦糟乎！身体不能随意使用，那就真是毫无希望了。

林徽音已能起床走走，已催沈公送纸去，会当再往促之。

此处找事似无望，不得已时只有再到别处逛逛去，此是想耳，困难亦殊多。我甚寂寞，得便望写信说琐屑事，为候诸相识人。

曾祺　候安
六月廿八日

481018　致　某　兄①

××兄：

我的习惯是先把信封写好然后再写信。而在信封上写了"上海中正"四个字之后我迟疑了一下，我记不清是中正什么路了。是不是中正"中"路呢？想了一想，觉得大概不错。至于"三八四号"则是非常之熟，觉得毫无问题的。于是不能不慨然有感，我离开这个地方真有不少日子了。不往这个地方写信也不少日子了。离开这个地方是没有法子，不往这个地方写信则是我应当负责的！写下这个地名之后，我从心里涌出一种感情。什么样的感情呢？——很难说明白。反正不管怎么样，我怀念这个地方的，有时淡淡的，有时有点严重，有点苦殷殷的。

你们都怎么样了呢？"你们"包括得很广，也不一定指的是谁，不能确切的开出一个名单。指的是那"一群"人。史先生、胡小姐、老谢、张小姐、中叔,甚至秉福、秉福的哥哥,……还有那个"环境"。致远中学那个地方也可以"人格化"而算是"你们"。凡我曾经熟悉而现在离隔得很远,隔离得好像在两个世界里的,都是"你们"。我料想当然有了许多变化。比如那些人总有分散的,仍旧在一起,常往还的,其本身也多少有点不同了;那座房子如果还是"致远中学",分配布置上,定也不是从前的样子了;那两个沙发已经挪了地方,电话机不是在那个小茶几上了罢?(号码是不是还是那一个?)……而我对于到那个地方来做一次客乃大有兴趣了。到我再来的时候还有什么痕迹可以供我们说说从前的么。我不知往这个地方写信还有没有用,但我愿意试一次。

都说,将不尽说。你可以不可以来信说说你自己?也不一定很详细,只要很笼统的,比如"这一向很高兴","事情来得很出乎意料","还不是那样子么","没有什么值得忙的,但人总要找一点事情忙忙","我疲倦了"……只要这么一个就够了,我不知道为什么,也许毫无理由,觉得致远中学似乎比以前情形好一点了。老二应当已经结婚。"家庭问题"或者有一点,但整个的说比以前"有进步"。新校址或仍渺茫,但各方面应当也比较活动。……凭空设想,每易落空,我愿意知道一点,不管什么。

我现在在午门的历史博物馆做事,事情没有什么,"办公"而已。所谓"办公"即消耗生命,一天莫名其妙就混过去了。身体被限制在伟大而空洞的建筑之中,也毫无"内心生活"可言。秋季多阴天,忽忽便已迟暮,觉得此身如一只搁在沙滩的废船似的,转觉得上海的乱烘烘的生活也自有一种意义,至少看得出人怎么来抢夺生命也。此是权宜之计,目下作算至少待到明年暑假,有去处,不管是什么样的去处,便索想就离去也。

小沈近如何?得便问他叶铭近在何处。他写了两封信给我,忙乱搬动之中未及覆信且失去其地址,觉得很对他不起,应当写一信道歉。赵静男仍在致远否?她问过我一点问题,虽也好几个月了,仍想为她一解答也。

近来"课外活动"有些什么?五百分、牛肉面、派对、老无线电是否皆成一梦了？

　　九月夜寒，孤灯（是煤油灯）无奈，独自饮酒，遂几及醉，字迹草草，意且未尽，然而腰胁间似已睡着，便不复书。时一相忆，当续有报也。暇便书我数行如何？此候安乐！

弟　曾祺

注　释

① 　此信无写作时间，原载 1948 年 10 月 18 日《华美晚报》；据此编入。

481130/1201　致　黄　裳

黄裳：

　　刚才在一纸夹中检出阁下五月一日来函，即有"北平甚可爱，望不给这个城市所吞没。事实上是有很多人到了北平只剩下晒太阳听鸽子哨声的闲情了"者，觉得很有趣味。

　　而我今天写的是前两天要写的信。今日所写之信非前两天之信矣，唯写信之意是前两天即有的耳。即在上次信发了之后的一天。事情真有想不到的！我所写《赵四》一文阁下不知以为如何？或者不免觉得其平淡乎？实在是的。因所写完全是实事。自然主义有时是没有办法的事。我对于所写的东西有一种也许是不够的同情，觉得有一种义务似的要把它写出来。（阁下能因其诚实而不讥笑之乎？）因此觉得没有理由加添或甚加深一点东西。而，在我正在对我的工作怀疑起来（这也许是我寄"出"的原因）的时候，警察来谈天，说赵四死了！——我昨天还看见他的？（即我文章最后一段所记）——是的，一觉睡过来，不知道为甚么，死了。警察去埋他的。明华春掌柜的倒了楣，花了钱，二百多块。我又从警察口中得知他到明华春去，最初是说让他们吃剩下的给他一点吃，后来掌柜的见他挺不错的，就让一起吃了,还跟大家一块分零钱。德启说:没造化! ——吃不得好的。我想我的文章势必得加一句了。而我对我的文章忽然没有兴趣起来。我想不要它了。我觉得我顶好是没有写。而我又实是写了。我不能释然于此事。而我觉得应当先告诉你一下。你把它搁着吧,或者得便甚么时候(过一阵子)退给我。或者发表了也可行。反正这是无法十全的事。

若不太麻烦,请在《赵四》原稿上有所增改:

(一)第十页第一段最后,"德启自以为……"以下,加一句"德启很乐天"。

(二)第三或四(?)页,赵四来打千道谢之后,写赵四模样"小小的……"一段最后"他体格结构中有一种精巧"两句抹去,改作"他骨骼很文弱,体重不过九十磅。满面风霜,但本来眉目一定颇清秀。——小时他一定是很得人怜爱的孩子。……"

若不及改动,亦无所谓耳。

阁下于此事件作何种态度? ——我简直是麻烦你。

前信说"下次谈旅行的事",但此刻我心中实无"旅行"。大概还是那个样子。旅行是一种心理,是内在的。不具体,不成为一个事件,除非成为事件的时候,忽然来了,此间熟人近有动身者,类多是突然的。盖今日人被决定得太厉害,每有所动,往往突然耳。突然者,突乎其然,着重在这个"突"字。来上海若重到致远中学教书亦无甚不可耳,然而又觉有许多说不通处! 这算是干吗呢。黄永玉曾有信让我上九龙荔枝角乡下去住,说是可以洗海水澡,香港稿费一千字可买八罐到十罐鹰牌炼乳云。我去洗海水澡么,哈哈,有意思得很。而且牛乳之为物,不是很蛊惑人的。然我不是一定不去九龙耳。信至今尚未覆他。他最近的木刻似乎无惊人之进步,我的希望只有更推远一点了。我最近似乎有点跟自己闹着玩儿。但也许还是对浮动的心情加一道封条为愈乎? 你知道这个大院子里,晚上怪静的,真是静得"慌"。近复无书可读,唯以写作限制自己耳。

北平已入零下,颇冷。有人送我冰鞋一双,尚未试过大小,似乎忒大了。那好,可以转送大脚人也。物价大跳,但不大妨事,弟已储足一月粮食，两月的烟。前言连烟卷也没得抽了，言之过于惨切，"中国烟丝"一共买过一包耳，所屯积者盖"华芳"牌也。这在北平，颇为奢侈，每一抽上，恒觉不安，婆婆妈妈性情亦难改去也。

昨睡过晚，今天摹了一天的漆器铭文，颇困顿，遂不复书。颇思得佳字笔为阁下书王维与裴迪秀才书一过也。下次信或可一聊北平文人之情绪。如何？然大盼阁下便惠一书以慰焦渴也。此候
安适

弟 曾祺 顿首

十一月卅日

巴公①想买的《性与性之崇拜》已问不到。该书由文澂阁伙友携来，是替人代卖的，现已不知转往何处去矣，唯当再往问之。

昨写信未寄，今日乃得廿九日的覆信，觉得信走得实在是快，有如面对矣，为一欣然。拙作的观感已得知矣，不须另说了。阁下评语似甚普通，然甚为弟所中意，唯盼真是那样的耳。稿发不发表皆无所谓，然愿不烦及巴公。一烦及巴公，总觉得不大好似的。弟盖于许多事上仍是未放得开，殊乡气可笑耳。或迳交范泉如何？其应加之一句，一时尚不能得，以原稿不在手头，觉得是写在空虚里一样。或请阁下代笔如何？弟相信得过，当无异议。如能附记两句为一结束，是更佳耳。

巴家打麻将，阁下其如何？仍强持对于麻将之洁癖乎？弟于此甚有阅历，觉得是一种令人痛苦的东西。他们打牌，你干吗呢？在一旁抽烟，看报，翻弄新买的残本（勿怪）宋明板书耶？甚念念。意不尽，容当续书。

弟 祺 顿首

一日

注　释

①　巴公即巴金。参见信501007注①。

1950 年

501007　致　巴　金①

巴先生：

　　前两天在我们这儿的图书室里翻了翻《六人》，看了那个后记，觉得很难过，看到您那么悲愤委屈，那么发泄出来……强烈极了，好些天都有那么个印象。……昨天晚上看了一个歌舞晚会，睡得很晚，今天一天精神很兴奋，应当睡午觉的时候睡不着，想着要给您写一封信，想问候问候您。

　　一直常常想起您。

　　我不在武汉了，回北京来了。我说是"回"，仿佛北京有我一个根似的，这也就是回来的理由吧。主要的是施松卿的身体不好。我在北京市文联。北京市文联在霞公府 15 号——北京饭店后面，您大概晓得那条街的。

　　章靳以来北京，见到两次，一次是在英雄代表大会上，一次是在吉祥听昆曲。他大概是今天十一点钟的车走吧。我听说劳模英雄是在那一班车走，那他可能一齐走。他大概会谈起听昆曲，因为会谈起卞之琳，谈卞之琳听《游园》。有些话是我告诉他的。不过我后来想还是不要多谈卞之琳的"检讨"的事吧，因为我们知道得不全面，断章取义的可能不好。

　　昨天那个晚会好极了，是新疆、西南、内蒙、吉林延边四个少数民族文工团联合演出的，超过了北京的和全国的歌舞的水平，靳以要是昨天还没有走，他一定也会谈起的。

　　听说您下月要来，确么？

曾祺
十月七日

注　释

① 　巴金(1904—2005)，四川成都人。作家、翻译家。

1957 年

57□□□□ 致陶建基[1]

建基同志：

这是前中大教授程憬（此人你或当认识）遗著《中国古代神话》原稿及校样——此稿似曾交群联出版社，已付排印，不知曾出书否，由他的夫人沙应若寄来给我的。我与沙应若初不相识，她来信说是顾颉刚叫她寄来的。

我拆开看过，只看了个模样，未看正文。你翻翻看，这一类的书我们出不出？若可出，似可找公木、顾颉刚校阅一下。

程夫人沙应若在南京第八中学。

关于这部稿件的情形，可问问顾颉刚先生。

曾祺

注　释

[1]　陶建基，生于 1915 年，河南内乡人。编辑。时任中国民间文艺研究会丛书编辑部主任。此信见于刘锡诚《一个抒情的人道主义者》，《钟山》1998 年第三期；据此编入。

57□□27 致 张 明 权[①]

明权同志：

感谢你写了那样的好诗。对于好作品,应该是感谢而不是祝贺。第二首好像差一点,也许因为所说的事跟我没有什么切身关系。

不过,为什么要标明是"哲理诗"呢？我看这虽然是说理的,却并非是哲理诗。

你写得太少了。这是一种美德。但是还可以有另一种美德,那就是写得多。

有一次在西长安街头,看见你临风而立,衣袂飘举,若有所思,似在一座小山上,而不像伫立在热闹的街头,应该为你雕一座这样的像。

握手！

曾祺

廿七日

注　释

①　张明权(1921—1991),山东金乡人。作家。时任北京市文联创作员。

570716 致 张 明 权

明权同志：

你的诗《更信任人吧》发表后我曾经给你写过一封信。我现在觉得,我所以欣赏你那首诗是我的思想的一种反映:这是一种自由主义。我总觉得在生活里所受到的干涉、限制、约束过多,希望得到更多的

"信任"，更多的自由。这实在是要求放松或者取消改造。我正在检查我的右倾思想。我希望你也检查检查。至少，你这首诗对于我这样的读者是起到这样的效果的。我也曾经想，这是指的人民内部的，不，正是人民内部，需要改造，而这种改造，应该由党来领导。改造，这是要作许多艰苦的斗争的，不是"一把招引心灵前进的火炬"就能解决问题。

我无暇（自顾不暇）批评你这首诗，只是把我自己的想法告诉你。

希望你也能对我提提意见。

愿我们在党的领导下共同前进。

握手！

汪曾祺

七、十六

1962 年

620410　致　黄　裳^①

黄裳兄：

　　前日得奉手教，弟今日北返矣。行箧已理就，聊书数语为覆。

　　不意弟所为"昭君"，竟与老兄看法相左！周建人文章曾于《戏剧报》草草读过，以为是未检史实，蔽于陈见之论，是讨论昭君问题中的最无道理的一篇。截止现在为止，我仍以为翦伯赞所写的《从汉的和亲政策说到昭君和亲》是一篇实实在在的文章。我的剧本大体上就是按照这篇文章的某些观点敷衍而成，虽然我在着手准备材料时还没有读过翦文。昭君和亲在历史上有积极作用，对汉、胡两族人民的生活、生产均有好处，为铁定不移的事实。你说侯外庐的看法过于新颖，侯的文章我未见过，不知是在何处发表的，倒想拜读一下，也好长点见识。如侯说与翦说同，则我以为并不"新颖"，而是符合事实。而自石季伦的《明君词》至周建人的谈王昭君，实为各有原因的一系列的歪曲，《青冢记》曾读过，可以算得是歪曲的代表。其中"出塞"一出写得颇好，即现在各个剧种"昭君出塞"所本（昆曲、祈剧、京戏……）。这给我造成一个很大的麻烦，——这个案子是很不好翻！

　　我的初稿已写得毫无自信。无自信处在于两点。一是史实。为了"集中"，我把历史在手里任意播弄了一回，把发生在昭君和番前十几年的事一塌括子挪在了和亲前夕，而且把已经死去十六七年的萧望之拉出来作为坚持和亲的主要角色，和害死他的石显相对抗，时间上大大打乱了。这种搞法，莎士比亚大概是会同意的，但历史学家如吴晗市长，大概很难批准。第二是戏，难的是"动作"太少，而话太多（不管是说出来还是唱出来的)。我这个人曾经有很厉害的偏见,以为人生只有小说,而无戏剧。凡戏,都是不自然的(我原来是一个自然主义者)。现在看法上是改了,但终于还是一点不会写"戏"——我那个《范进中举》初稿写出来后,老舍却曾在酒后指着我的鼻子说:"你那个剧本——没戏!"看来这是无可如何的事了也!

张君秋(此人似无什么"号")有一条好嗓子,气力特足(此人有得天独厚处,即非常能吃,吃饱了方能唱,常常是吃了两大碗打卤面,撂下碗来即"苦哇……"——《起解》《玉堂春》),但对艺术的理解实在不怎么样。他近来很喜欢演富于情节的李笠翁式的喜剧,戏里总有几个怪模怪样的小丑起哄。观众情绪哄起来之后,他出来亮亮地唱上两段(这种办法原来是容易讨俏的)。而我的剧本偏偏独少情节,两下里不大对路,能否凑在一处,并非没有问题。好在我是"公家人",不是傍角的,不能完全依他。将来究竟怎么样,还未可预卜。

剧本到北京讨论一下,可能要打印出来,征求意见。届时当寄上一本,以俟"杠正"。草草。

即候著祺,曾祺 顿首。

四月十日

注　释

① 此信见于《汪曾祺全集》第八卷,北京师范大学出版社,1998 年 8 月;据此编入。

621209　致　黄　裳

黄裳兄:

永玉和继调叫我读一读《鸳湖记》,顷已拜读。你写了东西,首先是值得庆贺的事,向你道喜!

小说看来甚长。已经写了两万五千字,人物才出场,故事才开了一个头,全篇岂不要有二十万字么?那么,这是一个长篇。全篇已经续写完了么?我很想有机会读一读全文,也许可以提出一点读后感。单看开头,未免有点茫然。——这里面有些段落,字句显然是为了后面的情节而伏置的,在"此时"还不会发生作用。

单看开头,只有两点意见。

一、行文似乎过于纡缓。也许我看惯了京戏,喜欢明白了畅。写了三四个京戏本子,觉得"自报家门"式的人物出场办法,大是省笔墨、醒精神之道。现在大家都很忙,报纸的读者尤多是劳人,过于精雕细刻,也许不一定很配胃口。有一个很鲁莽的想法:不如前面浓浓地写上一大段风景,接着就点名,把几个主要人物的名姓脚色拉出一个单子,然后再让他们动作起来。

二、个别标点抄写时可能弄错了,有的按常例应是逗点处标成了句点,——或者是把原有的破折号丢了,有语意断促之感。

一个希望是,还是尽量写得简短一些。这可能是我的偏见,我是只能写短篇,并且也只读短篇的。

我仍在写京戏,日前以一星期之力,写成一个剧本,(速度可与郭老相比!)名曰《凌烟阁》。但是,只是一个一个地在写,却未有一个演出,终其身作一个案头剧本作家,这事就不大妙!

奚啸伯在上海演出,以《范进中举》打炮,曾往看乎?"听"说他对原著"整理、加工、提高"了(此是贵报所云),不知"高"到如何境地也!

此候曼福不尽!

曾祺 顿首

十二月九日

1965 年

650722　致　萧　珊[①]

萧珊：

　　杜运燮来问罪,愧受而已。一直想写信,一直没有写。因为忙,而且乱。我没有"一间自己的屋子",很少有机会能够一个人安静地坐下来。

　　京剧院一团有两个门,其中一个是红的。不过那一带红门很多。写《红灯记》的报道,一定要提到这红门么?

　　《红岩》本寄上。这是个还没有改好的本子。请勿与上海的戏曲界的人看。没有什么看头的。你和小林都会挑出许多毛病。

　　我匆匆归来,一直在改这个本子。原来写的时候是打一块烧红了的铁,现在改是在一块冷却的铁上凿下一些地方再补上,吃力而无功。

　　北京奇热。入晚以后,你们那个宽走廊下想必一定很凉快。

　　听说李先生又到越南去了,他这几年真是给国家做了很多事。

　　就说这些吧。

　　愿你好!

曾祺

七月廿二日

注　释

①　萧珊(1917—1972),浙江鄞县人。西南联大同学。巴金夫人。曾任《上海文学》《收获》编辑,兼事文学翻译。

1972 年

721116　致朱德熙[①]

德熙：

　　那天李荣打电话给我，约我到唐先生那里去看铜器。我因为当日要改剧本，没去成。原来我倒是想见见你们，看看唐先生的。

　　前寄《瞎虻》诗一首，想当达览。这首诗我还想再加加工。主要是把最后一句改一下，把"脑袋上的触须好像短了"改成"短短的触角更短了"。偶然翻了一下《辞海》，这东西的触角果然很短，只有三节，我的印象不错。既然如此，何不索兴点出。还想加写一个小序。等定稿后寄给你看。

　　近日又写了一首《水马儿》。另纸抄录奉上。我不知怎么有了写这种诗的兴趣了。[②]这也是一种娱乐，一种休息。不然一天到晚写"跨腿"、"翻身"、"蹦子"（我们最近所谓"改剧本"，就是把这样一些玩意补写在舞台提示里）也乏味得很。那，我的娱乐除了写字以外，又多了一种了。我倒是觉得并非言之无物，但是不能拿出去发表，那是要找倒楣的。我准备写若干首，总名曰《草木虫鱼》，不也是怪好玩的么？

　　下一首，准备写花大姐，即瓢虫。这玩意你一定看见过，像半拉滴溜圆的涂了磁漆的小圆球，小脑袋，小眼睛，小脚，形如：🐞，有各种颜色，橘黄的，橙红的，大红的……我在沙岭子劳动了一阵，才知道这玩意有两大类：一类吃马铃薯等作物的幼芽，是大害虫；一类专吃某种害虫（如蚜虫），是此种害虫的天敌，是大益虫。看起来都是差不多的，都挺好看，好玩。区别主要在于鞘翅上有多少黑点（昆虫学家叫做"星"），这数目是有一定的。这首诗的意思很明白：外表相似的东西，实质常常

54

大不相同,凡事不可粗枝大叶,这是应得的结论。所以还没有动笔,是因为遇到一点困难,我记不清著名的害虫背上有多少星,著名的益虫有多少星了。还有,细分起来这有多少类……你附近有没有治昆虫学或"植物保护"的专家? 能不能为我打听一下? 如果能找到一本或一篇附图的瓢虫著作来看看,那才好!

近日菜市上有鲜蘑菇卖,如买到,我可以教你做一个很精彩的汤,叫"金必度汤",乃西菜也。法如下:将菜花(掰碎)、胡萝卜(切成小丁)、马铃薯(也切成小丁,没有,就拉倒)、鲜蘑(如是极小如钱大者可一切为二或不切,如较大近一两左右者则切为片,大概平均一个人有一两即够)、洋火腿(鲜肉、香肠均可)加水入锅煮,盐适量,俟熟,加芡粉,大开后,倒一瓶牛奶下去,加味精,再开,即得。如有奶油,则味道更为丰腴。吃时下胡椒末。上述诸品,除土豆外,均易得。且做法极便,不须火候功夫。偶有闲豫,不妨一试。

文物出版社原有一门市部在王府井,现在还有没有? 在哪里? 我想去看看有没有影印的字帖。汪朗来信,忽想习字,要帖。我到琉璃厂一看,帖价真是吓煞人,一部"淳化阁"要300元,一本"争座位",80!

即问孔敬及全家好!

曾祺
十六日晚

瞎　虻

牛虻,"虻"当读 méng,读做"牛忙"是错的。我的故乡叫它"牛蝱蝱",是因为它的鸣声很低,与调值的上声相近。北方或谓之"瞎虻","虻"读阴平。这东西的眼神是真不好,老是瞎碰乱撞。有时竟会笔直地撞到人脸上来。至于头触玻璃窗,更是司空见惯,不是诬赖它。雄牛虻吸植物汁液,雌牛虻刺吸人畜血,都不是好东西。讽刺它们一下,是可以的。

瞎虻笔直地飞向花丛，

却不料——咚！碰得脑袋生疼。

"唔?"它摸摸额角,鼓鼓眼睛,

"这是,这是怎么一回事情?"

好天气,真带劲,香扑扑,热哄哄,

"再来,再来!",打个转,鼓鼓劲,

"一二！你看咱瞎虻飞得多冲!"——咚！

"嗯? 这空气咋这么硬,这么平?"

捉摸不透是什么原因,

瞎虻可傻了眼了:

"我往日多么聪明,

今儿可成老赶了!"

接连几次向玻璃猛冲,

累得它腰酸腿软了。

越想越觉得气不平,

短短的触角更短了。

一九七二年十月写

十一月十六日改

这两天有一只虻类的昆虫(非蝇非蜂)在我办公室的玻璃窗上爬着。它老是碰壁,碰碰又爬爬,爬爬又碰碰。我仔细观察了它很久,核实了我的记忆准确无误。世间固执的经验主义者,牛虻可称为典型了。

又,《水马儿》第四节第三句"它们可觉得这有点触目惊心",请改为:"可它们已觉得漂得太远。"原文太轻浮。对水马儿还是应该敦厚些。

十六日夜十二时又半记

水 马 儿

　　水马,当我还是孩子的时候,我的故乡的孩子叫它"海里蹦"。一名水黾。《本草纲目·虫部四》引陈藏器曰:"水黾群游水上,水涸即飞,长寸许,四脚。"韩琦《凉榭池上二阕》:"游鳞惊触绿荷香,水马成群股脚长。"善状其外形特征。苏东坡《二虫》诗称之为"水马儿",大概是四川的乡音了,今从之。苏东坡对它的习性观察得很精到,令人惊喜佩服。诗里还提到一种昆虫"鹦鹠堆",不知是何物。东坡诗录如下:

> "君不见水马儿,
> 步步逆流水。
> 大江东流日千里。
> 此虫趯趯长在此。
> 君不见鹦鹠堆,
> 决起随冲风,
> 随风一去宿何许?
> 逆风还落蓬蒿中。
> 二虫愚智俱莫测,
> 江边一笑无人识。"

　　雨后的小水沟多么平静,
　　水底倒映着天光云影。
　　平静的沟中,水可并不停留,
　　你看那水马儿在缓缓移动。

　　水马儿有一种天生的本领,
　　能够在水面上立足存身。
　　浑身铁黑,四脚伶仃,
　　不飞不舞,也没有声音。

它们全都是逆水栖息，
没一个倒站横行。
好半天一动不动，
听流水把它们带过了一程。

听流水把它们带过了一程，
量一量过不了七寸八寸，
它们可觉得这有点触目惊心，
就赶紧向上游连蹦几蹦。

天上的白云变红云，
晌午过了到黄昏，
你看看这一群水马儿，
依然是停留在原地不动。

你们这是干什么？
漂一程，蹦几蹦，既不退，又不进。
单调的反复有什么乐趣可言，
为什么白送走一天的光阴？

水马儿之一答曰：“你管得着吗？
这是我们水马儿的习俗秉性！”
说话间又漂过短短一程，
它赶忙向原地连蹦几蹦。

一九七二年十一月十六日

注 释

① 朱德熙(1920—1992)，江苏苏州人。西南联大同学。语言学家。

② 大概跟读了一些普利什文的散文有关。高尔基非常钦佩他的文体,我也很喜欢。我是在一本《世界文学》上看到的。你能不能找到他的散文的较全译本或小说? ——原信注释。

721201　致朱德熙

德熙:

今天我们那儿停电,我难得偷空回了一趟家。一个人(老伴上夜班,女儿去洗澡)炒了二三十个白果,喝了多半斤黄酒,读了一本妙书。吃着白果,就想起了"阿要吃糖炒热白果,香是香来糯是糯……"想起你们老二和老四,并且想起松卿前几个月就说过的:"你应该看看朱德熙的母亲去。"我老早就想过这件事,什么时候合适,你陪我一同去一趟。但看来要到新年以后,因为我们的戏准备新年拿出来,这以前是突击阶段,已经宣布:没有星期天。

所读"妙书"是赵元任的《国语罗马字对话戏戏谱最后五分钟一出独折戏附北平语调的研究》。这书是我今天上午在中国书店的乱书堆中找到,为剧团资料室买得的。你看过没有? 这真是一本妙书! 比他译的《爱丽斯漫游奇境记》还要好顽。他这个戏谱和语调研究,应该作为戏剧学校台词课的读本。这本书应当翻印一下,发到每个剧团。你如没看过,等资料室登记落账后我即借出寄来给你。如已看过或北大有这本书,那就算了。

读了赵书,我又兴起过去多次有过的感想,那时候,那样的人,做学问,好像都很快乐,那么有生气,那么富于幽默感,怎么现在你们反倒没有了呢? 比如:"没有读物,全凭着演绎式的国音教学法来教是——多数人学不会的,就是有少数的特别脑子的人这么样学会它了,他没有书报看,他学它干嘛?"(序)你们为什么都不这样写文章呢? 现在不是不提倡这样的文风啊,比如:"这样长的文章,谁看?"多好! 语言学家的文章要有"神气"，这样就可逼一下作家，将作家一军。此事有关一代文风，希望你带头闯一下。

关于"花大姐"的书，你不要去找了，我已经借得《中国经济昆虫志·鞘翅目·瓢虫科》一种。读了一遍。有很多地方应该很有趣味但写得很枯涩。这叫我怀念法布尔甚至贾祖璋。今天我还为剧团买了一套吴其濬的《植物名实图考》及其长编。那里的说明都是一段可读的散文。你说过："中国人从来最会写文章。"怎么现在这么不行了？对于文章，我寄希望于科学家，不寄希望于文学家，因为文学家大都不学无术。

《文物》这一期也收到了。你和唐先生的文章都翻了一过，不懂！这顽儿，太专门了。我首先想知道的是盟誓是咋回事，那些赌咒发誓血嘶乌拉的话管用吗？这有什么仪式？有音乐吗？有鼓声吗？是像郭老那样拉长了声音朗诵吗？……我希望出这么一种刊物：《考古学——抒情的和戏剧的》，先叫我们感奋起来，再给我们学问。

听脚步声，女儿已经回来，就此打住！

安好！

曾祺
十二月一日夜

1973 年

730104　致　朱　德　熙

德熙：

问一家新年好。

《战国文字研究》收到。这回我倒是读得很有兴趣，虽然还未读完。我觉得逻辑很严紧，文体清峻。

不知是不是你有一次问我，古代女人搽脸的粉是不是米做的，仿佛这跟马王堆老太太的随葬品有点什么关系。近日每在睡前翻看吴其濬的《植物名实图考长编》以催眠，卷二"谷类·稻"（一四六页）云："……米部曰：粉，傅面者也，可证也。许不言何粉，大郑云豆屑是也。"又"蘪米"："……陶隐居云：此是以米为蘪尔，非别米名也。末其米，脂和傅面，亦使皮肤悦泽……"看来，说中国古代（汉以前？）妇女以米粉涂面（我疑惑古人是以某种油脂或草木的"泽"和着粉而涂在脸上，非为后来似的用粉扑子扑上去），是不错的。沈公有一次说中国本用蛤粉，不知有何根据。蛤蜊这玩意本来是很不普遍的。记不清是《梦溪笔谈》还是《容斋随笔》里有一条，北人庖馔，惟用油炸，有馈蛤蜊一筐，大师傅亦以油（连壳）炸之至焦黑。蛤肉尚不解吃，蛤粉之用岂能广远？蛤粉后世唯中药铺有卖，大概有止泻的作用，搽脸则似无论大家小户悉用铅粉了。铅粉不知起于何代，《洛神赋》已有"芳泽无加，铅华弗御"，李善注："铅华，粉也。"又偶翻《太平御览》果木门·荔枝条，引《后汉书》云："胡粉傅面，搔首弄姿。"所谓"胡粉"，我想乃是铅粉。不过，这是想当然耳，还没有查到文献根据。以上这些，不知对你有没有一点用处。

吴其濬的这本书你不妨找来看看。这里有许多杂七杂八的材料，有很多是关系训诂名物的，可以根据它的线索再检读原书，省些力气。你要搞老太太的或老爷子的食谱，可能有点用处。《本草纲目》《救荒本草》也可找来翻翻，这些书都挺好玩的。

我们的戏彩排了一次，外面反应很强烈。领导上还没有看，不知看后会怎么说。等戏稍定型，当请你们看看。现在还在待命，星期天不知能否放假，看来还得过些日子才能订个日子去看伯母。

问孔敬、朱眉、朱襄、朱蒙好！

曾祺
一月四日下午

730201　致朱德熙

德熙：

《文物》收到。这一期比较有意思。

你的发言我看了。临时想到一点小意见。

"员付篓二盛印副"的"付"，我觉得可能是扁矮的竹器，即"箅"。黄山谷与人帖云："青州枣一箅"（见《故宫周刊》某期）。今上海人犹云水果一小篓曰："一箅"。你问问伯母和别的老上海看。

"居女"——"粗籹"是不是就是麨？麦甘鬻谓之麨。鬻，熬也，就是炒。《方言》曰：秦晋之间或谓之熙（详见《植物名实图考长编》卷一，47页）。麨从麦，粗籹从米，也许粗籹是干煎的大米，那么，这就是如今的"炒米"？凡炒米皆先蒸，再炒，正是所谓"有汁而干"。

"仆馄"、"䴸麨"、"馅𩜋"、"餺飥"，大概是一物，也许就是"薄壮"。这是"饼"一类的东西。但古人"饼"的概念跟我们不一样，不限于烙饼之类那样一个扁平的东西，凡是和了面作成的都叫饼。和了面而下在水（或汤）里的叫做汤饼。汤饼是面条类的总称。上述四物恐系汤饼类。"餺飥"，《朱子语类》谓之"鈆托"，云"巧媳妇做不出没面的'鈆托'"（此是记忆，手边无书，可能有错）。我怀疑"不托"是状声，觉得可能是刀削面，以刀削面，落于水中，"不托不托"地响也。这要看它是"实箆"的还是"实豆"的。若是"实豆"的，装在汤碗里，就有几分像。若是"实箆"，则当是不带汤的面食了。束晳《饼赋》："夏宜薄壮"，马王堆老太太死在夏天，以此随葬，正合适。（麳麨、餢鍮、餺飥，均见《图考长编》卷一 45 页）

我怀疑"餺飥"这种东西是可以冷吃的。中国人清前是常有些东西冷吃的，不像后来人总是热腾腾地送进嘴。《东京梦华录》餺飥与什么槐叶冷淘常相靠近，可能有点关系。——中国人的大吃大喝，红扒白炖，我觉得是始于明朝，看宋朝人的食品，即皇上御宴，尽管音乐歌舞，排场很大，而供食则颇简单，也不过类似炒肝爆肚那样的小玩意。而明以前的人似乎还不忌生冷。食忌生冷，可能与明人的纵欲有关。

炙字的前后置是有道理的。这也查查《东京梦华录》看，可能得到佐证。

我以上的意见，近似学匪派考古，信口胡说而已，聊资一笑。

我很想在退休之后，搞一本《中国烹饪史》，因为这实在很有意思，而我又还颇有点实践，但这只是一时浮想耳。

六日或八日能否放假，仍不可知。据说在中央首长看戏之前，不准备给整日的假了。且看吧。

即问孔敬和孩子们春节好！

曾祺

二月一日中午

1977 年

770907　致朱德熙

德熙：

　　前天在路上碰见木偶剧团的葛翠琳。她说剧团搞人事的为了朱襄的问题反复问过市文化局。上星期才给了答复。说是病退、病留的只能在集体所有制单位工作，不能转到全民所有制的单位来，除非本人确有专长，单位确实需要，经市委特别批准。看来此事算是吹了。这样一件事，要拖得这样长的时间，亦可笑也。朱襄的作品在我这里，什么时候送来。

　　我近无甚事，每日看笔记小说消遣，亦颇不恶。估计最近会让我写剧本，我无此心思。那个葛翠琳再三劝我写小说、散文，一时既无可写，也不想写。

　　最近发明了一种吃食：买油条二三根，擘开，切成一寸多长一段，于窟窿内塞入拌了碎剁的榨（此字似应写作鲊）菜及葱的肉末，入油回锅炸焦，极有味。又近来有木耳菜卖，煮汤后，极滑，似南方的冬苋菜（也有点像莼菜）。据作“植物图考”的吴其濬说，冬苋菜就是葵，而菜市场上的木耳菜有时在标价的牌子上也写作什么葵，可见吴其濬的话是不错的。"采葵持作羹"，只要有点油盐，并略下虾皮味精，是不难吃的。汪朗前些日子在家，有一天买了三只活的笋鸡，无人敢宰，结果是我操刀而割。生平杀活物，此是第一次，觉得也呒啥。鸡很嫩，做的是昆明的油淋鸡。我三个月来每天做一顿饭，手艺遂见长进。何时有暇，你来喝一次酒。

　　听吴祖光说黄永玉被选为毛主席纪念堂工地的特等劳动模范（主

席雕像后面衬的那张《祖国大地》是他画的），此公近年可谓哀乐过人矣。

问全家好！

曾祺

九月七日

770923　致朱德熙

德熙：

前信谅达。

你能不能给我找一本王了一的《汉语诗律学》？交徐秀平带给我即可，她时常回家。其他有关的书也盼一读。

很想找几张三麻子的唱片听听。我发现徽调的格律很活泼自由，四声处理也更接近口语。

还是想组织几个人分析分析老唱段和大鼓的四声，但一时恐无此闲裕。

问孔敬好，候安！

曾祺

廿三日

葵

小时读古诗《十五从军征》，很受感动。

"十五从军征，八十始得归。道逢乡里人：'家中有阿谁？''遥望是君家，松柏冢累累。'兔从狗窦入，雉从梁上飞。庭中生旅谷，井上生旅葵。舂谷持作饭，采葵持作羹。羹饭一时熟，不知贻阿

65

谁。出门东南望,泪落沾我衣。"

诗写得明白如话,而很痛切,使两千多年以后的人读起来也丝毫不觉得隔膜。大概稍经离乱的人,对于诗中的情景总是很容易产生同情的,不像《古诗十九首》那样哀叹人生之无常的高远的思想,于现代人总有些不相干。古人把不经人种自己生长的谷和葵叫做"旅谷"、"旅葵",这也很有意思。这谷和葵的种籽大概是风或鸟雀带来的,可不也像是旅行的人一样么?一般注释把"旅谷"、"旅葵"解为"野生的",不尽准确,因为这本是"家"的,后来才变野了的,不是原来就是野的。这也许是有些望文生义,然而我却是因为多想了一层,因而对这诗多了一层体会。但随即有一个问题:葵到底是一种什么东西呢?

在我的家乡,叫作葵的有这样几种植物:开淡黄色花,即所谓著道家装的秋葵,因为叶子有点像鸡脚,俗名鸡爪葵;盛夏开深红、浅红、白色的花,别名端午花,常被钟进士插在鬓边作为节日的装饰的锦葵;葵花——向日葵。然而,这几种都不能吃——当菜吃。

后来读到吴其濬的《植物名实图考》,他力言葵就是冬苋菜。他用了相当长的篇幅,说了很多话,而且说得很激动,简直有肝火。吴其濬这个人我是很佩服的。他是一个状元,做了不小的官,却用很大的精力,写了一本卷帙繁浩的科学著作,所有植物都经过周密地调查,亲眼看过,请人画了准确而好看的图,作了切实的说明,而且文章也写得好,精炼而生动,既善于体物,也工于感慨,是一个很难得的人。他曾订正了李时珍的很多错误,其谨严的程度不在李时珍以下。他像是一个很有性格的人。从他的大声疾呼,面红耳赤地辨明葵是什么,字里行间,仿佛看到他的认真而执着的脾气。大概要干成一件什么事,总得有这么一点性格。如果凡事无所谓,葵是冬苋菜也好,不是冬苋菜也好,跟我有什么关系?于本人倒是很轻松,但这样的人多了,人类也就不会有今天了。

这也难怪,葵在古代是很通行的菜,这是真正的中国的土生土长的菜,但后来却几乎失传了。诗经《豳风·七月》:"七月亨(烹)

葵及菽。"后魏贾思勰的《齐民要术》蔬菜部一开头就是种葵之法。元朝王祯的《农书》以葵为"百菜之王"。但到了明代,李时珍的《本草纲目》却把它列入了草类,证明那时在中国的大部分地方已经不拿它当菜吃了。到了清朝,大部分读书人对葵是什么就不甚了了了。这样吴其濬才用得着那样认真地考查。

冬苋菜我在四川吃过,是羹——菜汤。在长沙和武昌都看到有人在井边洗那碧绿的茎叶。喝着冬苋菜汤,嚼着那柔滑的,有点像莼菜香味的菜叶,我想起吴其濬,想起《十五从军征》,似乎有会于心。然而,这是不是就是葵呢?

近两年北京菜市场出售一种前所未有的蔬菜,名曰木耳菜,有点像莼菜,这都与冬苋菜无殊,虽然形状有别。冬苋菜的茎较粗,颜色碧绿,掌状叶片;木耳菜颜色深绿,含紫色色素,叶片作阔心脏形,然而我总疑心木耳菜是冬苋菜的一类。

中国农业科学院蔬菜研究所最近做了一件事,向北京的市民介绍了几种从南方引进的蔬菜,有图有文,印制精美,贴在各菜市场。其中有一种是木耳菜,说这是八九月上市的绿叶蔬菜,柔滑,有清香,无纤维,这都很对,而其所标出的名称却是——"落葵"。我很高兴。

木耳菜是葵的一种;冬苋菜与木耳菜在味道上感觉上极相似,冬苋菜是葵,可以肯定。

吴其濬的话不错。

我很为吴其濬高兴。

一九七七年九月二十二日

薤

"薤上露,何易晞……"

这是一首悲哀的歌。大概汉代的人特别响往长生，然而长生是不可能的，越是响往长生，越觉得生命的短促，人命如朝露，无可奈何，于是留下这样的悲哀而绝望的挽歌。我没有研究过汉代的思想，但对这样的比喻，这样的惨痛的哀呼却是可以感触到的。

然而我长时期不知道薤是什么。为什么不说叶上露、草上露，或者别的什么植物上的露，而说薤上露？

前几年在内蒙古调查大青山游击队抗日斗争的事迹，在一份油印的材料里看到，当时粮食困难，游击队有时只能以野草和荄荄充饥。"荄荄"是什么？问了几个当时打过游击的同志，他们说这是记音，老百姓叫做"害害"。他们在深山里和草原上找来了实物，一看之下，原来这东西我认识：上面长出了极细的韭菜般的叶子，下面结一个疙瘩。这东西在中南一带叫做藠头，江西、湖南的酱菜店里都有得卖，渍以糖醋，很开胃。——但以此来充饥，我知道，是不解决什么问题的。我的家乡，叫做小蒜，这其实是不准确的，因为下面的疙瘩不像蒜那样的分瓣，倒是一层一层的像一个小洋葱头。为什么叫"害害"呢？我忽然猛省：这就是薤！查了几本书，果然是的，读作"害"，是犹存古音。

薤叶极细，中空，横切面作三角形。这样的极细的又是三棱的叶子上是凝结不了多少露水的，自然也极易蒸发，比一般草木上的露水更为短促。"薤上露，何易晞"，悲切之甚矣！

薤在古代是普遍食用的，和葱、韭、蒜、姜合称"五荤"，但后来很多地方都没有人吃了，只有中医有时还用藠头作药引，谓之"薤白"。

一九七七年九月二十三日

栈

从前在张家口坝上沽源县听人说，北京东来顺涮羊肉用的羊都是从口外去的，不上车运，是从地上赶去的，一边走，一边放，一直放到北京。有人专应这路生意。这得有特殊的本领，除了熟知道路水草，还要不损坏地里的庄稼，——通过田埂时，一鞭子把头羊打起来蹿过，其余的羊一条线跟着过去。还说，羊到了北京，用酒糟喂，几天就上了膘，然后宰杀，叫做"站羊"。为什么叫做"站羊"呢？听说是站着喂的，用栅栏把羊限制住，不能动，只是吃喝，让它长肉。听了，觉得怪有意思。但也只是听听而已，旅行中听到的事情真是所谓道听途说，很难全信，况且这也是过去的事了，现在的东来顺用的羊未必还有那样经历，无从验证。

顷阅平步青《㩦屑》，载："越人岁晚蓄鹅，以精谷喂之，极肥腯，以祀神，呼为'栈鹅'。栈字不知所云。按《清异录》：'赵宗儒在翰林时，闻中使言，今日早馔玉尖面，用消熊、栈鹿为内馅，上甚嗜之。问其形制，盖人间出尖馒头也。又问"消、栈"之说，曰：熊之极大者曰"消"，鹿以倍料精养者曰"栈"。是北宋时已有此呼。"栈"字甚古。'"我想，"站羊"原来只是"栈羊"，是用精料催肥的羊而已。用酒糟喂，似有可能。酒糟富营养，又香甜开胃，羊可以多吃，吃得醉醺醺的不想动弹，故易长肉。"站"是因为不知道"栈"字之意，想当然耳地附会出来的。上百只羊，都圈定在栅栏里，站着，一动不动地吃酒糟，这是什么情景呢？

"栈"字我记得《水浒》里是有的。翻开看看，果然有。在第二十五回：

"郓哥道：'我前日要籴些麦稃，一地里没籴处，人都道你屋里有。'武大道：'我屋里又不养鹅鸭，那里有这麦稃？'郓哥道：'你说没麦稃，怎地栈得肥腪腪地，便颠倒提起你来也不妨，煮你在锅里也没气？'"

这里，"栈"字的意思就上下文看其实是清楚的，就是用麦稃这样的饲料喂得"肥腪腪地"罢了。

我所翻看的《水浒》是没有注解的，想找一本有注解的来看对"栈"是怎样讲的。找出人民文学出版社一九七二年直排本，一看，二十五回的注解的第一条便是"栈"，道是："养畜鹅鸭猪羊在黑暗而有地板的笼栅里，不使它见光亮，不使它近地，可以迅速肥壮；一般称这种饲养的方法叫做栈。"咦！这样的言之凿凿，比我在口外的旅途中听到的还要具体，看来平步青的考证还是只知其一，我的存疑也是过于保守了。然而我还要再保守一下：在"黑暗而有地板的笼栅里"养活鹅鸭猪羊，听起来总有点奇特；一只两只还可以，像东来顺那样成批的喂养，我以为是不可能的。究竟如何，还要请教一下有实际经验的饲养鹅鸭猪羊的专家。

一九七七年九月二十三日

1978 年

780801　致杨香保[①]

香保同志：

　　得七月卅日来信。偶遭小故，遂蒙故人悬念，极为感激。所示"心平气和，正确对待"，言同金石，自当照办，请释悬怀。

　　你调创作组，深以为慰。你年富力强，加之以勤勉，必可望有成就。张家口是一有革命传统的城市，想来应有可写的题材，希望你不久能写出有分量的作品。

　　江橹作风大变，真是好事。他的问题本来处理得糊里糊涂，希望能早日解决。相信在华主席的正确路线之下，许多是非是不难解决的。

　　匆匆致谢，语不能多。相见日稀，各宜保重。即致

敬礼！

问候你的爱人！

曾祺　八、一

注　释

① 杨香保（1931—2013），辽宁盘锦人。曾在北京市文联、《民间文学》编辑部、张家口市文化局等处工作。

781220　致朱德熙

德熙：

前写蔬菜笔记三则，近翻"植物图考"，原来他都已讲得很精细，读书易忘，无端饶舌，至可笑也。

我十个月来，无事可为。这个月忽然写了两篇文章，一是《读民歌札记》，二是《论〈四进士〉》。后者竟然写了一万五千字。稿子正在团内少数人中传阅，不日或可奉上一看。最近还在酝酿写第三篇，本想谈《群英会》或《玉堂春》，但听说以前已经有人谈过，且把那些宏论找来看看再说。今天晚上想想，也许可以写一篇架空立论的文章：《论本色当行》。因为"四人帮"搞的戏颇多海阔天空地说大话，把中国戏曲的这个优良传统全给毁了。这要酝酿一个时期。你如果看到这方面的材料，请告诉我。

北京近来缺菜，肉只肥膘猪肉，菜只有大白菜，每天作饭，甚感为难，孔敬想有同感。何时菜情好转，当谋一叙。

候安

曾祺　顿首

十二月廿日

1979 年

790626　致朱德熙

德熙:

　　有一封给季镇淮的信,因不知他的地址,望代为转寄。

　　我想用布莱希特的方法写几个历史剧,既写一个历史人物的伟大,也写出他不过就是那样一个人而已。初步拟定的两个戏就是《司马迁》和《荆轲》。

　　我在《民间文学》发表了一篇《"花儿"的格律——兼论新诗向民歌学习的一些问题》,什么时候让你看看,谈《四进士》的文章改了一遍,题目是《笔下处处有人》,寄给《人民戏剧》了。不知他们用不用。如发表,也让你看看。

　　西四近来常常有杀好的鳝鱼卖。你什么时候来,我给你炒个鳝糊吃。但怕有鳝鱼,你不得空;你有空,鳝鱼又买不着!

　　我颇好。心脏、血压皆未见不正常,而仍抽烟、喝酒如故。

　　问孔敬好!

曾祺
六月廿六日

790704　致崔道怡①

道怡同志:

　　信悉。《羊舍一夕》若由我影印,须辗转托人,不甚方便。你那里如方便,可即按《三十年短篇选》影印。不过我记得收进集子时曾改动过个别字,如无不便,最好能把校样给我看看。——不便,不看也无所谓。

我近来写得不多。有合适稿件,当寄请审阅。

即候

编安

汪曾祺

注 释

① 崔道怡,生于 1934 年,辽宁铁岭人。时任《人民文学》杂志编辑。此信见于《汪曾祺全集》第八卷,北京师范大学出版社,1998 年 8 月;据此编入。

1980 年

800714　致严儒铨[1]

儒铨：

寄上散文一组，请阅后转交领导审处。有人说这是散文诗，我看就叫散文吧。这稿字数不多，但我未留底稿，如不用，望能破格退还。

我月底以前在西苑旅社参加全国戏曲剧目座谈会。如有事联系，请写信至我家——甘家口阜成路南一楼 5 门 9 号。

我看你们杂志可以到戏曲座谈会上来约约稿，这里荟集了全国多省市的较有水平的戏曲编导，其中颇有善于提笔为文者。

即候

"诗安"

曾祺

七月十四日

注　释

① 严儒铨，生于 1941 年，江苏武进人。笔名石湾。时任《新观察》杂志编辑。

800828　致严儒铨

儒铨：

样书收到，谢谢。

散文,你们领导拟选用两章,我估计是《波尔多液》和《葡萄的来历》。我拟同意。但只此两章,用《果园杂记》的总题目,似乎"撑"不起来。——也可以吧。我自己倒是比较中意《涂白》,因为生活确曾改变了我的审美观念。但谁读了也不怎么欣赏。那么,只好"归卧碧山丘"了。稿一时排不上,本是意中事。我一时无处可送,先存在你们那里吧。

你的诗,我主张"变"一下"法"。你现在那样的写法,有点太"老实"了。

候佳!

曾祺
八月廿八日

1981 年

810607　致汪海珊、汪丽纹[①]

海珊、丽纹：

来信收到。知道你们生活得很好，深以为慰。

刘子平已来了信。他受高邮负责文化、宣传的同志之托，问我愿不愿意回高邮看看，参加辅导性的座谈。我已经回了一封较长的信，说我久有此心，但时间一时不能决定。我受《人民文学》之约，三两天内大概要去承德，约住个把月，须俟回北京后，才能考虑下一步的行止。我希望争取秋凉时回来；否则就等到明年春天。我还得跟我们单位领导商量一下，看看工作上能否走得开。

我和刘子平同志说，我回来，希望能帮助家乡的文化工作者做一点事：一，搜集、整理秦少游的材料；二，调查一下高邮的历史情况，主要是宋代高邮的情况；三，调查高邮明代的一个散曲作家王磐的材料。如果高邮的负责文化、宣传的同志和你们谈起，你们可建议他们做一点准备工作。高邮原有一部县志，现在不知还能找到否？我回来，希望能引导故乡搞文化的青年做一点切实的工作，如果只是吹吹牛，没有多大意思。

娘已八十四岁（是虚岁吧），身体还很好，令人高兴。请上复她多多保重。

即候佳适！

　　　　　　　　　　　　　　　　　　　　曾祺　六月七日

810607　致朱德熙

德熙:

我想来看看你。写了一篇反映联大生活的小说,题曰《鸡毛》,想让你审查一下。这小说写的是一个叫做文嫂的女人养的鸡被一个联大学生偷去杀了吃掉了。这偷鸡的学生有一段韵事:曾经给一个女同学写了情书,附金戒指一枚。这女同学把他的情书公布了,把金戒指也钉在布告栏内展览。这件事是实事,联大很多人知道。我怕小说发表后,为此公所见,会引起麻烦。但是,听说你到密云去出试题了,而索稿者又催迫甚急,只好匆忙寄出,文责自负了。很可惜,此小说没有让你和孔敬、朱襄先看看。小说写得很逗,一定会让你们大笑一场的。且等发表了再让你们看吧。

巫宁坤来信,说有一个教语文的刘融忧老师,有些问题要来向你请教,他让我写一介绍信,我不得不写。刘老师五十多岁,女。她会持介绍信来敲你的门的。

我两三日内可能要到承德去。《人民文学》约请一些"重点作家"到避暑山庄去住个把月,我拟同意。北京热得如此,避一避也好。去了,也许会写一个中篇历史小说《汉武帝》的初稿,为吴宏聪写一点有关沈公小说的札记。

即候

暑安!

曾祺　顿首

六月七日

810717　致　陆　建　华^①

建华同志：

　　你把来信夹在《珠湖》里，我拆封后当时未及逐页翻阅杂志，未发现，前天翻看《珠湖》，才看到，迟复为歉。昨天到《北京文学》去问了问，你的文章他们决定采用，已发稿，在八月号。再过一个多月，你就会收到。听编辑部说，这篇文章写得不错。希望你再接再厉，多写。

　　《珠湖》我极粗略地翻了一下。作为一个县的刊物，水平还说得过去。总的印象，诗的水平较小说高。有些诗有点哲理。吕立中的《蚕》就颇有意思。这首诗有点词句还可调整调整。我大胆为改动了一下，录出供吕立中同志参考：

　　　春蚕一口一口地吐丝

　　　吐出的丝又白又亮。

　　　如果对它施加压力，

　　　得到的只是一泡黄浆。

　　小说，大都太简单，只是说一件事，人物不够突出，缺少深度，作者又多急于说一种思想，一种一般化的，不是作者个人的，独特的，深有感触的思想。语言上也少风格。如果提高，恐怕也只有多读、多想、多写。

　　关于我回乡事，一时尚不能定。且等我和家中人联系联系，秋凉后再定。

　　匆复，即候

著安

汪曾祺

七月十七日

注　释

① 陆建华,生于 1940 年,江苏高邮人。时任职于高邮县委宣传部。著有《汪
曾祺传》,主编《汪曾祺文集》五卷,江苏文艺出版社,1993 年版。此信及本
卷其他致陆建华信均见于陆建华著《私信中的汪曾祺》,上海文艺出版社,
2011 年 5 月;据此编入。

810722　致涂光群①

光群同志:

前寄一信,请代为把《晚饭后的故事》中"倒呛"的"呛"字改为
"仓"字;郭庆春细看了科长一下,"发现她是个女人"一句删去。想当
达览。

后来又想起一处,即在郭导演与科长结婚后,下面有一括号"(此
处略去一段)",这一句也请去掉。

这小说所写的模特儿是我们一个很熟的人,我写时一直颇有顾虑,
怕对本人有所伤害。因此,你们发稿前最好寄回来让我看看,或看看
校样。

我二十四日应《北京文学》之邀,到青岛去住半个月。如有事联
系,请在半个月之后。

今年北京奇热,伏案写一短信,即已汗滴纸上。你们终日看稿,其
苦可知矣。

敬礼! 即候诸相熟同志安好。

汪曾祺

七月廿二日

注　释

① 涂光群,生于 1933 年,湖北黄陂人。时任《人民文学》杂志编辑。

810811　致陆建华

建华同志：

8月5日来信看到。——我到青岛去住了半个月，昨天回来才看到。

我曾在《小说选刊》上发表过一篇《关于〈受戒〉》（大概是今年的第一期或第二期，我手边无此杂志），你要了解的问题，文中大都说了，你可以找来看看。

庵赵庄是有的。那个庵叫什么庵我已经记不得了。反正不叫荸荠庵，荸荠庵是我造出来的庵名。我曾在这个庵里住了将近半年，就在小说里写的"一花一世界"那几间后屋里。三个大和尚和他们的生活大体如小说中所写。明海是虚构的。大英子、小英子有那么两个人。

"四十三年前的一个梦"，无甚深意，不必索解。

《莫名其妙的捧场》我昨天看了。他要那样说，由他说去吧。你要争鸣，似也可以。但不必说是有生活原型的。原因如你所说，小说不是照搬生活。

你的评《大淖记事》等三篇小说的文章，《北京文学》已发在八月号，再有十来天即可见广告。我在青岛还写了一篇《徙》，也是写家乡人物的。估计《北京文学》会用（我到青岛是应《北京文学》之邀而去的）。发表后，你可看看。一个人对一个地方、一个时期生活的观察，是不能用一篇东西来评量的。单看《受戒》，容易误会我把旧社会写得太美，参看其他篇，便知我也有很沉痛的感情。

问好！

汪曾祺

八月十一日

810826　致　刘　子　平①

子平兄：

　　来信收到。我从承德回来，又到青岛去住了半个月，返京后因为给《雨花》等刊物赶写小说，比较忙，故未即复，望谅。

　　我是很想回乡看看的。但因我夏天连续外出，都是应刊物之邀去写小说的，没有给剧院做什么事，一时尚不好启口向剧院领导提出。如果由高邮的有关部门出函相邀，我就比较好说话了。我所在单位是北京京剧院（地址：北京虎坊桥），我的职务是编剧。发函可径致北京京剧院院长办公室；或同时给我一信，我即可持函和院部商量请假。估计问题不大。时间请你与县里有关同志商议。我想不宜过晚，重阳以后，天气渐冷，就要多带衣裳，甚不方便也。

　　《人民日报》知道我有回乡之意，曾约我写一点家乡的东西。小说、散文、报告文学均可。我现在想到一个现成的题目是《故乡水》。听说高邮的水患基本上控制住了，这是大好事。我想从童年经过水灾的记忆，写到今天的水利建设。如果方便，请与水利部门打个招呼，帮我准备一点材料。胡同生（此人你想当记得）在江苏水利厅，届时我也许拉他一同回来。他是水利专家，必可谈得头头是道。

　　陆建华写的评论我的几篇小说的文章已在《北京文学》八月号发表。听编辑同志反映，都说写得不错。这篇文章我也看了，好处是论点不落俗套，文字也很清新，无八股气。这在目前的评论文章中是难得的。朱延庆，我极愿和他联系。回来后，一定找大家谈谈。我们家乡是出人才的，希望他们不要自卑。

　　我前信所提希望家乡做的几件事，只是一时想起，我也知道这些工作一时也不易搞出头绪，高邮的历史、乡土情况，从前一小曾编过一本书,此事詹振先先生当会记得。此书现在大概也找不到了。回来,先看看州志之类材料再说吧,关于王磐,也许我在北京可以先找点材料看看。

提起一小编的那本书,我想起一个人来:滑田友。那本书的封面是他画的。此人是淮安人,但在一小教过书。他现在是国内有名的雕塑家了。高邮如有意,不妨请他回高邮看看。如果由詹先生出面发函,估计他会欣然同意。滑的地址我不清楚,如由中央美术学院或全国美协转,当可收到。

匆复,即候

时安!

汪曾祺

八月二十六日

注　释

①　刘子平,生年未详,江苏高邮人。小学同学,曾任高邮中学物理教师。此信见于陆建华著《私信中的汪曾祺》,上海文艺出版社,2011 年 5 月;据此编入。

810826　致汪海珊、汪丽纹

海珊、丽纹:

我从承德回来,又到青岛去住了半个月,回京后事又较忙,你们的来信未能即复,很抱歉。

关于我回乡事,刘子平已经给我来了信,我已复了。因为我今年夏天连续外出,为《人民文学》和《北京文学》写稿,没有给剧院做什么事,马上又开口要走开,有点不好意思,须等稍过几天,再向剧院领导提出。估计问题不大。你们建议我在重阳左右回来,我想再晚了也不行,要多带衣裳,殊为不便。

海珊的同学朱延庆说很想见见我,谈谈,我回来后一定约他晤谈。告诉他不要觉得紧张。我不是什么大作家,人也很随便。同时告他不要存多大希望,我是谈不出多少名堂来的。他如有现成作品,我愿意看看。现在就寄给我也行,等我回来看也行。

我的孩子汪朗随大姐到了高邮,听说你们盛情款待了他一番,他回来后还一直称道活鳜鱼和呛虾。我如果回来,请不要对我如此,你们就给我准备一点臭苋菜秆子吧。——当然这是说了玩的。没有臭苋菜秆子也行。你们送我的礼物,都收到,谢谢!

《人民日报》约我写稿,我答应先写一篇《故乡水》,从以前闹大水,写到今天的水利建设。你们如知道有经过民国二十年、甚至民国十年的大水的老人,请给我访访,我想找他们谈谈。

问娘和你们大家好!

曾祺　八月廿六日

810827　致陆建华

陆建华同志:

《中国文学》(外文)选用了你的文章,拟于英文版82年2期用,英文版①82年1期用。他们根据对外的口径,作了一些删节。他们把删节稿(中文,一式两份)寄给我,问我有何意见。我无意见,只改了两处极小的文字。不知他们寄给你没有。我把其中一份寄给你,你看看,如大体上同意,即寄还给他们(他们还要译成外文,望早点寄还给他们)。如有意见,可提出。《中国文学》的地址是:北京西城区百万庄。联系人是吴旸。

《中国文学》已发了我的《大淖记事》(我尚未见到),明年2月将发《受戒》，并告。

汪曾祺

八月二十七日

注　释

①　此处为笔误，应为法文版。

810928　致陆建华

建华同志：

你给我的信收到。给剧院发的邀请函，我今天去问了院长办公室的秘书，则云尚未见到，大概因为是挂号，要慢一两天。估计明后天当能收到。

我大概是十月四日离开北京。到南京可能要逗留两三天。因为我答应给《人民日报》写一篇《故乡水》，要去找找水利厅的一个老同学胡同生，听他谈谈，要一点资料，行期定准后，当再给你发一信。

我解放后写的小说，除了你已看到的《受戒》、《大淖记事》、《异秉》和《岁寒三友》外，尚有：

《羊舍一夕》，大概发表在一九六三年头几期《人民文学》，人民文学出版社的《短篇小说选》和上海文艺出版社《建国以来短篇小说选》第三册都收了这篇。

《看水》，《北京文艺》一九六三年，何期，记不清了。《王全》，《人民文学》一九六三年的后几期（以上三篇曾在中国少年儿童出版社出了一小册子，书名《羊舍的夜晚》）。

《骑兵列传》，《人民文学》一九七九年，八〇年。

《黄油烙饼》，《新观察》，八〇年某期。

《寂寞与温暖》，《北京文学》，八〇年一期。

《天鹅之死》，《北京晚报》。

以上诸篇都已收在北京出版社的《汪曾祺小说》里了（集中还收了我解放前写的四篇）。这选集大概十一月即可出书。零散搜寻，颇为费事，你不如等书出后一总看吧。

近期发表的有：

《晚饭后的故事》，《人民文学》，八月。

《鸡毛》，《文汇月刊》，九月。

《七里茶坊》，《收获》，最近一期。

此外，十月的《北京文学》将发一篇《徙》，《雨花》年内可能发《故乡人》，《十月》也可能发一篇《晚饭花》或《故里杂记》。你如想写关于我的评论，最好等年底动手，这样材料可以多一些。我看此事不宜过急。

我回乡主要只是看看，没有什么要求。希望不惊动很多人，地方上的接待尽量从简。

《中国文学》提前（明年一月）发《受戒》，还加了一篇《晚饭后的故事》，你的评论也可能这一期发，并告。

匆复，即候

著安！

汪曾祺

九月二十八日

811006　致汪海珊

海珊：

我今（6）日晚乘火车南上〔下〕，约在明天下午一点到南京。在南京会逗留两三天。因应《人民日报》之约写一篇报告文学《故乡水》，要找胡同生谈谈。他还会拉我在南京逛逛。估计十日左右可回高邮。

前接刘子平信,云我回乡行动将由县委安排,先在招待所住几天,然后再回科甲巷住。因为回乡之初,总有一些"公宴"之类的应酬,科甲巷房屋窄偪,不甚方便云云。

我回乡只是看看。刘子平邀我到邮中与同学见见面,这是应该的。另外大概得和家乡文学青年座谈座谈,我没有什么可讲,也许只能讲讲文学语言问题。

问娘好！问你们大家好！

大哥哥　六日中午

811113　致汪海珊、汪丽纹、金家渝^①

海珊、丽纹、家渝:

我上月廿七日安抵北京,今天已是十三日了。因为事情忙乱,一直没有来得及写信。我和大姐这回回家,让你们花了许多钱。我很不安。你们的心意我是知道的。

立和的棉衣已洗好,寄给你们,请转交。

郑素英给我寄来一双棉鞋,包裹单已到,尚未取来,见到她先替我谢谢。

买了七份挂历,寄上,请代为分配:立平、立和兄弟各一份,郑素英家三份,你们留两份。

陵纹已到泗阳了吧？希望她能把家庭问题解决。

孩子们等着去寄东西,来不及多写,以后稍空,再给你们写信。问娘好！

曾祺　十三日

① 金家渝,生于 1934 年,江苏高邮人。作者妹(汪丽纹)婿。

811213　致　陆　建　华

建华同志:

我到镇江后即小病,上火车后发了一夜烧。十一月二十七日到北京。回来后杂事猥集,故未及写信。

《故乡水》迄未完稿。也许这篇东西要流产。

《文学报》孙峻青不干了,换了雁翼主编。你的文章不知有无变卦。

车票遵嘱寄上,请查收处理。

即致敬礼!

汪曾祺

十二月十三日

811228　致　陆　建　华

建华:

汇来的钱已收到。

李同元的小说收到,前信忘了告诉你了,只是我回来后忙得不可开交,登门索稿的颇多,有些文债要还,他的小说我还未顾得上看。新年以后,可能抽半天时间一读。

《中国文学》给的不是"稿费",而是"发表费",一向极低(原来是分文不给的),我的两篇小说才给了二十五元。刊物他们是会给的,但是照例只寄一本。你的文章如果英文版、法文版都用，可能给两本。我写信去给他们，问问能否多给你寄一两本。

《大淖记事》选入人民文学出版社的 1981 年短篇小说选内。《人民文学》应南斯拉夫之约，选了一本中国小说选，收入了《羊舍一夕》。你以后写什么文章，也许可以举一举。作协号召作家下去。我明年可能要下去，如"下"，可能到高邮农村住一阵。——今年怕不行，我去年一年未给剧院写戏，今年无论如何得交一个剧本。

匆草，即候

著安！

代问故乡诸文友好！

汪曾祺

十二月二十八

811228　致詹幼鹏^①

幼鹏同学：

来信收到。

我的作品不值得写毕业论文，首先是数量不多。

我的简历如下：

江苏高邮人，1920 年生。西南联合大学中国文学系毕业。解放前当过中学教员、历史博物馆职员。解放后至 1958 年一直当编辑，编过《北京文艺》、《说说唱唱》、《民间文学》。1962 年后，在北京京剧团（后改为院）任京剧编剧。1940 年开始发表作品，大学时代所写，都已散失。1948 年出过一本《邂逅集》（文化生活出版社），1963 年出过一本《羊舍的夜晚》（中国少年儿童出版社）。

我的小说你似大部分都看过了。1963 年我在《人民文学》、《北京文艺》发表了《羊舍一夕》、《看水》、《王全》。近年的作品除了你提到的外,尚有《岁寒三友》(《十月》)、《鸡毛》(《文汇月刊》)、《故乡人》(《雨花》)等篇。最近还为《上海文学》写了一篇《皮凤三楦房子》。

北京出版社明年年初将出版一本《汪曾祺短篇小说选》,内收我解放前的四篇及解放后所写的(止于《七里茶坊》,以后发表的未及入选)。如出版,当寄给你一本。

关于评论我的文章,我知道的有张××②写的《写吧,为了心灵》(评《受戒》,载《北京文学》)、唐挚的《评〈受戒〉》(《文艺报》)、国东的《莫名其妙的捧场》(《作品与争鸣》))、陆建华的《动人的风俗画》(评《大淖记事》等三篇,《北京文学》)、《是诗?是画?》(宁宇,评《大淖记事》,载《读书》)……这些文章我都未保存,发表在刊物的哪一期上,也记不得了。你要看,只好到图书馆里自己去找了。

朋友对我的小说的看法么?大都说写得跟别人不一样,如此而已。一些溢美之词,就不必告诉你了。

你的信里把"沁人心腑"的"沁"字写成"泌"字了,附带告诉你。

即候安好!

汪曾祺
十二月廿八日

注　释

① 詹幼鹏,生于 1950 年,江西九江人。作家。时在江西师范大学撰写毕业论文。

② 即张同吾。

1982 年

820222　致陆建华

建华：

前信早收到，事忙，未能即复，望谅。

你那篇评论我的文章在法文版的《中国文学》第一期发表了，我不懂法文，看来有删节。他们大概已将刊物寄给你了。也许还会有点稿费，不过也不会多。上次寄的五元，也许是英文版的发表费。英文版的"关于作者"只节用了你很少的话。

李同元的小说已交《北京文学》，能否录用，不可知。我只希望他们能提出继续修改的意见，原样发表恐不可能。同元的这两篇修改后没有显著的提高。他还得再下点苦功。

"气氛即人物"，不必过多地解释。说多了，即容易说死了。这只是我的一点体会，说不上是理论。

天津的《文艺》我尚未收到。《安徽文学》都叫别人拿走了，无法寄给你。

我回京后写了三篇小说。《皮凤三楦房子》将在二月号《上海文学》发，《王四海的黄昏》将在《小说界》发，另一篇《鉴赏家》已交《北京文学》。另外写了两篇创作随笔，一篇即《文艺》上发的，另一篇是应贵阳《花溪》之约而写，题为《揉面》。

你在《新华日报》上发的文章①有些地方与事实不符。"冒出来"是叶楠说的，不是杜鹏程。

《故乡水》，《人民日报》来信说写得生动，但材料太旧，作为报告文学不合适，已退回。他们的意见是对的。过一些时我也许把它拆成三篇散文,但一时没有时间。

　　《上海文学》一月号有一篇评论我的文章②,写得不错,你可找来看看。

　　即候著安。

曾祺

二月二十二日

注　释

①　指陆建华写的《他追求小说的散文美——访老作家汪曾祺》,载《新华日报》1981 年 12 月 13 日《新潮》副刊。

②　指程德培的《别是一番滋味在心头——读汪曾祺的短篇近作》,载《上海文学》1982 年 1 月号。

820304　致陆建华

建华:

　　同元两稿《北京文学》不拟采用,退回来了。我也没有别处可以介绍,只好退还给你。他这两篇确也写得不够理想。《鸭戏》改得比原来似更浅露了。大概他为人忠厚,不善于挖苦人。《叶小苇》写小苇的爱情不动人,故全篇也不够感人。"我"也写得嫌多了一点,与故事不发生瓜葛。

　　《大淖记事》今年可能会得奖,顺告。

　　我大概四月间将到四川去玩玩去。顺安!

汪曾祺

三月四日

820327　致　汪　家　明[①]

家明同志：

收到你的热情的信。因为参加优秀短篇小说授奖的会，稍迟复，甚歉。

你对我的作品推崇过甚，愧不敢当。不过你所用的方法——从历史的角度评价一个作者，我是赞成的。只有从现代文学史和比较文学史的角度来衡量，才能测出一个作家的分量，否则评论文章就是一杆无星秤，一个没有砝码的天平。一般评论家不是不知道这种方法，但是他们缺乏胆识。他们不敢对活人进行论断，甚至对死人也不敢直言。只有等某个领导人说了一句什么话，他们才找到保险系数最大的口径，在此口径中"做文章"。所以现在的评论大都缺乏科学性和鲜明性，淡而无味，像一瓶跑了气的啤酒。

从你的信看，生气虎虎，我相信你是可以写好你的毕业论文的。

我的近作除所开目录外，尚有：

《塞下人物记》　　　《北京文学》80 年

《天鹅之死》　　　　《北京日报》81 年

《黄油烙饼》　　　　《新观察》80 年

《鸡毛》　　　　　　《文汇月刊》81 年

发表在哪一期，已记不清楚。

82 年所写，除《皮凤三楦房子》，尚有：

《王四海的黄昏》　　将刊于《小说界》五月号

《鉴赏家》　　　　　将刊于《北京文学》五月号

《钓人的孩子》　　　《海燕》近期刊出

81 年 5 月以前的，都已收入北京出版社的《汪曾祺短篇小说选》（包括《黄油烙饼》和《塞下人物记》）。这个选集大概四月可以出版。

出版时我大概不在北京(下月初我将去四川),如样书寄到,我当嘱家人寄一本给你。你的论文将于五月底完成,希望能在这之前寄到。否则,你只好就已看到的几篇来立论了。

评论我的文章除已列者外,尚有:

《读〈受戒〉》[2]　　唐挚,《文艺报》,何期失记

《是诗?是画?》　　宁宇,《读书》,今年年初

我自己写的创作谈,尚有三月号的《花溪》上的《揉面》。

六十年代写的三篇小说:《羊舍一夕》(62 年《人民文学》)、《看水》(63 年《北京文学》)、《王全》(63 年《人民文学》),都已收入小说选。

四十年代(48 年),在上海文化生活出版社出过一本《邂逅集》。小说选中选了四篇。

对你的论文,我提不出建议。只是希望写得客观一点,准确一点,而且要留有余地(如拟发表,尤其不能说得过头)。

预祝你写出一篇出色的,漂亮的,有才华的论文。

我身体尚好,只心脏欠佳,然似无大碍,希望还能写几年。承关心,顺告。

你也姓汪,这很好。我大概还有一点宗族观念。不过你的论文如发表,会让人以为为同姓人捧场,则殊为不利也! 一笑。

匆复,即候近佳!

汪曾祺

三月廿七日

注　释

① 汪家明,生于 1953 年,山东青岛人。时就读于曲阜师范大学。

② 《读〈受戒〉》,应为《赞〈受戒〉》。

820402　致朱德熙

治气管炎、哮喘方：

蜂蜜（好的）加鲜姜（多少随意）入笼蒸四十分钟，每晨及临睡时各服一汤匙。

此方问之玉渊潭畔一遛鸟人。据云一医生家三代遗传性气喘都已治愈，此遛鸟人的老年性气喘亦已除根。用料易得，炮制方便，且不难吃，不妨一试。

我近日将应四川作协之邀，往西安，到成都，上峨眉山，然后往三峡一游。为时约二十日。此候

德熙安适！

曾祺

四月二日

820518　致严儒铨

儒铨同志：

久不见，你好！

《新观察》一直给我寄杂志，我长期未给杂志写稿，很不过意。我四月初由陕西到四川旅游四十天，回来准备写一点游记。已写出四篇①，寄上请你们看看。如有可用，请酌用。不合用，尚祈退我，以搪别处文债。这四篇都有得罪人处，因旅途中有所感触，未能除尽锋芒。这些，也请你们斟酌。即候

文安！

曾祺
五月十八日

注　释

① 指登于 1982 年《新观察》第十四期的《旅途杂记》。

820519　致朱德熙

德熙：

　　我从四川回来了。这一趟真是"倦游"，走了川西、川南、川中、川东不少地方。路上不觉得累，回来乏得不行。十三号到家，每天睡很多觉，到今天还没有缓过来，还是困。等我睡够了，当来看你。

　　想问你一个问题。

　　随着一些"新"思想、"新"手法的作品的出现，出现了一些很怪的语言。其中突出的是"的"字的用法。如"深的湖"、"近的云"、"南方的岸"。我跟几个青年作家辩论过，说这不合中国语言的习惯。他们说：为什么要合语言习惯！如果说"深湖"、"很深的湖"、"近处的云"、"离我很近的云"……就没有味道了。他们追求的就是这样的"现代"的味儿。我觉得现在很多青年作家的现代派小说和"朦胧诗"给语言带来了很大的混乱。希望你们语言学家能出来过问一下。——你觉得他们这样制造语言是可以允许的么？

　　在四川，汽车中无事，"想"了二十四首旧体诗，已被《四川文学》拿去。我发表旧体诗，这是头一回。抄几首短小的给你看看。

　　　　成都竹枝词

　　　　哀　皇　城

　　　　柳眠花重雨纷纷，劫后成都似旧时。

独有皇城今不在,刘(结挺)张(西挺)霸业使人思。

成 都 小 吃

十载成都无小吃,年丰次第尽重开。

麻辣酸甜滋味别,不醉无归好汉来(皆餐馆名)。

新都桂湖杨升庵祠

老桂婆娑弄旧姿,桂湖何代建新祠?

一种风流人尚说,状元词曲罪臣诗。

眉山三苏祠

当日家园有五亩,至今文字重三苏。

红栏旧井犹堪汲,丹荔重栽第几株?

苏东坡文:"家有五亩之园",三苏祠以宅为祠。有井,云是苏氏旧物。丹荔一株,东坡离家时乡人所种,欲待其归来摘食。树已死,今存者系明朝补栽,亦见枯萎,正在抢救。

过沙湾场郭沫若旧宅

风笛猿声里,峨眉国士乡。

绥山看不足,投笔叫羲皇。

初入峨眉道中所见

乱石丛中泉择路,悬崖脚底豆开花。

红衣孺子牵黄犊,白发翁婆卖春茶。

自清音阁至洪椿坪

路依山作栈,山以树为形。

琴声十二里,泉水出山清。

宿洪椿坪夜雨早发

山中一夜雨,空翠湿人衣。
鸣泉声愈壮,何处子规啼。

宜宾流杯池

山谷在川南,流连多意趣。
谁是与宴人,今存流杯处。
石刻化为风,传言难或据。
迁谪亦佳哉,能行万里路。

离　　堆

都江堰有离堆,
乐山有离堆,
截断连山分江水。
江水安流,
太守不归。
江水萧萧如鼓吹,
秦时明月照峨眉。

宿　万　县

岸上疏灯如倦眼,中天月色似怀人。
卧听舷边东逝水,夜分先我到夔门。

　　我的小说选集已印出。出版社送来样书十本,市上要半个月——
一个月后才有得卖。等我拿到订购的书时,寄给你。

　　候时安! 问孔敬好!

曾祺

五月十九日

820530　致汪丽纹

丽纹：

陵纹的孩子给我写了一封信,要一些书。我的孩子给他买到两本。但是他的来信把自己的名字写得很不清楚,我怎么认也认不得,陵纹的地址我又记不准确,只好寄给你给他转去。绕了一个大圈子,真是冤枉得很！

我到四川去逛了四十天,回来后事情极多,每天忙得不可开交。一时还不能给你们写较长的信。你和家渝写的信我收到了,等有时间细看后再复。海珊让我给李县长写一封信,信我可以写,但未必有用。我最近在准备作戏曲讲座,等我讲了课再写。

即问近佳,问娘好！

大哥匆匆　　五月卅日

820627　致陆建华

建华：

我的小说选已出,因为没有时间包装,拖到现在才寄给你。书店没有按照我订购的数目付书(我订了 300 本,只给了我 250 本),因此各处赠书都打了点折扣。出版社告我,一定要留几十本,以备万一有出国任务之需。因此,我未能按照你所开列名单全数赠送。寄来十五本,除扉页上写了名字的,尚余六本,请你酌情代为分送。地方负责同志有喜读小说的,可送之,一般的只好算了。这事可能叫你为难,很抱歉。

《狐仙小翠》初演时卖座颇好,评剧院正在热头上把剧组调到外地去,再回来重演时,上座即颇冷落,因此他们现在已经不演了。你想借故到北京一游,遂少希望矣。

我近来甚忙,文债丛集,而来访、来信、来稿接连不断,真是应接不暇。各地又来邀请,为怕拖欠文债,只好退避。我真想明年躲到高邮来住几个月。

写了一整天信,书甚草草,望谅,即候

近佳!

曾祺
六月二十七日

820627 致汪丽纹

丽纹:

寄来我的小说选 22 本,请按扉页上所书人名代为分发。大姐姐、瑞纹的书我将直接寄到镇江万家巷。我向新华书店订了 300 本,书店只给了我 250 本,因此各处赠书只好稍打折扣。据出版社告诉我,外国对我的作品颇为注意,英国、美国都有人写了文章,美国还有一个什么"汪曾祺研究小组",他们认为我很可能要出国,出国要带书,叫我无论如何要留一部分,免得到时候措手不及。我东送西送,存书已经不多,只好压下几十本。

小玲结婚,你们怎不事先告我?我想送她一点什么,也来不及了。等以后再说吧。

海珊为婚事托我给李县长写一封信,已写了,不知有无作用。这位老先生把李县长的名字写错了,写成"李顺兴",我看陆建华开给我的赠书名单,应是"李舜心"。我的信上把人家的名字也写错了,真是抱歉。

我一切均好,只是文债丛集,应接不暇。前些时到四川玩了一趟,四川省作协为我们五个人花了四千块钱,怎么也得给人家写一点东西。江西、湖南、大连都约我去,我实在有点害怕了。下月可能要到河西走廊去走走。

你们送我的蟹油有一瓶还没有动,放在邻居家的冰箱里,也不知坏了没有。

我很想明年回高邮住几个月,不知能不能实现。

高大头给我来了几封信,我没有回。如有人问起那篇小说①,你们解释一下:很多事是虚构,不要当作完全真有其事,这是小说,不是报道。

事忙,书甚草草。

问娘安好! 问你们大家好!

大哥哥　六月廿七日

注　释

①　指汪曾祺小说《皮凤三楦房子》。

8206□□　致陆建华

《随园诗话》卷十二、二八载:余泊高邮,邑中诗人孙芳湖、沈少岑、吴螺峰招游文游台,是东坡、莘老、少游、定国四人遗迹。……屏上有王楼村诗云:"落日倒悬双塔影,晚风吹散万家烟",真台上光景。……

此条县志中似未收录,修新志时似可采入。王楼村可请书家写成对联,悬之台上。

820701　致詹幼鹏

詹幼鹏同志:

　　很对不起,你的论文我直到今天才看完(收到后看了一半,因事打断)。对评论自己的作品的文章提意见,是很困难的。我觉得第一部分写得比较空。第二部分写得比较具体,但也还是夹叙夹议,停留在读后的直感,感情多于分析。研究一个作者,如果只是就他个人的作品来立论,恐怕没有多少话好说。有时需要作一些比较。比如,说我的作品像沈先生①,就可以抄出几段来比较一下。说我的淡远的意境似王摩诘,是有眼力的。我年轻时很爱读王维的诗(我大学毕业论文的题目就是《诗人王维》)。这似乎也可以作些比较。中国的这种朴素平淡的风格是有传统的。比如我的某些作品和归有光是颇为相似的。你可以找找《先妣事略》、《项脊轩志》来看看。这种风格无疑地也受了外国的影响。我是很喜欢契诃夫和阿左林的作品的。我只是随便举例,这种事不能"夫子自道",还是由你来独抒己见为好。

　　第二部分似可抄寄给刊物(比如《百花洲》)试试,不过恐怕还得再下些功夫,不能省力。

　　你的小说我还没有时间看。我实在忙得不可开交。你分配后把新的通讯处告诉我,有意见当写信告你。

　　论文中有一些错字,希望你自己检查一下。

　　即问近佳!

汪曾祺

七月一日

①　沈先生,即沈从文。

821116　致陆建华

建华:

来信收到已有几天,我今天下午要到湖南去,匆匆简复:

我没有对你有什么不快,请勿疑心,只是我今年实在太忙,又东跑西颠,不遑宁处,收到的信又很多,实在没有时间回。大概人出了一点名,都有这点苦处。

《钟山》约稿,我记着这事,但何时可以寄稿,真无从估计。我这一年尽写了些散文、游记、旧诗和论文,小说写得很少。答应《人民文学》一年的一篇小说,昨天才赶出来。现在肚子里空空如也,一个题材也没有。湖南途中也许可以想想。如有小说或有意思的散文,当寄去。

我是 1920 年出生的。生日是阴历的正月十五,阳历的 3 月 5 日。

我是 1939 年夏天离开高邮,经上海,过越南,到昆明的。在昆明考入西南联大。

我这次到湖南是应湖南人民出版社之邀"讲学"的,长沙留几日,还要到湘西去,看看我的老师沈从文的故乡。来去约半个月。

即候近佳!

汪曾祺

十一月十六日

821228　致　弘　征^①

弘征同志：

　　惠函奉悉。承为治印，极感，如托谌容带来，可告她于到市作协销假时交给作协即可，我当去取。所需照片寄上。"画苑文坛两凤凰"诗二首拜读，觉得写得很贴切，亦饶情致。不知曾寄沈、黄一读否？如寄沈先生，他会高兴的。今年十二月是沈先生八十岁，但他不将生日告人。我去问，则云已经过了。前天我写了一首律诗，补为之寿，抄给您看看：

　　犹及回乡听楚声，此身虽在总堪惊。

　　海内文章谁是我，长河流水浊还清。

　　玩物从来非丧志，著书老去为抒情。

　　避寿瞒人贪寂寞，小车只顾走辚辚。

　　我近日血压增高，只是看闲书永日，新年以后，如身体稍好，当可写一点东西。顺祝

年喜！

汪曾祺 顿首

十二月廿八日

注　释

①　弘征，生于1937年，湖南新化人。曾任湖南人民出版社编辑、湖南文艺出版社总编辑、《芙蓉》杂志主编。

1983 年

830111　致 林 斤 澜[①]

斤澜兄：

沈先生的生日在十二月，但他不告诉人准日期，我去问，则说已经过了。我只好写了一首诗补为之寿。抄给你看看：

> 犹及回乡听楚声，（他今年回凤凰听傩戏，老泪纵横，连说："这是楚声。"）
>
> 此身虽在总堪惊。
>
> 海内文章谁是我，
>
> 长河流水浊还清。
>
> 玩物从来非丧志，
>
> 著书老去为抒情。
>
> 避寿瞒人贪寂寞，
>
> 小车只顾走辚辚。

听说他一家看了都很高兴，大概是因为写得比较贴切。

我近日血压不稳，在家"养病"，但经医生检查，说是只是血压高，其余部分无甚问题。因此，不必紧张，在家看看闲书也好。今日读川端康成的《离合》（《译林》今年第一期）以为颇好。

看"画儿韩"电视剧，解放前的当铺似无"副经理"之说，请告友梅问问内行人，剧中有些话也不太"是这里事"。

你要我春节写字画画，自当应命，但要买一点稍好的纸墨，我现在手头有的是女儿买来的矾过的熟纸，不行。

即候佳适

曾祺 顿首 一月十一日

注 释

① 林斤澜(1923—2009),浙江温州人。作家。时为北京市作协驻会作家、常务理事、副秘书长。

830118 致金家渝

家渝:

前几天我正想给你写一封信,恰好今天收到你的信,这两天我身体又不太好,在家休息,没有做什么事,就先把这封信写了,——过两天一忙,就又没有时间了(我没有什么病,只是血压不稳定,有时接近正常)。

想给你写信,是我忽然想起新风巷口打烧饼的那个"七拳半"。我对他这个外号很感兴趣,想起也许可以写一篇小说,通过这个人,反映一下在新的经济政策之下,个体户的生活的变化。你帮我了解了解他的情况:他的身世,他家有几个人,他结婚了没有,他打烧饼的手艺如何,他跟哪些人来往,他业余有些什么兴趣,他说话有些什么习惯,他的"人缘"好不好,他晚上住在店里还是家里,……总而言之,有关他的一切。而且我很想了解一下类似这样的个体户的种种情况。这事不着急,你有空时打听打听即可。打听时不要露什么痕迹,不要告诉人了解这些干什么。我只想积累一些资料,这样间接了解,也是不大可能写出作品来的,像写出高大头那样的小说,是很偶然的。

陆建华找你了解那些事,是想写文章。他已经发表了有关我的好几篇论文,还想写一篇全面的《汪曾祺论》。其实写《论》也无须了解我的祖父、父母亲。他一定要问,你们可以把太爷、爷的名字告诉他。太爷的功名是"拔贡",会看眼科,——大概我们的祖先从安徽迁来时就是以眼科医生为业的。爷会画画,刻图章。爷的为人,可以让他向别人了解,我们自己家里人说起来不便。倒是可以告诉他,爷是很聪明的,手很巧,做什么事(比如糊个风筝)都很细心,很有耐心。我的小说写得比较讲究,不马虎,这大概倒是跟爷这点"遗传"有点关系。另外,爷的生活兴趣很广泛,我的小说的不少材料都是从爷那里得来的,小说里的一些人物都是爷的熟人、朋友……这些,只要不是"吹牛",不妨跟他谈谈。但要向他说明,要写这些,也要写得准确、朴素一点,千万不要夸张。有些情况,他可找张廷猷、刘子平等人了解。甚至王小二子的儿子、保全堂原来的那个先生、连万顺家的人……都可以给他提供一点情况。小姑太爷要是愿意,也是可以谈谈的。你们斟酌着办吧,对陆建华适当掌握分寸就行了。而且,他如果确是为了写文章,你们可以跟他打个招呼,说"文章写出来最好让大哥过过目"。

海珊的对象怎么样了? 来信没有提到,想来尚未定局。我还能给他出一点力么,比如再给什么人写信之类?

我去年一年旅行了很多地方。写了一篇新疆的游记,已经在《北京文学》发表,等我买到杂志,寄给你们看看。湖南的两篇游记过两个月也将发表,也会寄给你们,让你们了解了解我的情况,代替写信。今年我不想再到处跑了,但看来要去大连和庐山,因为他们已经约了我两三年。也许秋天还要到太湖去住十天。如到太湖,或许会到镇江和高邮看看。

我倒很想回高邮住一个较长时期。几个出版社都约我写长篇。我想写长篇,还只有写高邮。

今年出的年历不多,北京很少见到。我叫孩子上街看看,如有较好的,当买了给你们寄来。

刚才又来了几个约稿的客人,信被打断,不想再写,以后再写吧。

问娘好,问你们大家都好!

大哥 一月十八日

汪朗工作已分配,在财贸报,工作条件很好,请告诉娘放心。

830201　致朱德熙

德熙：

　　吕先生①要我写字,久未能应。今晚酒后,画了一幅酷似八大山人的画,即于空白处录旧作一首,觉意境颇相配称,请送与吕先生一看,可留则留。如不满意,仍可再写。

　　我前几天血压忽高,近遵医服药,已正常。春节前后,可一见否?

　　画以邮寄,当有折痕,稍压即平,无妨也。

　　即候

时安

弟　曾祺　顿首

二月一日

注　释

　　①　吕先生,即语言学家吕叔湘。

830303　致杨香保

香保：

　　二月廿六日来信收到。你信中说多次写信给我让我来张一次,我似并未见到这样内容的信。也许你的信是夹在《浪花》中寄来的,我没有发现。我不是见到信而置之不理,请原谅。

　　重游旧地,我很愿意,也多次想起过。既承相邀,我愿意来。但:

一、我欠了很多文债,有些订出限期,留下版面,近乎逼迫。有些我曾应允了,不得不实践诺言。最近两月要赶写一些东西。又我到医院检查了一下身体,要做这样那样的试验,有的试验项目预约到三月底,做了,还得等看结果。因此,四月底以前我不能离开北京。要来,至少也得在五一以后。

二、我很怕讲话。去年我去了四川、新疆、甘肃、湖南,到处被迫讲话,还要录音、发表。内容空洞不说,而且容易出纰漏,实在令人惶恐。我近年身体大不如以前,不能作长时间讲话。如果到张家口,我希望只是跟大家见见面,最多不拘形式地座谈一次。——真正的座谈。不要像许多地方一样,名义是座谈,实际是讲课。

因此,请你考虑一下,我何时来张合适,便中来信告我。——不必过早决定。

另外,我对张家口的文艺工作者很不熟悉。他们的水平如何,关心哪些问题,想让我谈点什么,这些,希望能搜集开示,我好稍作准备,免得到时候信口开河。

匆复,即候

时安!

曾祺 顿首
三月三日

83□□25　致 徐 城 北^①

城北:

信收到。

《一匹布》已排出,因鼓师调到二团,就搁住了。他们排戏,我一次也未看过,也有点怕看。你要剧本,今检奉。闻剧本在排练中曾有改动(主要是恢复了一些原有的"哏"),我也未过问。张胤德要试试用检场,我写了几段检场人言。他要一个别致一点的说明书,我也写了,是一首通俗七古。检场人言及说明书抄录如另纸。(原稿不在手头,忆写当有遗误)

我不脱离京剧,原来想继续二十七年前的旧志:跟京剧闹闹别扭。但是深感闹不过它。在京剧中想要试验一点新东西,真是如同一拳打在城墙上!你年轻,有力气,来日方长,想能跟它摔一阵跤。《孔雀裘》极愿一读。——这个剧名我觉得不大好,好像是个才子佳人的戏。不过也许此中有深意焉。

即问令尊、令堂好。

候安!

曾祺
廿五日

注　释

① 徐城北,1942 年生于重庆。中国京剧院编剧、研究部主任。

830411　致刘锡诚①

锡诚同志:

师大学报的文章我实在写不出来。写什么呢?我想了几天,还订了个很有针对性的题目:《我是个中国人》。我想说我的思想受了儒家思想的影响。我很欣赏"暮春者,春服既成,冠者五六人,童子六七人,浴乎沂,风乎舞雩,咏而归"这样的境界。我的生活态度和创作态度可以说是这样:"万物静观皆自得,四时佳兴与人同","顿觉眼前生意满,须知世上苦人多"。我大概可以说是一个中国式的、抒情的人道主义者。我的理想是:"致君尧舜上,再使风俗淳",是换人心,正风俗。但是这些话怎么可以讲呢？这岂不是自我暴露，把自己给卖了么？这些思想怎么可以和马克思主义扭在一起？特别是在"人道主义"这个问题现在正在"热火朝天"的时候，怎么可以提出这样的问题呢？我真希望有人写写这样的文章：中国的传统思想和马克思主义及现代思潮的关系。你等我再想想吧，也许有一天我能把儒家的"赤子之心"和马克思主义之间的墙壁沟通。至于文章的后一部分倒是好办的，就是我提出过的：回到现实主义，回到民族传统。然而，民族传统又怎能和民族的传统思想不发生关系？

这是个很伤脑筋的问题，真不如写小说省力气。我不是个搞抽象东西的人。学报是严肃的刊物，不能用创作经验谈之类的文章塞责。我再想想，再想想吧！

敬礼！

汪曾祺
四月十一日

注　释

① 刘锡诚，生于 1935 年，山东昌乐人。作家，学者。时任职于《人民文学》《文艺报》。此信及本卷其他致刘锡诚信均见于《汪曾祺全集》第八卷，北京师范大学出版社，1998 年 8 月；据此编入。

830506　致陆建华

建华：

来信及"汇报"收到。

高邮要修建王氏父子纪念馆，甚好！此事早该办了。王念孙、引之的著作不难蒐集，本县不知有没有他的著作的刻本？我的印象里没有。若能找到一星半点本县所刻他们的著作，可以有些特点。王引之的儿子是也有作品的,最好也能征集到。高邮王氏,为乾嘉名儒,不知后代何以式微,又高邮从未闻有人传其学问,殊可感叹也。我对纪念馆的筹建提不出什么意见,只希望县里能花点钱,搞得像样一些。又你和老肖①他们,我想可以搞得不错,不致为外路人所笑也。

你的论文《从〈我们播种爱情〉到〈西线轶事〉》得奖向你祝贺!徐怀中人很好,你可以和他通通信。他最近心脏病发,闭门养病,久不见其作品矣。

我已给《钟山》写了三篇短短的小说及一篇创作谈②,如刊出,望指教。这一半是你的敦促之功也,一笑。

我近往山东走了几天,到菏泽去看了牡丹,并上了一次梁山,回来写了两篇散文。

不久大概还得上张家口一次。这是我的"流放所",人家来约,不好拒绝。以后,大概该坐下来写一两篇小说了。我今年只在《人民文学》发表了一篇《八千岁》,不知你看到没有?

另封寄上《百花园》。《关于小小说》有几个错字,封寄匆匆,不知改过来没有。

几个出版社约我写长篇,我想回高邮住一阵,但不知在什么时候。

即候著安!

曾祺

五、六

注　释

① 老肖即肖维琪。参见信950705。

② 这三篇短小说为:《求雨》《迷路》《卖蚯蚓的人》。创作谈,即《谈谈风俗画》。

830613　致　弘　征

弘征兄：

前三天，贵州《花溪》的一个同志从谌容处把你为我刻的图章带来给我，距你刻成此章，已经有几个月了！好在我自湖南回来后一直未为人写字作画，暂时也用不上它。图章刻得很好，谢谢。等我稍有闲暇，当作小幅花卉为报。

《芙蓉》稿费 65 元已收到。以后再有稿费可即邮寄北京京剧院。这次寄到东四南人民银行分理处，跟我住处太远，往取殊不便。

小说恐怕一时不能奉寄。我近写一篇反映京剧团生活的颇长的短篇，已答应给《北京文学》。我家里人看了，都以为"不典型"，劝我不要拿出去。等写完看看再说。下回还写什么，还没有想法。如有合《芙蓉》用的，当寄上。

近来文艺界的风似乎又有点紧。《文艺报》发批评《人到中年》文，调子很高，不知有没有来头。谌容近患肾结石，在家休养，我一直未见到她。

即候
"刻"安！

曾祺　六月十三日

830615　致刘锡诚

锡诚：

你为师院学报所约稿已寄上，想当收到。这篇短文①，写前即颇犹豫。写的时候倒是放笔直书,说了些真话。寄出后,又很犹豫。这篇东西真可能是左右俱不逢源,姥姥不疼,舅舅不爱。我是写小说的,朋友们都劝我不要发议论。我想也是。好端端的,招来一些是非,何必呢?因此,我希望和师院同志们研究一下,最好不要发表。近来文艺界似乎又有点风吹草动,似宜"默处"为佳。

曾祺

六月十五日

注　释

① 即《我是个中国人——散步随想》,登于《北京师范学院学报》1983 年第三期。

830617　致　黄　裳

黄裳兄:

来信收到。真是很久不见了!从你的文章产量之多,可以想见身体不错,精力饱满,深以为慰。

很想来看你。但我后日即将应张家口之邀,到彼"讲学",明日须到剧院请假,并要突击阅读张家口市青年作者的小说(约有三十篇),抽不出时间,只好等以后有机会再晤谈了。——张家口这回有点近于绑票,事情尚未最后谈妥,他们已经在报上登了广告,发了票,我只好如期就范!

我的小说选印出后即想寄给你,因为不知道你现在通讯处,拖下来了。兹请运燮兄转奉一册,即乞指教。

同时附上拙画一幅。我的画你大概还没见过吧?这一幅我自己觉得很不错,不知你以为如何!

我近期发现肝脏欠佳,已基本上不喝白酒。异日相逢,喝点黄酒还可以。

即候

暑安！

曾祺 顿首

十七日

830625 致杨香保

香保：

我已于昨日下午抵京。车票寄上。

我想你最好有计划地读一点书。可以先读《诗经》。写诗和研究民间文学，不读《诗经》，大概不成。三百多首，一天读两首，不到半年，也就读完了。现在有好几种白话译本，读起来不太费劲。以后则可以依时代先后，选读下去。闻一多曾作过一个计划，从《诗经》到《全唐诗》，两年读完。我想不必全读，选读即可。两三年，也就差不多了。读时如果能旁及一些材料，做一点卡片或笔记，则收益更大。我在《民间文学》发表的《读民歌札记》，大部分即是在沙岭子做过笔记的。我曾在几本乐府选集的天地头和行间，用圆珠笔密密麻麻地作了批注。这几年流放期间读过的书，都于"文化大革命"期间被抄走、遗失，可惜！古典、民间文学领域，还有许多可作的事。如《九歌》《礼魂》"成礼兮会鼓，传芭兮代舞……"一段声音之美，就从来没有人说及。稍稍留心，自可有所发现。不难的。你现在五十三岁，定下心来做点学问，还不晚。吴昌硕到五十岁才开始学画，你开始弄文字比他学画要早得多了。

你送我一袋口蘑，这份礼太重了！我很不安。

115

因为有好几封信待复,不多及。

即候安好!

曾祺

六月廿五日

830701　致刘锡诚

锡诚:

　　北京作协要编一套作家评论集。第一集评了七个人,有一组是关于我的,共三篇。他们要求我自己写一篇。我实在没有什么新鲜的话好说。忽然想起,可以拿师院学报的一篇去充数。你是否可与师院商量一下,把这篇东西借给我用一用?他们如有复印条件,能复印一份最好。北京作协要求在七月五日以前交卷。在这以前,能办到否?即颂著祺!

汪曾祺

七月一日

830811　致　弘　征

弘征同志:

　　今夏各地持续高温,北京很多机关只上半天班。长沙恐更不能耐,尚望珍摄保重。白酒少饮为佳。

　　顷于友人处得见《周作人回忆录》,甚感兴趣。此书是内部发行,北京书店没有卖的。你能不能在出版社内部给我搞到一本寄来?书款自当寄奉。

前在长沙,出版社约我将谈创作的文章编为一集。我十月底以前要为人民文学出版社把我近两年所写小说编集,创作谈需在十一月以后动手编。材料不凑手,可能要拖到明年了。

沈从文先生前患脑血栓,至今卧床,左边手脚失灵,即便好了,也要扶杖而行了。

即候曼福

汪曾祺 顿首

八月十一日

830908　致 陆 建 华

建华:

来信敬悉。所说的《小说选》我未收到,不知是怎样的小说选。

嘱请范曾画王氏父子像事恐不能如命。我和范素不相识,连他在何处任职,住在哪里,也都不知道。他的画我是见过的,——在荣宝斋。就我见过的他的画,印象中他是画得比较狂放的,人物都有点醉态。此种画风,画王氏父子,似不相宜。王氏父子是做学问的,其著作简朴严密,其人想必也甚端谨。我想画他们的像宜用规规矩矩的线描。现在画这样的人物画的,国内不多。上海有一个刘旦宅,线描甚有功力。北京有一年纪念曹雪芹,曹的画像,有几位大画家都画了,最后选中的还是刘旦宅的。高邮离上海较近,你们似可派人到上海去找找他。高邮有一个叫陈绍周的人曾搞雕塑,现在在上海戏剧学院教化妆,已经是教授了,他与上海的美术界当有联系。或托陈绍周转问刘旦宅亦可。这是我的建议,供参考耳。

你曾让我找黄永玉画二王像。我与永玉曾极熟,近年不常见。他画汉学家恐怕更不对路,他只能画醉醺醺的陶潜和疯疯癫癫的屈原。

我有回乡住半年的想法，但一直踌躇未决。今年肯定是不行了。九月下旬我将应《钟山》太湖笔会之邀，到苏州无锡逛一逛。回来后，要应人民文学出版社之约，把1981年—1983年的小说编为一集（篇目已凑齐，共17篇，集子初步定名为《晚饭花集》）。以后还想把散文和评论集子编一编。83年第四季度将于编书中度过也。明年，将试试写一历史题材的长篇《汉武帝》。这也是人民文学出版社约的。他们来要我写长篇，我因写戏故，曾翻阅过有关汉武帝的材料，觉得这是一个性格复杂而充满矛盾的人物，我对他很感兴趣，就随便说了一句："现实题材的长篇我没有，要写除非写汉武帝。"不想他们当了真，累来催促。这个所谓"长篇"的希望是很缥缈的。几位师友都劝我别写，说很难写。但我要姑且试之。不成，就算了。这样，明年我大概还不能走动，将钻进故纸堆里。

我想回高邮，是有一点奢望的，想写个长篇。题材连一点影子都没有。我想是想写写运河的变迁。半年了解材料，肯定是不够的。如果身体还好，将常常回乡，才能真正有深切感受。到我七十岁时，也许能写出一部反映高邮的"巨著"，上帝保佑！

朱唯宁的书，即当签名寄上。寄到哪里？他的名字是这样写么？

握手！

汪曾祺

九月八日

830908　致　弘　征

弘征兄：

我已搬家。新址是：北京丰台区蒲黄榆路九号楼十二层一号。以后联系，请按新址。并请转告负责寄赠刊物的同志。

前曾写信请代弄一本《周作人回忆录》，想有难处，那就算了。

我下旬将应《钟山》太湖笔会之邀到苏州、无锡一带玩一趟。回来即将编我的第二本小说集。此集为应人民文学出版社之约编的。书名《晚饭花集》,收小说十七篇。十月底交稿,出书至早也在明年夏天了。书出,当请指教。编完小说集将着手搜集我的评论和散文。这也颇费事,因为我的东西发表后都未剪留,只记得篇名,连刊在哪个刊物哪一期都不记得,即使复印,也极麻烦。散漫成性,麻烦自找也!

即候

著安!

汪曾祺 顿首

九月八日

830916　致汪丽纹、金家渝、汪海珊

丽纹、家渝、海珊:

我们搬家了,新址是:北京丰台区蒲黄榆路九号楼十二层一号。以后联系,请按新址。

我们都还好。我身体还是那样,心脏不太好,血压有时偏高。前几个月医生检查出我有慢性肝炎。别的没有什么,只是不能尽情喝酒为苦耳。——我还没有戒断,但是喝得很少了。

我一直想回高邮住住。想写一部反映高邮生活的长篇,也许以运河的变迁为主干。这得用几年工夫。原来想明年回来住几个月,看来不行了。明年我要写一部历史长篇小说《汉武帝》。我随便和人民文学出版社的编辑说了说,不想他们认了真,已列入1985年的发稿计划,那么,后年争取回来。

《汪曾祺短篇小说集》以后,我又写了十八篇小说,够再编一个集子了。人民文学出版社订下了。今年十月下旬交稿,明年四月出书。书名《晚饭花集》。书出,当寄给你们。

近接孙潜信,说起"三舅妈"①曾请他吃了饭,语气中很带感情。

他长期以来很不幸，受了很多折磨，现在也还不得意，很令人同情。

我这个月下旬应《钟山》太湖笔会之邀，将往苏州、无锡一带玩玩。名为"笔会"，实是江苏出版社花了钱请我们去吃吃螃蟹。别的地方请我，我都未应邀，因为怕吃了人家的，欠了一笔文债。《钟山》来请，我答应了，因为我已经为他们写了小说，他们总不好意思再要。最近一期《钟山》集中发表了我的小说和评论，你们可以找来看看。

汪朗、汪明都已结婚，顺告。

海珊的婚事如何了？

匆问安适！

问娘好！

曾祺　九月十六日

注　释

① 指汪曾祺的继母任氏娘。孙潜是汪曾祺三姑妈的儿子。

831011　致　陆　建　华

建华：

你从高邮发的信和由北师大招待所发的信今天同时收到。

我搬了家，不住甘家口了。新址是：丰台区蒲黄榆路九号楼十二层一号。这里交通不大方便，坐 25 路或 39 路或 43 路公共汽车，到"俱乐部"站下车，车站斜对面的一幢大楼即是。我不知道北师大招待所在哪里，你可问问招待所的服务员，在哪里可以变乘这几路汽车。我 12 日要开一天会，以后大概都在家。

匆复，即候

旅安！

曾祺

十一日

831020　致宋志强^①

志强同志：

　　来信收到，谢谢。

　　你是个细心人，从我的小说后面附注的"急就"二字，即推知我的身体尚好！因此，我今天早起用浙江皮纸写了去年为人题画的一首诗，以为报答。

　　我身体是还好。半年多以前，医生检查出我的肝不好。做了超声波试验，已排除了硬化和癌，只是慢性肝炎。但这病于我极不利，因为不能喝酒。而且有时会觉得疲乏思睡，影响精力。好在我已经过了"拼搏"的年龄，只好慢慢地写一点吧。——可我写起来又颇快。"急就"真是急就，《人民文学》等米下锅，逼上门来，我只好于酷暑中用了两个上午，约四个小时，写了"三陈"，糖尿病是医生瞎怀疑，已排除。

　　谢谢惠赠之醋，每次我于凉菜中加醋时，都向客人说明醋之来历，他们都称赞醋好，并说："这个读者真有意思！"——但这样有意思的事以后希望不可再做。

　　我最近在为人民文学出版社编我的1981—83年的小说集，月底交稿，明年四月可出书。集名《晚饭花集》，收小说十八篇^②。

　　明年也许要试试写一个历史题材的长篇，《汉武帝》。我还在剧院工作，小说写成后，可改为戏，一举两得也。

　　我在北京出版社出的小说选可能你还没有，另函挂号寄上一册，可供解闷。即候
时安！

曾祺　十月廿日

831026　致 朱 立 人①

立人兄:

惠书收悉。

我已经搬了家,新址在丰台区蒲黄榆路九号楼十二层一号。因为转信周折,迟复为歉。

我现在的住处在南郊,离师院较远了。如果得便,希望来聊聊。

我还有点记得你。你从前好像很瘦,你大概不是江阴人,是泰兴人。不知我记错了没有。

南菁的老同学,这些年我一个也没有见到过。听说吴文彦在协和医学院。那也是好多年前听说的了,现在不知道还在不在。

去年南菁举办百年校庆,拟编校友录,曾来函和我联系。我事忙,也未回信。不知道为什么,我对这个学校感情不深。

上月我去了一趟苏州、无锡。无锡人一提起“南菁”,还是认为是有名的好学校,大概现在还是办得不错的。

勿复,即候

近安!

弟　汪曾祺　顿首

十月廿六日

注　释

①　朱立人,生年未详。南菁中学同学。时在北京师范学院外语系工作。

122

831124 致 邓 友 梅[①]

友梅：

鼻烟壶[②]写得怎么样了？

有一本鼻烟谱(原书似名《洋烟谱》)，好像是赵之谦写的，我曾看过。《香艳丛书》好像收入的。此书你不知看过没有？如未看过，可找来看看。

卖鼻烟的铺子里挂的小横匾上写的字："可以醒脾"。这是我在长沙一家老鼻烟铺子里见到的，可谓贴切。

廊房头条一家高台阶小门脸的铺子，是专卖鼻烟的。梨园行中人常于早晨遛鸟之后往彼小坐。这家似叫兰什么斋，到处贴的是时慧宝写的魏碑体的字和很俗气的"螃蟹兰"——叶片披纷如蟹脚。

我今日晚往徐州去讲他妈的学。去年他们就来过人。我当时漫应之曰："明年再说吧。"我早已忘得一干二净，不想人家当了真事！以后该断然回绝的事则当断然，不可"漫应"也。徐州好像倒也应该去看看，顺便还到连云港去两天。大概月底可回京。

你们的画我一直记着的。我一直在找一个好的燕子的形象，还没找着。我想把燕子画得很黑，羽毛周围略泛紫光，后面用宋人法画梅。

斤澜荣归作汗漫游，闻尚未回。南方冬冷难耐，不如仍到北京吃涮肉为好。

我近来身体颇佳，肝脏似无问题，3T正常，转氨酶降至143。唯觉无所事事，只是看舒克申小说消遣耳。

即候

俪安！

曾祺 顿首

十一月廿四日

831216　致 陆 建 华

建华:

来信悉。所问关于《葡萄月令》的三个问题简复如下:

1. 是的。我下放张家口沙岭子农业科学研究所历四个年头,主要的劳动地点在果园。这个研究所的历史很久了,在德王的察绥政府时,就由日本人办了。所里的果园种了很多葡萄(可参考《羊舍一夕》)。我莳弄葡萄时间较多,故对葡萄相当熟悉。我是个喷波尔多液的能手,果园的工人谁也没我喷得匀,他们都没有我细心。喷波尔多要叶面叶背都喷到,不能少,少则无效;不能多,多了水珠挂不住,就会流下来。因此,夏天,我的几件白衬衫都被染成了浅蓝色的了。这个所里每天劳动都要记日记。我对这些日记很感兴趣,曾翻阅了历年积存的好几册。当时就想把有关葡萄的日记摘出来,未果。这篇《月令》是回京后根据记忆写出来的。

2. 我对《礼记》的《月令》很感兴趣,这是很美的诗。采取逐天记的办法,当然不行,太琐碎。按季记,又太整。当初有想写一篇关于葡萄的散文,就已决定用《月令》的形式。

3. 这问题很难回答。一篇散文最重要的是什么呢? 我只是觉得写什么都要有真情实感。不要写自己没有感受过的景色、自己没有体验过的感情。最怕文胜于情,有广告式的感伤主义的调子。散文要控制。要美,但要实在。写散文要如写家书,不可做作,不可存心使人感动。

存心使人感动,读者一定反感。

　　匆复,即候

文安!

曾祺

十二月十六日

1984 年

840206　致　弘　征

弘征同志：

前承惠寄诗集及近寄诗词日历、书签,都已收到。谢谢。

我已搬家,新址是:北京蒲黄榆路九号楼十二层一号。以后联系,请按新址。并请转告出版社负责寄赠刊物的同志。

我去年十一月去了一趟徐州。在这以前写了几篇小说。进十二月就没有写什么。人很闲而身体似颇好。除夜子时,作了一首打油诗,录奉一笑,知我老境尚不颓唐也:

> 六十三年辞我去,
>
> 随风飘逝入苍霏。
>
> 此夜欣逢双甲子,
>
> 何曾惆怅一丁儿。
>
> 秋花不似春花落,
>
> 黄鸟时兼白鸟飞。
>
> 敢于诸君争席地,
>
> 从今泻酒戒深杯。

颔联是无情对,且是流水对,可谓流水无情对,小游戏耳。

候年禧!

曾祺 顿首　一月五日①

① 此信落款为农历日期,公历是 2 月 6 日。

840302　致巫宁坤[①]

　　画尚未画,因为想不起能表明有昆明特点的花果可画。昆明最多的是报春花,但这花细碎,难为布局。波斯菊也不好画,美人蕉则不成样子也。圆通公园樱花甚好,但画出则成为日本的回忆了。且容思之。

注 释

① 巫宁坤,生于 1920 年,江苏扬州人。作家,翻译家。时任国际关系学院英文系教授。此信(片断)见于巫宁坤《花开正满枝——汪曾祺辞世十周年祭》一文,载《悦读》2008 年第七卷;据此编入。

840304　致金家渝

家渝:

　　久未通信,想来家里大小均安。

　　我收到曾荣一封信,回了他一信,因为他的信封上的地址写的只是"扬州高邮元件六厂",我怕这样的地址不好寄,请你转给他。

　　陈仲如的这个剧本,你们不知道看过没有? 我实在没有时间看。你们如见到此人,也请代致歉意。

　　我还好,只是精力较差,思睡,大概还是由于慢性肝炎所致。

　　我去年第四季度写了几篇小说,今年写得少了,只写了几篇"创作谈"。我的第二本小说集《晚饭花集》已交给人民文学出版社，大概要过了夏天才能出书。书出后，当寄给你们，到时候还请你开一个送书的单子。

我今年不准备外出。明年如果身体好，也许会回高邮住几个月，搜集一个长篇的材料。

海珊婚后生活想当幸福。他现在不住新风巷了吧？见面望为问候。问你们好！

给娘请安！

曾祺　三月四日

840322　致《北京文学》编辑部^①

文^②中提到的叶浅予为老舍先生画的像，可能还在。不知在胡絜青还是在叶的手里。如在，可向她（或他）借来制版作插图。如已毁于"文革"中，则请在这一段的末尾加上"（此图已毁于'文化大革命'中，可惜！）"。

丁聪曾为老舍先生画像，很像。也可设法找来作他文的插图。

封二、封三可用老舍先生的藏画。只怕制版来不及了。

其实这一期可以搞成"老舍专号"的——发几篇纪念文章，重新发表他的某些作并附评介，以及他的书信、手迹。现在是来不及了！

曾祺
三月廿二日

寺名如打听不到，可写作"××寺（寺名我不记得了）"。

注 释

① 此信是向《北京文学》编辑部交代有关事宜的附信。

② 文,指应《北京文学》约请写的纪念老舍的散文《老舍先生》。

840613 致 江 达 飞^①

达飞同志:

信悉。购书证我未用,但不知被我随手夹在哪里了,找不着,故未寄还,甚歉。《晚饭花集》能早出最好。我已写信给四川人民出版社,他们复信说自选集可以等一些时,我今年要为国庆三十五周年献礼节目做点工作,恐怕写不了什么东西。目前只能翻来覆去地读《汉书》。《江南》、《东海》约稿,一时恐难应命也。

即候

编安!

汪曾祺 顿首

六月十三日

注 释

① 江达飞,生于 1934 年,浙江奉化人。时任人民文学出版社编辑。

840801 致 叶 汝 琏^①

汝琏兄:

你来看我,未及恭候,甚歉。你为我去法事,多所尽力。盛暑中往来奔走,极可感谢。

七日我大概有事,恐不能与法国文化参赞见面,深为抱歉。

看来法国对我似一无所知。

你所拟几个讲题,我恐怕很难胜任。

你看该怎么好呢?

如得便,请来舍下聊聊,我当下厨给你做两个菜。

曾祺

八月一日夜

注 释

① 叶汝琏(1924—2007),安徽桐城人。翻译家,法国诗歌研究专家。时任武汉大学法国研究所副所长。

840816　致 陆 建 华

建华:

信及《文学信息》收到。

你调到省里来工作,我觉得很好。高邮人眼皮子浅,不能容人,老是困在那里,眼界甚窄,搞不出多大名堂。省里人才多,作协改组后,似有新气象,你到那里好像鱼从河沟里跳入江海,可以增长见识,对写作当大有好处。我以为你这一步是走得对的。

你想写我的著作年表我劝你不要搞。年表这东西,是著作等身的大作家才值得为之一写的(就是大作家的年表也很少有人看,除非是研究他的人)。我一共才写了那么几篇,值不得搞。搞出来了,也是个秃尾巴鹌鹑似的东西,不成个样子。你不必在这上面浪费精力。

我今年写得很少。小说只写了一篇,题为《日规》,寄给《雨花》了(已寄去两个多月了,他们也没有给我回信)。另外写了六篇散文。原因很多。主要是我的那些陈货也贩得差不多了,新的生活又还不熟悉。

我倒真想下去一阵,比如回高邮住住。不过高邮很落后,我怕也挖不出多少新东西。客观上是因为我被拉进剧院国庆三十五周年献礼节目的领导小组,老是开会,看剧本,还要给一些不像样的戏打补丁,思想集中不起来。这么下去是不行的,得想想办法。

《汉武帝》尚未着手。很难。《汉书》、《史记》许多词句,看看也就过去了,认起真来,却看不懂。比如汉武帝的佞臣韩嫣、李延年,“与上同卧起”,我就不能断定他们是不是和武帝搞同性恋,而这一点在小说里又非写不可。诸如此类,十分麻烦。今年内一定要先搞出有关司马迁的部分,题曰《宫刑》(这“宫刑”就很麻烦,成年人的生殖器是怎样割掉的,我就弄不清楚)。中国作协明年要创办一个大型刊物,名曰《中国作家》,指望我能给一篇小说,我想即以此塞责。历史小说很难作心理描写,而我所以对汉武帝有兴趣,正因为这个人的心理很复杂。我想在历史小说里写出“人”来,这,难!

丽纹砌厨房事承陆部长^①出面,谨谢!

匆复,即候文安!

曾祺
八月十六日

注　释

① 陆建华曾任高邮县委宣传部副部长。

8409□□　致吴阶平^①

我想写一篇关于司马迁的作品。司马迁是受了宫刑的。宫刑究竟是怎样的一种刑罚,查了一些辞书,都说得不明白,只是说去掉一个人的生殖机能。请教:

宫刑是去掉阴茎还是睾丸?还是两者都去掉?

受过宫刑的人被称为"刀锯余人",想必是用刀割掉的(我想不会当真用锯子去锯),是不是这样?

宫刑又称为"腐",那么又似用药品把生殖器官烂掉,是这样吗?中国汉代有什么药能烂掉生殖器官?

受宫刑或称"下蚕室"。据记载,受了宫刑须住进养蚕的房子,因为蚕室温暖潮湿,受刑之后,住在这里,才不致有生命危险。这是什么道理?这有科学根据吗?

受宫刑想必是很痛苦的。那时不知用不用麻药?传说中的"麻沸散"之类可信吗?

受了宫刑的人,在生理上、心理上会发生什么变化?

注　释

① 吴阶平(1917—2011),江苏常州人。泌尿外科专家,中国男性节育技术奠基人。该信无上款、署名及日期。吴阶平回复于该信下端,所署日期为1984年9月26日。

840928　致　王　欢[①]

王欢同志:

来信收到。我经常收到一些"读者来信",很少答复。看了你的信,我觉得应该答复一下,因为我从信封到信"瓤"的字迹上来看,你的态度是很诚挚的,这使我很感动。

但是你提出的问题我很难回答。沈先生[②]后来不写小说,有他自己主观上的原因和客观上的原因。两方面,我大体上都有些了解。但是我不想跟你说。客观上的原因,你从我那篇《沈从文的寂寞》的字里行间可以感觉到。在国内,我觉得对于沈先生的作品的评价偏低,是不公平的。怎样才能更准确地理解沈先生的作品？我觉得某些外国人的理解倒是比较客观的。美国选译了沈先生的几篇小说，书名叫做《中国的土地》，沈先生的小说，也无非是写出了中国的这块土地上特有的风土人情吧。至于他在现代文学史上的地位，那该怎么说呢！请你原谅，我不能跟你说实话。你是有鉴别能力的！你自己估量吧。我是沈先生的学生（可以说是"高足"），我的感情当然会有所偏袒的。

你是个牙科医生，却对文学产生这样的诚挚的兴趣，我真是很为之感动。希望什么时候我们能见面谈谈。

说不定我有一天会来麻烦你，因为我的牙很不好。

沈先生近年身体不好，偏瘫了，我也很久没有去看他了。如去，见到他，当为替你致候。

即候

时安！

汪曾祺

九月廿八日

注　释

① 王欢，生于 1958 年，河北唐山人。北京大学口腔医院儿童口腔科医师。

② 沈先生，作家沈从文。

841111　致　王　欢

王欢同志：

十一月六日信收到。

我因为为剧院改一个剧本，到贺龙的家乡桑植去了一趟，故未来看牙。从桑植回来后，血压增高（184—100），现在在休息。十二月要开全国作协代表大会。还有些其他杂事（如参与排戏）。我这人很懒，我这口残缺的破牙已经伴随我多年,也许要拖到明年才会来找你看牙。我的牙大概得全拔掉,得等血压平伏一点才能动手术。

你对设立京剧讲座的想法很好。有许多东西可以讲。比如:中国戏曲的"戏剧观"、京剧的美学价值、京剧表演的程式、基本唱腔、曲牌、服装……讲课时还可请名演员来作片段的表演。但是这些题目都不易讲。困难处在要用新的观点、新的语言来阐述,如用西医方法整理中医理论一样。目前能作这样的工作的人颇少。如果由"老先生"来讲,陈旧而无新意,青年人还是不爱听的,适当的时候,我可以向戏曲研究部建议。

你想报名参加民间文学刊授大学,学一点民间文学的知识,是可以的。但是我对一般刊授大学的效果的看法是有保留的。中国民间文学理论一直还没有一个体系。我编过几年《民间文学》,且是执行编委,即为此深感苦恼。搞民间文学,我以为要看几本外国的讲民间文学的书(苏联的、欧洲的、日本的),并要能常在"下面",即生活在民间文学的活水里。不知道你有没有这样的条件。民间文学是值得搞的,有的民间文学的作品美得令人惊奇。我近在桑植,看到一首土家族民歌:

> "姐的帕子白又白,
> 你给小郎分一截。
> 小郎拿到走夜路,
> 好比天上娥眉月。"

你看,这想象得多么奇妙! 但是你也要准备失望,因为民歌(及故事)的雷同性是很大的,必须沙里澄金。

我的家在蒲黄榆路九号楼十二层一号,欢迎你来玩。

候安!

汪曾祺

十一月十一日

841121　致陆建华

建华:

　　寄来的信及王干同志的小说都收到。我因给剧院改一个剧本,到湖南桑植(贺龙的家乡)去了一趟,迟复为歉。

　　王干的小说我看了,写了几句意见在稿纸一侧。他这篇作品的缺点是写得比较散,放进了一些与主要人物和事件关系不大的情节和细节。这篇作品我看还不够发表水平,因此未向刊物推荐。估计推荐了也是要被退回的。他的稿子明天邮还给你——今天我没有较大的信封。

　　你到南京后情况想当还好,颇念。

　　匆复,即候

近安!

汪曾祺

十一月二十一日

841219　致邓友梅^①

友梅:

　　听说你的腰坏了,好了吗? 北京出版社要出我的创作谈的集子,我想把几篇评论也收进去。《漫评〈烟壶〉》在数。这期《文艺报》我搞丢了,你有没有? 如有,望把这一篇撕下来给我。你如没有,问问斤澜等人看。

　　我近好好,但近来老是犯困,过一阵想会好的。

问舞燕好。

曾祺

十二月十九日

注　释

①　此信原载 2013 年 6 月 26 日《文艺报》；据此编入。

841220　致　王　欢

王欢同志：

来信及附作品一篇收到。

这篇作品写得太简单了。我想给你提一点比较详细的意见，但近日稍忙，二十七日起又要开作协全国代表大会，半个月内大概抽不出时间，因为怕你悬挂，先写个短信通知你。

我还好。上星期做了全面体检，B 超检查无问题。心电图只一个早搏。血压高（100—170），大概没太大的病。我准备明天去看结论。

握手！

汪曾祺

十二月廿日

841224　致　朱　德　熙

德熙：

孔敬病想当见好。冬寒，你大概又要犯喘了，甚念。我前一阵血压高，近已平伏。过两天要去参加作协代表大会，不发言，只是听会。我近几月很少写东西,为《滇池》写了两篇"昆明忆旧":《跑警报》与《昆明的果品》,过了年想把评论集起来,集名《常谈集》。

即贺新年

曾祺 顿首
十二月廿四日

1985 年

850112　致　陆　建　华

建华：

来信收到。

这次作家代表大会的主旋律是创作自由，即反左。胡启立的祝词已发表，这是大会的指导思想。张光年的报告也已摘要在报纸上发表。张的报告很长，全文将在《人民文学》发表。报告里列举了几代作家，有二百多人，报纸摘要全删去了。有一点出人意料的是选举下届主席团的结果……大会情况你可以问问江苏作协的代表（他们回去会传达的），我一下子也说不清。

你要写介绍我的散文，我没有意见。标题、段落，那样也可以。但我希望你写得随便一些，不要过于严整。严整了，就像是论文了。我在创作上的总的目标的追求，我自己也说不好。下一步创作计划，现在也没有。——即有，也不宜过早地开支票。总而言之，你按照自己的想法写吧。前些时张廷猷到我家来，我未见着。他说今年秋天高邮要修文游台，希望我回去一趟，我本也想回去看看。已同叶至诚等打了招呼。回高邮之前，我大概会在南京逗留几天，可能会见着你。动身之前，我会写信给你的。

《晚饭花集》尚未出版，书出，即寄给你。

即候安好！

曾祺

一月十二日

850126　致　汪　丽　纹

丽纹：

收到陵纹信，知道娘卧病在床，很挂念。请替我多多问安。寄上二十元，请给娘买点补养的东西吃。我最近手头比较紧，不然还可多寄些。

我们都挺好。前年我得过慢性肝炎，去年验血，已基本正常。去年十一月作了全身检查，我还没有去看结果。只知道 B 超内脏无问题，估计没有什么大病。现在就是血压有时偏高，精力不比以前了。已经六十五岁，本来不大会精力旺盛了。

去年我写得很少，只写了两个短篇小说和几篇散文。岁数大了，不能再拼搏了。

我的《晚饭花集》尚未出版。出版社来信说已付纸型，大概快了。亲属中有什么人应该送的，你们给我开个单子，我好分头寄去。北京出版社要出我的评论集，大概明年才能出版。人民文学出版社要出我的散文集，那就更不知道要到什么时候了。

去年年底我参加了全国作家协会代表大会，并被选为理事。此事已见报，高邮大概已经知道了。

今年张廷猷来，说高邮要举行文游台若干年纪念，让我当发起人。那天我不在家，不知道详情。他似乎还说要邀请我回高邮一趟，不知有无此事。你们见他时，可侧面问问他。今年江苏省作家协会邀请我回江苏一趟，我已同意，只是时间未定。如果高邮要邀我，我准备两事并作一事，顺便回家乡住些时。

海珊婚后生活不知是否美满？他爱人调回高邮没有？

陵纹说她想搞养殖，不知要养什么，鸡？兔？鱼？她说春节要回高邮，你们可商量一下。要搞养殖，需有销路，不要盲目地搞。她若搞养殖,我可尽可能给她一点帮助。

我们一家都好。汪朝已从丝绸厂调到新华社图片社工作,可以不用"三班倒"了。孙女汪卉已一岁四个月,皮得很!

得便望给我来信。问你们好!给娘请安!

大哥　一月廿六日

850202　致金家渝

家渝:

信收到,高邮县人民政府发来的请柬也收到。先贤纪念活动为什么选这样的时候?苏北天寒,我又有事,不能回乡参加活动,已给朱延庆写了一封信。江苏作协邀我(还有别的作家)到江苏,须在春暖以后,我如借便回乡,当也在此时。前给丽纹写了一封信,并寄了二十元,地址写的是"文化巷5号",不知能收到否?另封寄上挂历两份,你们可挑选一份,另一份给郑素英送去,奇芳托人给我带来的土产已收到,请代为致谢。我事忙,不另写信给她们了。

问全家好,给娘请安!

曾祺　二月二日

850303　致潘仁山①

仁山同志:

评《棋王》文写就,请审处。不用,希退还。如拟用而发排在三月后,则请将原稿复印一份给我,因我应出版社之约编一评论集,定于三月底交稿。此篇亦拟收入者也。

　　专此即候

文安！

汪曾祺　顿首

三月三日

注　释

　　① 潘仁山（1928—2006），浙江浦江人。时任《光明日报》文艺部主任编辑。

850307　致《中国现代文学史资料汇编》编委会①

《中国现代文学史资料汇编》编委会：

　　来信悉。

　　我很少用笔名，发表作品大都用真名。解放前写散文诗，偶尔用过"西门鱼"的笔名。解放后在我经受某种审查，不便用真名发表作品时曾用过"曾岐"、"曾薯"为笔名。

　　此复，即致

敬礼！

汪曾祺

三月七日

注　释

　　① 此信是对《中国现代文学史资料汇编（丙种）·中国现代文学作者笔名录》的编者徐迺翔、钦鸿咨询公函的答复。

850321　致　王　欢

王欢同志：

　　你已调到海淀。我把你近期给我的信丢了，不知道你现在准确的通讯处，此信请北医口腔医院小儿牙科转，不知能否收到。

　　中国作协负责外事的同志口头通知我，准备让我参加作家代表团到南斯拉夫去。时间约在四月底五月初。这样，我的一口残缺的牙就需要修理一下了。否则有伤国体。你能否给我介绍一个熟识的长于补牙的牙科医师？我想如果来不及把坏牙全拔掉，再修整牙床。然后再装新的假牙，就先凑合装几个假牙。对付一下。彻底修治，等回国后再说。如有合适的牙医师，请写一介绍信给我。同时最好也写一信给那位牙医师。你看行吗？

　　专此奉复，即候

近佳！

汪曾祺　三月廿一日

850420　致　石　湾^①

石湾：

　　我曾在《新观察》发表过两篇小文，《果园杂记》和《旅途杂记》。人民文学出版社约我编一本散文集，我想把这两篇收进去，但刊此两文的杂志我已丢了，你能不能想法帮我找到这两期《新观察》？《新观察》的人我都不熟，不想麻烦他们。你如保存着这两期刊物，能否借我一用？我复印一下再还你。

前寄"拟故事"两篇给贺新创,不知收到没有,看了没有,便中代为一问。

你曾建议我把写过的诗拿到《中国作家》发表,我的诗稿早已不知去向,现在想也想不全了。那几首诗也没有多大意思,里面还提到"越境的熊",于中苏邦交不利,不宜发表。

你最近写什么?写诗还是写报告文学?

听说《中国作家》办得不错,我还未见到。

望于忙中复我一信。信寄:丰台区蒲黄榆路九号楼十二层一号。

即问

近佳!

汪曾祺　四月廿日

注　释

① 石湾,即严儒铨。见 800714 信。

850502　致 宋 爱 萍①

宋爱萍同志:

我是汪曾祺。

我的南斯拉夫之行取消了,所以一直没有来找你治牙。不过七月中旬,要应香港之邀赴港访问,牙还是要治一治。我想来找你商量一下,是彻底拔除根治,还是先装几个假牙凑合。近日我有些活动,大概在五月六日左右来找你。

我的小说集《晚饭花集》本来在四月里一定会出版的,不料出版社搞了一个荒唐的错误,在封面上把我的名字印错了,现在要重印封面。等书出后,当寄给你们。你告诉王欢,不要自己去买。

问你们好!

汪曾祺　五月二日

注　释

①　宋爱萍,生于 1959 年,山东宁津人。北京建筑工人医院口腔科医师。

850526　致方荣翔[①]

荣翔同志:

从你在《电影戏剧报》上发表的短文中,知道你的病已经痊愈了,非常高兴！前半年,听说你心脏病复发,很严重,我很担心。北京有一阵传说你以后大概演不了戏了,我闻之心中黯然。现在你的病治好了,又能唱戏了,这太好了！你的文章充满了乐观情绪,令人鼓舞。希望不久能看到你重登舞台的消息,并希望你能到北京演出,和北京的观众见见面。我等着！

《裘盛戎》剧本已在《新剧本》发表,我已告诉《新剧本》编辑部,让他们给你寄一本。剧本的情节很多是虚构的,但是把盛戎这个"人"写出来了。重读剧本,我自己还是颇为感动。这个戏,演出大概是很困难了,上哪儿去找这么几个老中青三代裘派花脸去？不过我想这戏可能会有人改成电视剧的。改为电视剧,盛戎由你来演最合适,因为你了解他。如果有人征求我的意见,我当把你推荐给他们。这只是我一时的"浮想联翩",不过也不是完全没想实现的可能。

听说裘明的嗓子不大好,也不太用心,有些教人失望。你到来北京,找他多谈谈。

我一切尚好,七月中可能要随作家团到香港去一次,八月初即可回来。

希望早日能在北京见到你。

即候

时安

汪曾祺

五月廿六日

注　释

① 方荣翔(1925—1989)，北京人。京剧表演艺术家。16 岁拜裘盛戎为师，专工裘派花脸。

850605　致宋志强

宋志强同志：

你寄给我的《大同市文学作品选》我一直没有看，——我收到的书刊较多，来不及看。昨天偶然翻翻，才发现书里还夹着你的一封信。信末署明的日期是 84 年 12 月 24 日，距现在已经半年多了！

从信中知道《作品选》里有你的一篇《花鸟情趣》。我看了两遍，总的印象是：有点意思，不够理想。

主要问题是没有写出铁林这个人来。或者说，没有把铁林这个人写透。小说结尾处写了铁林的性格特征，也是思想特征，也可以说是他的人生哲学："咱们人嘛，活的无非就是一口气。"这是点了题了。但是前面写他养花、养鱼、养鸟这点特征写得不够。《庄子》记庖丁解牛，庖丁说："臣之所好者道也，进乎技矣。"铁林应该有他的关于花、鸟、鱼的"见道之言"。比如："人要强，花也就要强。花是知道养花人的心的，它知道你要它开得比谁家的花都大，都好，都香。花就说：'好，我就给你开！'""你给鸟多下一分心，鸟就给你多长一分本事。鸟是不吃昧心食的。多喂一口活食，它就给你多哨一点玩艺"……之类。更重要的是，通过他的行动，表现他的独特性格。比如，他养鸟的笼子是自己做的。见人家有好笼子，他会要求人家借给他看两天，然后就选材、破料、刮篾，做拖底、笼圈、"葫芦"（北京人把笼上安钩的曲头叫做"葫芦"，大同不知叫什么）……磨光、上蜡，照样做出一个，比借来的那个还好。他的笼钩是"洋金"的，他的鸟食罐都是旧货，"全堂"（即一套），"粉彩"鸡罐、"油红彩"的金鱼罐、康熙青花……他的笼罩不能是背心、秋裤改制的,他会把老伴新买的的确良裤料裁成几布笼罩,而且安了镀铜的拉锁……总之,要通过各种细节,把这个人不同于"常人"之处写足,把他写得更丰满一些。你现在的材料不少,但都是开流水账似的"数"过去了。要"抻"得开,"铺"得到,要把人物写得更丰满一些。你当然明白我的意思,不是叫你没话找话说,加进很多水分。写小说,要简练,但简练不等于简单。一方面,要控制得住,能少说就少说;另一方面又要"撒"得开。否则,味道不浓。

建议你把叙述次序颠倒一下,先说花,次说鱼,再说鸟。本来他的爱好也是"先是花,后是鱼,完了是鸟"。而且重点是鸟,花和鱼只是陪衬,不能轻重倒置。

鸽子事件不够突出。段长怎么报复他了? 我觉得段长除了唆使造反派斗他,打他,最毒辣的一招是带了一伙小将把他的花拔了好些,鱼缸砸破了几口,鸟笼踩扁了几只,鸽屋捣毁了几间,而且给他定的罪名是"搞四旧","提笼架鸟,——地主老财的生活方式"……他应该在一气之下,把花盆全砸了,鸽子送人,鸟都开笼放了。

"文革"之后,那位段长应该遭到一点惩罚,可以把他的段长"抹"了。

"文革"之后,人心舒畅,应该稍写两笔。铁林之恢复养鸟,应该也是受了别人的影响。——北京"文革"期间即无人养鸟,养鸟人都是"四人帮"粉碎后再恢复爱好的。

我的意见未必妥当,供参考。——小说最后的一段可以不要,太"白"了。

题目不好,这写的不是"情趣",可以改为《花·鸟·鱼·人》或别的。

你送给我的酒和醋都收到了。酒早已喝光,醋还有一瓶未动。谢谢你。以后望勿给我捎东西。

《晚饭花集》早该出来了,出版社搞了一个荒唐的错误,把封面上作者的姓名印错了,不是"汪曾祺",而是"常规",真是莫名其妙! 现在只好把印出的书的封面全部撕掉,重印,重订! 这一拖恐怕又得两三个月。

《汉武帝》还未动笔。很难。

我身体还好。七月以后,可能要随中国作家团到香港去一趟。

匆复,信写得很草率,望谅。

即候

时绥!

汪曾祺

六月五日

850716　致王欢、宋爱萍

王欢、小宋:

我到密云来开会,月底才能回市里,怕你们在这期间上我家去,白跑一趟,告诉你们一声。

我的香港之行推迟到十月四日,十月二日到广州集中。这回大概不会变更了。

我九月间可能去建筑工人医院重做一副牙。你们如八月到兰州去,那时小宋可能不在北京。我自己直接去找马圻吧。小宋如能在去兰州之前跟马圻说一声最好。

我这副牙挺好,只是近日有点松了。用到九月,问题不大。

天热,你们的小屋一定很不舒服,我在这里倒是比较凉快。望你们保重,耐过暑天。

问好!

汪曾祺

七月十六日

850808　致金家渝

家渝：

　　我的《晚饭花集》已出书。亲戚故旧中有哪些人需要送书的，请你给我开个名单（包括地址），我好分头寄送。

　　我10月初应香港中国文化中心之邀将到香港访问十天。做衣服，办护照，有一些乱七八糟的事。8月底还要到大连去参加一个笔会。如果来得及，争取在8—9月把书寄出去，否则也许要拖到10月了。

　　久不得家中信，颇惦念。娘的身体还好？小姑老爹前曾来信，说家里的房子可以发还。你们申请了么？有无下文？如果能发还，那就好了，你们住的房子实在太挤了。陵纹有没有信？她说今年要搞养殖业，不知搞成了没有？

　　我近来身体还好，好像比前两年还好些。血压控制在90—130（服用了降压静）。因为要到香港去，我把残缺的牙都拔了，装了全义齿。现在装的是"即刻"，过一阵还得重装一副。

　　高邮有什么变化？有没有什么新鲜事？我前两年颇想回乡看看，近来此意渐消。再过两年吧，如果我还走得动。

　　得空，望给我来信。

　　即问全家好。给娘请安！

曾祺　八月八日

850919　致陆建华

建华：

　　序写就。因为未看文集①，只能这样说些不着边际的话。如等看了文集再写，就来不及了。我十月初到香港去，回京已是十月下旬，怎么来得及呢？

　　《晚饭花集》寄上一本，请随便翻翻！

　　即候近佳！

曾祺

九月十九日

注　释

　　①　指陆建华编著的《全国获奖爱情短篇小说选评》。

850927　致金家渝

家渝：

　　信收到。高邮要拍电视片，我颇为惊喜。半年前青年电影制片厂曾在口头上跟我约定，要把《大淖记事》拍成电影。现在他们忙于拍别的片子，以后也再没有派人来跟我谈过。拍电视片，又是一个县城拍，与他们的电影想无妨碍。不过我还是跟他们打个招呼为好。让我自己写电视片剧本，可以考虑，不过电视片的成败，相当大的程度决定于导演，其次是演员。不知高邮现在于导演、演员有何想法，我十月二日离京赴港，大约得二十日以后才能回来。高邮如有人想来京和我面谈，须在二十日以后。如果他们等不及,不妨自己先动手。电视片拟分几集,放映多长时间,他们该有个计划。拍不拍外景?现在的大淖拍外景不行,得另找地方。演员(主要是巧云和十一子)如果定了,最好让我看看他们的造型相片。《小开口》现在还有人会唱么?要把腔调搞一点录音资料——至于十一子所唱剧词,可以现编。你可以找导演谈谈,让他把有关电视片的设想写一封信给我。

《晚饭花集》尚未寄。我近来杂事甚多,顾不上做包装封函,等从香港回来再寄吧。先寄一本给你和丽纹(另函挂号寄)看看样子。

给娘请安,问你们好!

曾祺　九月廿七日

850927　致朱德熙

德熙:

杨周翰让我写字画画。画今天画了一张,还满意,请转交给他。字则须等我有较好的纸再写。我手边只有单宣,写字不托墨。我下月二日将随中国作家代表团访问香港,约廿日回京。回来后当谋一见。《晚饭花集》拟送叔湘先生一本,等回来再说吧。

即候
全家安好!

曾祺　顿首
九月廿七日

851108 致 石 湾

石湾：

　　何立伟要我为他的小说集写序①。上星期写得。为天津《文学自由谈》一编辑"抢"去，今天才收原稿及复印件寄来。兹将原稿寄上，看可用否。此序须得立伟同意后方可发稿。我已写信寄立伟，他如同意，可直接写信给你，或给我。

　　你几时调作家出版社了？想当好。

　　即候

著安！

汪曾祺　十一月八日

注　释

　　①　序，即《从哀愁到沉郁——何立伟小说集〈小城无故事〉序》。

851123 致 古 剑①

古剑兄：

　　几次来信均收到，照片亦收到。嘱书张问陶诗写得，寄上。我小时候刻过图章，久已生疏，腕弱不能执刀，且并刻刀亦无一把，因此刻闲章之命不能应承。然如偶有机缘重新操刀，或当为兄一"奏"。但恐难于黄河清耳。北京前日已飘小雪，香港想当仍燠热。曾寄施叔青书二册并一斗方画水仙，便中问问她收到没有。即候文安！

汪曾祺　顿首　十一月廿三日

851227　致金实秋①

实秋:

回乡后来信收到。

戏联我翻看了两遍,有几点意见:

一、有些对联重复互见(不算少),凡重复之联,必须检校删去。

二、有些联语平仄不协。这有些可能是原联如此,但更多的是传抄有误。有明显抄错的,应改正;如不能改正,应注出某些疑误。

三、编辑体例分"古代、近代","现代、当代",我以为这不说明什么问题。最好能按对联内容性质,重新归类,如:"一般"、"戏曲观"(戏曲·历史·现实)——如"戏台小天地,天地大戏台"……"寺庙宫观"、"五行八作"、"四时节令"、"称美优伶"……(我对五行八作、四时节令的戏联较有兴趣。)

这样可以让人看出戏联大都表现了什么东西,使人看起来也较易发生兴趣。也就是说,这样的编法,说明编者是对戏联作过一番研究,有自己的看法的,不是有闻必录,仅仅是资料。

这是我的主要意见,即:你必须先对戏联作一番研究,而且要站在一个较高的高度,科学地、客观地来看待这些对联。更直截了当地说:你必须自认为比这所有的对联的作者在历史、生活、戏曲、词章的修养上都要高得多,你是用一种"俯瞰"的态度来看这些对联的,只是从历史的、民俗的角度,才重视这些对联。你自己应该显示出:从文学角度看,此种作品,才华都甚平庸,没有什么了不起!

四、因此,对戏联故事,行文不要有太多钦佩情绪,只能表示出"这有点小聪明也不易",并对某些联语可以加以适当的讥笑(讥笑他们的陈腐、庸俗、卖弄……)。

我的意见可能十分狂悖,但却是很真诚的。

我希望你自己能写出一篇经过研究,有科学价值的自序。

让我写的序,我当然会写,但时间上不能过于紧迫。

联稿暂存我处,待写序后,当奉还。

匆复,即候

近祺

汪曾祺

十二月廿七日

王干等两同志写的《"淡"的魅力》已读,写得很好,请转致谢意。

注 释

① 金实秋,生于 1945 年,江苏高邮人。曾任南京博物院副院长。编著《汪曾祺诗联品读》,大众文艺出版社,2009 年 4 月。

1986 年

860115　致　金　家　渝

家渝：

　　前天总算把《晚饭花集》寄出了。按你开的名单，分三包寄的。崔开元没有送，因为我不知道怎么称呼他。而且有小姑老爹一本，他们父子看看也就可以了。我估计小姑老爹是不会看的。

　　今天想想，似乎郑素英和汪奇芳没有送，兹补寄上，请转交。

　　这一本里有两篇涉及真人，一是高北溟，一是高大头。请代向故乡人解释：这是小说，不是报告文学，更不是传记，所写的事很多是虚构，希望大家不要信以为真，不要一件事一件事去核对。

　　珠江电影制片厂的导演胡炳榴（《乡情》和《乡音》的导演）想把《受戒》拍成电影。他们也许会到高邮来拍外景的。你找人了解了解，庵赵庄还能看出一点当年的痕迹么？那个庵子大概早没有了吧？高邮乡下有没有和我的小说所写的景色有点相似的地方？……

　　青年电影制片厂半年前曾说准备拍《大淖记事》，后来没有再来联系，也许"吹"了。

　　英国一出版商编《世界名人录》，把我收了进去，真没有想到。这件事你们知道就行了，不要广为宣传。

　　我三四月间也许会回高邮一次。高邮要成立文联，让我当名誉主席，还想借此机会搞一点活动，我原则上同意了。金实秋说会派一辆小车子到镇江去接我。我也许会拉了巧纹大姐一同回来。

　　我们都挺好。我的身体还可以。血压已正常，——有时偏低。我最近已停服降压药。

娘想看看我的孙女的照片,手头没有合适的。等我叫她妈找找,下次寄来。

娘身体如何?

你们都好吗?

事忙,不多写。

书收到后,望来一信。

即问

近祺!

曾祺　一月十五日

860125　致陆建华

建华:

来信收到。序文中"建华的评论我看过的不多,他所评论的小说,我读过的也很少",可改为"建华的评论我没有全部看过,他所评论的小说我读过的也不多"。

序文最后一页"上海卖咸鸭蛋的店铺里总要用一字条特别标明:'高邮咸鸭蛋'","鸭"字不要。上海人都说"咸蛋",没有说"咸鸭蛋"的。想来是抄录时加了一个字。

我可能在四月间回高邮一次。高邮要成立文联,让我当名誉主席。到时候,我想你也会回高邮的,当能见到。

匆复,即候

近佳!

汪曾祺
一月二十五日

860307　致　金　家　渝

家渝：

　　前天收到小姑老爹来信，他说你到他家拜年时，他又提起科甲巷房子的事。他还是认为这所房子是可以发还的。他说孙云霞家的五十几间房子经孙固申请，已发还。高邮的房产情况，我不了解。你们多找一些人探询一下，这房子有无发还可能。也可以找找孙固，问问他是通过什么机构，怎样申请的。孙固是大妈的侄子，我们年轻时是很熟的，你一提我和曾炜，他就会知道。小姑老爹说，需由你们向我写一委托书，由我出具证明，说明此房无房产纠纷。如有必要，我可以出此证明。但科甲巷房子原是三房公用，后来分了没有，我也不知道。如未分，尚需由大房的人出证明。曾炜远在东北，也问不了这些事。可由巧纹姐找汪璧二姐商量。房子能发回来，自然很好，你们住得实在太挤了！

　　高邮原说四月间请我回去，参加县文联成立的活动。近来未来信联系。高邮的事是说不准的。他们如不再请，四月间我准备应轻工报之约到河南去玩一趟。

　　如回来，希望你们能帮我搜集一点可供写作的材料。找一些老人谈谈家乡的风俗，从正月到腊月，怎样过节，吃些什么。我准备写一篇《高邮岁时记》。此外，如结婚、开吊……我都想了解了解。

　　我一切都好。血压已正常，有时偏低，现已停服降压药。

　　问娘好！问全家好！

曾祺　三月七日

860512 致 江 连 农^①

连农同志：

你在很严肃地思考有关戏剧创作的问题。你提的问题我回答不了。今年春天，有一位报纸的编辑来采访我，我信口谈了一些对戏曲的看法，她戏称我为"戏曲界的外星人"，大概是觉得我的某些话有点离奇。既承垂问，我也可以说一点"外星人语"。——其实都是陈芝麻烂谷子，毫不新鲜。

戏曲创作，千头万绪，归根结底，也许只是一个问题：戏曲观念的更新。

中国戏曲是很有特点的，在世界戏剧之林中确实能够自成体系。"无休止的程式"不是它目前不大景气的病根。芭蕾不也是由程式组成的么？中国戏曲有大量平庸甚至低劣的剧目，这些剧目被淘汰或将被淘汰，是自然的事。但是有永不凋谢的不朽的精品。比如昆曲的一些折子戏。有人说：有一出《痴梦》，我们就差堪自慰，可以对戏曲的前景不必过于悲观，戏曲还是有振兴的希望的。这话不是毫无道理。我们对上昆、苏昆的同志充满敬意。昆曲目前并不怎么上座（演员的奖金也不会多），但是他们确认为昆曲是中国民族艺术的精华，充满信心，充满热情，挖掘整理，精益求精，虽不免清贫寂寞，却自觉乐在其中，他们真是一些心灵很美的好人！我们在昆曲调演中看到他们声情并茂，光彩照人的表演，不能不想到他们对于戏曲艺术的忠贞不渝的高贵的献身精神，不能不感动。五十年代，昆曲曾以《十五贯》一出戏轰动全国；八十年代，昆曲又拿出这样一批精致玲珑，发人深思的折子戏，昆曲所惠于国人者多矣！从昆曲的两次"进京"，使我想到一个问题，这反映出人们的戏曲观念发生了相当大的变化。我不是说像《痴梦》这样的戏五十年代绝对不可能演出，但是相信是会遇到阻力的。人们会问：演出这样的戏有什么政治意义？对观众能起到什么教育作用？这样的问题很不好应付。——不像《十五贯》，可以理直气壮地回答：关心人民疾苦，重视调查研究，有人民性！（"人民性"是五十年代戏曲通行证上相当于"验讫"的朱红戳记。）《痴梦》如能在那时演出，大概会被归入这样一档：艺术上可取，内容无害。一个戏曲作品的思想内容落得一个"无害"的评语，实在是非常可悲的事。《痴梦》的思想内容又岂止是"无害"而已呢？我不想在这里探讨《痴梦》的思想，更不想评说《十五贯》和《痴梦》的高下，我只是说《痴梦》对许多人的戏曲观的冲击作用不可低估。《痴梦》（以及其他昆曲剧目如《迎像哭像》、《打虎游街》、《偷诗》……）的出现，是戏曲工作者在十一届三中全会以后对戏曲工作反思的结果，是对"四人帮"文艺专制主义的一个反拨。

五十年代，或按一般说法："十七年"。我一点不想否定十七年戏曲工作的公认的巨大成绩。但是我不赞成对十七年的戏曲工作作全面肯定。有的同志盛称"十七年"，以为如果回到"十七年"一切就都好了，值得商榷。十七年，我们的各项工作，包括文艺工作都有一个共同的问题，是"左"。难道戏曲独能例外？文艺的"左"，集中在一点，是：为政治服务。三中全会以后，否定文艺为政治服务，是有非常深远的历史意义的。我们都是从"十七年"过来的。我们都深知政治标准第一，教育作用至上是个什么滋味。第一和至上的结果是：概念化。十七年的许多戏，包括一些名剧，都带有概念化的痕迹。第一和至上的恶性发展，就是"四人帮"时期的"主题先行"。"四人帮"的文艺"理论"，主要是"三突出"和"主题先行"。"三突出"，大家批判得很多了。但是我以为"主题先行"的危害性比"三突出"更为严重。"主题先行"不自"四人帮"始。"四人帮"以前就有，只是没有形诸文字，成为文艺的宪法。而且这种思想至今并未绝迹，至今仍是覆盖在我们的文艺观——戏曲观的上空的阴云。有的时候，云层很厚。

应该认真地研究一下文艺——戏曲的社会功能，戏曲到底有什么作用。应该科学地研究一下戏曲的接受美学。我相信总有一天，我们能用电子计算机测出一出戏对观众心理影响的波动曲线。我不想否定戏曲的教育作用,但是我认为这在观众的接受过程中是最后一个层次。没有人花钱买票进剧场是为了受教育的。我觉得应该强调戏曲的美感作用和认识作用。观众进剧场,首先是为了得到美的享受(不止是娱乐,我是不同意戏曲有所谓单纯的"娱乐作用"的)。这种美的享受,净化了他们的灵魂,使他精神境界提高,使他自觉是一个高尚而文明的人。其次,戏曲引起他对历史和现实的思索,使他加深了对世界、特别是对我们这个民族的认识,增加了对民族的感情。如果要说教育作用,我以为这是最深刻的教育作用,比那种从某个戏曲人物身上提取供人学习的抽象道德规范的作用要实在得多。

如果采用这样的标准,我觉得《痴梦》、《打虎游街》,以及你信中提到的《钟馗嫁妹》、《拾玉镯》,和十七年的某些概念化的作品相比较,其"档次"的高低,不言而喻。

应该强调剧作者的主体意识。近几年大家嚷嚷提高剧作家的地位。我以为作家的地位首先是作家在作品中的地位,而不在当不当人民代表、政协委员。宏观世界并不是凝固不动的,每一个剧作家只能表现他所感知的世界。他有自己的思维方式,自己的表现技法,别人不能代替,剧作家不能随人俯仰。黄山谷曾说:"听它下虎口著,我不为牛后人。"就是你信中所说的不"跟在别人屁股后边走"。国外的理论家近年致力于创作内部规律的研究。咱们的戏曲理论家是不是也可以研究研究剧作的内部规律,研究研究剧作家是怎样写成一个剧本的? 如果能说出个道道来,这比给剧作家发一笔奖金更能使人鼓舞。这才是对剧作家真正的尊重。

最后,我觉得剧作家最好是一个诗人。布莱希特之所以伟大,不只因为他创立了一个体系,提出间离效果说,首先,他是个非常有才华的大诗人。

剧作家也应该看看画,比如罗中立的《吹渣渣》。

你问我你的创作之路,追求之路,探索之路该如何走,我只能海阔天空,不着边际地瞎扯一通,请原谅。

祝你碰壁!

汪曾祺
五月十二日

注　释

① 江连农,生年未详。戏曲工作者。此信原载《新剧本》1986 年第四期;据此编入。

860609　致王欢、宋爱萍

王欢、小宋:

恭喜你们生了个胖儿子!

名字我想了几个,你们挑吧:

王　玉　　一般化,只是笔划少,好写。

王　虎　　今年是虎年。

王　萱　　现在正是萱草开花的时候。萱就是黄花菜。古人以为萱草可以忘忧。这个字的字形不难看,声音也还好听。

王芒种　　孩子生芒种后一天。按节气说,现在还是芒种阶段。这像个乡下孩子的名字。

为了怕你们要给孩子报户口,先想这几个。不合适,我再想。

问好!

汪曾祺
六月九日

860612　致王欢、宋爱萍

王欢、爱萍：

画了一张画，祝贺你们"弄璋"。画的就是萱。我家里人说这张画画得不错，我自己也比较满意。本想去裱一裱，因不知道你们要装轴还是放在镜框里，没有裱。

令郎的名字还是你们自己起吧。我儿子说"萱"像个女人名字。其实不一定。唐朝的大画家张萱就是男的。

问好！

曾祺
六月十二日

860627　致陆建华

建华：

你最近给我的两信都收到。鸭蛋收到，谢谢。高邮鸭蛋还真是名不虚传，其特点是肉质细腻，味道浓，——虽然现在的鸭蛋似乎没有过去的油多了。偶有客来，煮几个给他们尝尝，无不称赞。本想留一部分送人，不想已经吃得差不多了。鸭蛋已快吃完，信却没有回，真不像话！

原因是比较忙。前应《北京晚报》之约，开一专栏，一气写了八篇小东西。近又为《人民文学》赶一篇小说，是纪念老舍之死的。纪念老舍之死而要写成小说，真不好办！这篇东西已交稿，如果通过，将于八月发表。——老舍是 8 月 24 日死的。这几天还要为《北京文学》捉摸一篇"京味小说"。林斤澜当了主编，第一炮想打出"京味小说"，我不得不捧他的场。这种由别人出题目的小说是写不好的,我过去也从未这样干过。但愿能打 70 分,不要自己砸了牌子。

高邮县文联成立了,似乎小小热闹了一阵。副主席陈其昌来了一封信,说给我的请柬寄晚了,很抱歉,他要我送县文联一本《晚饭花集》,还要在扉页上写几句话。写了一首绝句:

> 风流千古说文游,
> 烟柳隋堤一望收。
> 座上秦郎今在否?
> 与卿同泛罍湖舟。

给我寄来了两期《珠湖》,我看了一下。我有点担心。一是从文联成立的首长讲话中看不出他们准备办几件什么实事。比如搞一个秦少游研究会、王西楼研究会,搜集历代写及高邮的诗文,——县志里就不少,有些写得很好……一是看看青年作者的作品,都比较稚弱,思想、感情都浅,还停留在习作阶段,一时还看不出能出什么尖子。我看关键在领导,没有有识之士愿为家乡的文艺事业耕耘劳作,付出心血。这个县文联恐怕将不免成为一个空架子。

我今年秋后大概会回江苏一次。叶至诚已经邀了我几年。我大概和林斤澜同来,时间可能在 10 月,因为至诚说要我回来吃螃蟹。临行前会有信给你。

《新华日报》的文章我是应该写的,但要过些时。

匆复,即候

文祺!

曾祺　六月廿七日

860706/07　致崔道怡^①

道怡同志：

　　信悉。

　　老舍先生在孔庙挨打,大概是事实。据杨沫回忆,他从孔庙被送回市文联时,头上顶了一块手绢;舒乙的文章则说他头部受伤流血,被人用一个戏装的水袖随便地包扎了一下。看来他挨打主要是在孔庙。至于被送回市文联后是否还挨了打,现有文章未提及。林斤澜是市文联在场目击者,他跟我多次谈过老舍之死,没有说他在市文联挨打事。舒乙文章说他去收尸时看到老舍先生身上有血嘎巴,我觉得老舍先生的伤多半是在孔庙挨打留下的。小说为什么没有提及市文联当天的事,是因为我所设想的那个京剧演员刘宝利不大可能到市文联去。略去市文联一节,也可免掉许多麻烦。老舍先生在孔庙挨打与在市文联扔牌子被划为"现行反革命"是一天的事,杨文、舒文有出入。我觉得似是一天的事。不然,老舍先生在孔庙挨打之后的一天,文皆缺记,不可解。因此,我以为小说涉及处可不改。为了稳妥,可以不说"昨儿",也不说"那天",含糊其辞较好,免得有乖史实。校样看后,我再酌改,如何?

　　插画当然好。但是画什么呢? 画三个看到老舍先生遗体的人? 不好画。我觉得可以找一张与小说无关的画。叶浅予曾给老舍作过一张白描的画像,老舍坐在花丛中的藤椅上,甚精彩,也好制版。可问问浅予和胡絜青,这张画还能找到否? 我记得此画曾在《新观察》发表过,用此件复制也行,请找找。

曾祺

七月六日

　　今天早上想起:七月十五日我将到密云水库去开北京市戏曲创作会议,会期约半个月。你们的校样如在二十日送给我,我看不到。——

送到密云,又太费事。那么,删改事由你全权处理了吧。怎么删改都行,只要上下文接得上气。

刘宝利说孔庙的事,不必说是"昨儿个";说老舍在孔庙挨打事也不必说"那天",只说孔庙挨打的,有他,就行了。

曾祺

七月七日

注　释

① 此信见于《汪曾祺全集》第八卷,北京师范大学出版社,1998 年 8 月;据此编入。

860709　致 王 树 兴①

王树兴同志:

感谢你的来信。关于炒米的四个字②,我确实是失忆了,并非有意不写出,有什么深意。这篇散文将来如果收集子时,当根据你所提供的材料改正。你对我的文章如此认真对待,很使我感动。我因事忙,一般的读者来信很少答复,你的信,我觉得非答复不可。

有时间盼望你来信谈谈高邮的现状。

即问

近好!

汪曾祺

七月九日

注　释

① 王树兴,生于 1963 年,江苏高邮人。作家。时在高邮市造纸厂任厂部办公室秘书。

860820　致　金　家　渝

家渝:

7 月 30 日的信早收到,因我事忙,未即复。

关于申请发还弃留旧宅的信,我已经写了,约一个星期前发出,直接寄给了朱延庆,不知能不能起点作用。所谓旧宅,不知包括不包括大爷他们原住的房屋。如果包括,到临近落实前,应与汪璧二姐姐联系一下。真能发还,自是好事,但维修一下,也很不简单。到时候再说吧。

我秋凉之后,多半要回江苏一次。江苏作协已经邀请我几年了。时间大概在十月中吧。主要是到南京,和江苏的作家见见。他们约我吃螃蟹,但江苏的螃蟹也小而且贵,对我的诱惑力不是很大。然而他们的情面不可却。我不一定回高邮。一来高邮的地方官会拉我到处讲话,我有点怵头;二来陪我同行的还有林斤澜,我最好不要丢开他而单独行动。——拉他到高邮来又没甚道理。如何行动,一个月后再定规吧。

高邮文联前来信,要搞一个"珠湖之秋"展览,让我把写在赠给文联的《晚饭花集》的扉页的一首诗写成条幅寄去,已如命。县里还要在国庆节搞书画展,我目前没有时间给他们写字、画画。——最近找我写字画画的人太多了,实在应接不暇。

我身体还好,精力还行。最近写了不少篇东西。前两天编完了我的一本创作谈和评论的集子,名曰《晚翠文谈》,交给浙江文艺出版社了,大概明年上半年能出版。下一步准备编一本散文集。中国文联出版公司约我出第三本小说集,现在字数还差得很多,起码要到明年下半年才行。

娘的精神见好，令人欣慰。陵纹搞养殖，怎么样？发了点小财了吗？

娘要卉卉的照片，她和她妈妈近日到外婆家去住了，我找不到她的较好较新的照片，手里现有两张，是黑白的，还是去年在天坛照的，照得也不好，先寄给你们看看吧。

实验小学的校牌、校徽等过些时候我再写了寄给你吧。我这一阵很忙，老是开会，而且来访的人也多起来了！

问娘好！问你们大家好！

曾祺　八月二十日

860827　致　彭　匈^①

彭匈同志：

大札敬悉。

贵社愿意出我的作品选，我很荣幸。我近日稍忙，目录及选辑的稿子过些日子可以寄上。小说部分大概在我的两个集子（《汪曾祺短篇小说选》和《晚饭花集》）里挑一批，再加上两三篇未收进集子里的；散文可选几篇（都尚未入集）；也许还选几首诗。

你们的出版周期一般是多长？

我的住处是：北京蒲黄榆路九号楼 12 层 1 号，以后通信，以寄此处较便，因我不常到剧院去。

匆复，即候

编安！

汪曾祺　八月廿七日

注 释

① 彭匈,生于1946年,江西吉安人。时任漓江出版社文艺编辑室副主任。编辑出版《汪曾祺自选集》,漓江出版社,1987年10月。此信及本卷其他致彭匈书信均见于《声气相投一段缘》,载彭匈著《极品男人:彭匈随笔》,广西人民出版社,2006年9月;据此编入。

860828　致陆建华

建华:

《新华日报》所要稿写出。本来可以直接寄给报社,因我失去来信约稿同志的姓名,径寄报社,有点不礼貌。想了想,还是寄给你,由你转交。此文毫无文学性,如报纸不用,可掷还。或丢进字纸篓也可。

陆华的书①已签名寄给你,想当收到。

我近日为浙江出版社编了一本创作谈集,名曰《晚翠文谈》。漓江出版社约我编一本《汪曾祺作品选》,我已同意,因为可将小说、散文、诗编在一起,——如果他们同意,我真想选一个戏曲剧本进去。近写小说两篇,一篇《八月骄阳》,是奉命作文,无足观;另一篇《安乐居》,将发表在下月《北京文学》,差可。

即问

近好!

汪曾祺

八月二十八日

注 释

① 陆华的书,指《汪曾祺短篇小说选》,《扬子晚报》文艺部主任编辑陆华托陆建华向汪曾祺要这本书。

860904　致　宋　志　强

宋志强同志：

昨天看到来信和稿子。我近日事忙，只能简单说点意见。

直率地说：这篇东西不行。首先，你要表达的是一种什么思想？你要写的是一个什么人？你对他持什么态度？你可以把他写成一个看起来很积极，但实在毫无头脑，属于"浅思维"型的那种人，从而反映出中国矿工的愚昧的一面，并透视出隐藏在平淡生活下面的历史的悲剧性；也可以写成是一个外表憨愚，浑浑噩噩，迟钝、蹒跚，说不出一句整话的使人失笑的庸常汉子，然而却在灵魂深处闪耀着高贵的微光，闪耀着人性的美。现在却什么也不是。读后印象模糊，不能唤起悲悯、同情、喜悦和深思。

因为你没有把握住这个人物的"核"，所以他的一系列行动便缺乏内在的联系，显得不相连属，可有可无。他出席群英会后，回来汇报，讲吃得好，讲主席老汉吃得好，应该是有特点的。但是因为你自己没有一个角度，缺乏你的"主体意识"，所以并不那样使人失笑。他为什么是个斜眼？斜眼对他的生活造成什么影响？特别是在他的最高动作的瞬间造成什么影响？假如让我写，我就会写在主席老汉出场的时候，摄影记者要拍英模鼓掌欢迎他的镜头。主席老汉还和大家握了手，也和李福贵握了手，摄影记者抢了一个镜头。这张照片应该是很珍贵的，报纸要发表。但是经领导审查，扣压了，因为照片上他的眼睛不是看着主席老汉，而是看着别处。不但缺乏热情，而且很不敬！并且，把记者送给他的照片也没收了。

每一个细节都应该是有用的，对完成你的思想直接或间接有作用。都应该浸透你的主体意识。并且在每一个细节上都要注入你自己的想象。否则细节就是平淡的。

那三个青年和这个"人物"有什么关系？是不是从他们的谈论中反射出这个人物的性格？现在没有。

为什么这个故事要写成发生在汽车上？汽车和这个人有什么关系？要不，把汽车写成一种象征，有某种寓意。比如，象征着时间的飞驰……要不，这辆汽车曾经送过李富贵去开会，又曾接他回来。汽车的女售票员见过李富贵，她有她的看法，并且也断断续续参加了三个青年的谈话。

仅仅凭一点见闻，就写小说，是不够的。小说，要经过作者思考。要把一点事从宏观上、微观上反复审视，直到真正从中攫出某种生活的意义，真正"发现"了一点什么，才能动笔。现在，这篇东西材料已经够了，但是缺乏思考。

建议你看看陈建功写矿工的小说。找两本美国的斯坦培克的小说——如《人鼠之间》看看。

不要着急。应该承认，你现在距离成为作家，还有相当长的路程。

小说稿暂留我处，如需要，请来信，当寄还。

问好！

汪曾祺
九月四日

860919　致　朱　德　熙

德熙：

李荣将往日本，让我画画、写字。他来取字画时，说你给我揽了一件事：为王浩写字。王浩在昆明与我甚熟，自当如命。今天为他画了一张昆明食物，并书李商隐诗一幅。因我不知道他的行踪，又恐他在国内呆不久，乃将字画寄给你，请转致。我十月中将去江苏。行前或当来一晤。

曾祺 顿首

中秋后一日

860923　致 陆 建 华

建华：

信收到。

王劭同志要书，我屋里还有几十本，当寄给他一本。但需过几天，我近日颇忙，无暇包封。

我大概在十月回江苏。因江苏作协邀我和林斤澜同行，斤澜到法国去了，须等他回来再定行期。高邮十月二十日——二十五日要举行秦观学术讨论会，肖维琪前来京，希望我能参加这个会，并说欢迎林斤澜也到高邮走走。我还在犹豫。高邮屡次邀我，我很怀疑高邮当局的诚意。有一个台湾女作家施叔青，看了《故乡的食物》，很想让我陪她到高邮看看，"看看汪曾祺的故乡"，我未敢表态。听李陀说，接到高邮来信，说明年想和《北京文学》在高邮举办"汪曾祺小说作品讨论会"，《北京文学》已回信表示同意。很奇怪，高邮竟未和我联系。如果高邮来信征求我的意见，我将表示希望他们最好不要搞这一活动。一则，我不值得故乡搞这样大的举动；二则高邮很穷，何必花这笔钱。我觉得高邮当局对我这样一个略有虚名的人有点吞不下又吐不出，"上大人"们的意见也不一致。因此，我也不知道怎样与之委蛇才好。高邮要求我做的事，我是无不应命的。比如上次朱延庆的秘书①来让我写文游台的楹联，限期两天，我还是放开一切事情，尽力完成了。但是他们对我一直是"实则虚之"。

问你好！

曾祺 白

注　释

　　①　此处为汪曾祺误记,约汪写文游台楹联者为肖维琪。

861003　致　彭　匈

彭匈同志：

　　九月廿七日信悉。

　　拙集不收戏曲本子,也好。既是一本,我想就只收小说。如收诗、散文,也杂。书名可作《汪曾祺小说自选集》。沈从文先生患"脑血栓形成"已有几年,不能写文章,求他作序,不可能。别人我也不想找。这个集子,我自己也不想写序,写一个简单的题记吧。我近日有些杂务,如给鲁迅文学院讲课之类,十月中要到江苏走走,十一月初作协开理事会,大概得十一月下旬才能着手编集(这以前可陆续看看旧稿)。如只收小说,比较现成,不会费多大事。匆复,即候

　　文安！

汪曾祺　十月三日

861003　致王欢、宋爱萍

王欢、小宋：

　　信及相片收到。王萱很好玩。比较像小宋。长大了可能会更好

171

看。小宋为什么会休假半年？不会是因为身体不好吧。我一切均好。前些时给浙江出版社编了一本谈创作的集子《晚翠文谈》。十一月要给漓江出版社编一本自选集。出书后当给你们。估计得到明年下半年。即问平安！

曾祺　十月三日

861005　致　陶　阳①

陶阳同志：

久违了！

承索稿，我手头适有两篇小东西②，寄上。这两篇和民间文学有一点关系，但关系不大。杂感而已，没有学术性。如不合用，望掷还。以后如有更合适论坛的短文，当再寄奉。

候著安！

汪曾祺
十月五日

注　释

① 陶阳(1926—2013)，山东泰安人。曾任《民间文学论坛》主编。

② 两篇小东西，《少年谐谑》与《儿歌的振兴》两篇文章，发表在《民间文学论坛》杂志 1987 年 1 月号。

861020　致　宋　志　强

宋志强同志：

稿子及两信均收到！

小说改后，比原来好。已转给《北京文学》，他们会考虑接受你参加改稿班的。

笔会我不能参加。我后天就要动身到江苏去。十一月三日要在上海参加一个外国汉学家对中国现代文学的研讨会。十一月六日返京，八日开全国作协理事会。时间正好与云冈笔会冲突。请原谅。大同我是很想来的，等以后吧。

我近日忙乱，无心作画。检了一张旧作，寄给你补壁吧。我们没有全家合影，老伴又到安徽去了，家里只有我一个人，照一张也不行，以后吧。

匆复，问安好！

汪曾祺
十月廿日

861228　致金实秋

实秋：

戏联选的序写了，请看是否可用。

此序我未留底，你如觉得可用，最好复印几份。一份寄给高野天，一份寄给我，一份你自己留着。另一份，你让陆建华看看，是否可以给《雨花》发表一下。这样也可以为你的书作一点宣传。如给《雨花》一份，题目可改为：《金实秋辑〈戏联选〉序》，署名可移至题目下面。

我年底极忙，却抽了两天写了这篇序，无非为表示一点支持之意耳。

候佳！

曾祺
十二月廿八日夜

861229　致金实秋

维琪①：

　　《戏联选序》中所引武进犇牛镇捕蝗演戏戏台联的下联"报以……"我加了一个"之"字，不对。又抄录时"而歌乌乌"，"歌"字下脱一"呼"字。望为改正。

　　即贺春禧！

曾祺　顿首

十二月廿九日

注　释

　　①　此信收信人当为金实秋，作者误将收信人写作肖维琪。见 870104 信。

1987 年

870104　致 金 实 秋

实秋：

　　我干了件荒唐事：《戏联选》的序写好了，挂号寄到江苏省文化厅，但信封上把你的名字写成了肖维琪！你查一查，如有此信，可要过来。后来又给你寄了一封平信，请把我引用武进犇牛镇捕蝗唱戏戏台联的下联误抄的字（"报以"，"报"字下误增一"之"字，"歌乌乌"，"歌"字下脱一"呼"字）改过来。平信信封上也误写为肖维琪。挂号信想不会丢失，你们的传达室找不到肖维琪当会批一句"查无此人"，按信封下的原址给我退回来，平信就怕不知下落了。

　　序文里把你的名字也写错了。开头"高邮肖维琪"请改为"金实秋"；最后"维琪索序"也改为"实秋"。即问年安！

曾祺 顿首　一月四日

870114　致 宋 志 强

宋志强同志：

　　《故里杂记》遵嘱转与《北京文学》，勿念。他们会直接答复你的。

　　这两篇我觉得都不太成功。

　　王麻子是个什么人呢？他为什么要这样呢？这个人物恐怕要揭示一下他的心理，只是记述他的守财奴的行为不够。作者似也应该有一个态度,从他的古怪行径,应该引人思索一点问题。

《老宋》的经历其实是颇曲折的,现在写得过于简略,像一个提纲。你的用意似在写农民的政治生活的荒唐愚昧,但欠深刻。

我预定三月间要去西沙群岛,回来后将到桂林参加笔会,云冈大概来不了。

即候文安!

汪曾祺
一月十四日

870129　致 金 家 渝

家渝:

信收到。

我给朱延庆的《高邮风物志》写了一篇序,你可以给他送去,顺便问问房子的事。我希望这件事在娘的生日前解决。这样就可给娘布置一个比较像样的寿堂,好接受你们拜寿。——我建议你们都给娘磕头。为什么鞠躬文明,磕头就是"封建"呢! 即使是封建,这一点封建是可以容许的。你把我这意思(不包括磕头)跟朱延庆说说。

房子的事,希望你们好好协商,不要伤了和气。

这处房子的产权,按说是属于我和曾炜的。曾炜不会争什么产权,但是你们要做得周到一点,至少要告诉一下汪璧二姐,让大妈也知道。必要时甚至可由曾炜和我出具文约,写明房屋地基由你们使用,免得将来出一些不必要的麻烦。

小敏脱离工厂,改换一下环境,我赞成。只是不知道调到《扬州日报》或电台,可能干什么具体工作。如果搞编辑、记者、播音员……还有点意思,如果是打杂、搞编务、收发,意思就不大。我在扬州还有一点影响,上次回江苏曾蒙市文联副主席接待,我还给《扬州文学》写了一篇短文。我可以给这位副主席写一封信。

即问　近佳。

给娘请安！给娘拜年！

曾祺　大年初一

序请朱延庆抄写或复印一份，将原稿还给我，我未留底。今年我要编一本散文集，也许会收进这一篇。又关于露筋晓月的传说，请朱延庆给我写一下，寄给我。我怕记不真切了。如此序入集，关于露筋晓月要加一注解。

870130　致　金　实　秋

实秋：

信收到。

序发表在什么刊物，对我来说，都无所谓，只是为了想为你的书做个广告而已。你看着办吧。你可以把序拿给马春阳看看。如果他愿意在《乡土》上发，也可以。

我还是建议你重编一下，按内容分类，并望你自己写一篇带学术性的文章。

春节好！

正月初二　曾祺　顿首

870220　致　汪　丽　纹

丽纹：

我三月份有事，娘的生日我大概不能回来庆祝。寄上一百元，请你替我买一点娘想要的或想吃的东西，表示一点心意。

房子问题解决了没有？真奇怪，既然没有什么问题，县太爷们又一再表示要尽快解决，为什么拖延了这么长的时间呢？我前些时给朱延庆写了一封信，托家渝转交，结果如何？这处房子是发还给你们一个居住证，还是发还？房屋、地基有没有所有权？希望你们弄清楚。我记得那个院子原来是有不小的空地的，如果搬过去，可以种一点花木。

前些日子有一个人从泗洪来，此人叫姜滢，给我带了两瓶低度酒，四斤空心挂面。他把东西送到剧院，没有见到我。我跟这位姓姜的素不相识。会不会是赵怀义他们托他给我捎来的？你如果写信给妹妹，顺便问一声。

我一切尚好。心脏和肝都没有什么症状。只是年纪大了，不想紧张地工作，一天写不了多少东西。今年我大概会出两本书。浙江文艺出版社出我一本《晚翠文谈》，广西漓江出版社出我一本《汪曾祺自选集》。估计得下半年才能见书。书出，即当寄给你们。但望不要事先张扬。这两本书我不想送很多人。年内还想编一本散文集，交给作家出版社。

要赶到邮局寄钱，不多写。

问你们好，给娘请安！

曾祺　二月廿日

870223　致翁偶虹[①]

翁老：

我读了您为梁清濂的《鼓盆歌》所写的诗，很受感动。您对后辈爱护奖掖，真是长者之风，仁者之风！诗也写得浑成而流转，毫不局促，是一首可以传世的佳作。我有一点小意见，写出来请您斟酌。

"一味清新耐咀嚼"，"嚼"字按平水韵是入声，您按北方话作阳平

押了,搞旧诗的人也许会挑刺。我建议把这一联稍改一下,作:

"几番磨练吟真苦,一味清新韵最娇。"

"哲理"、"牢骚"、"雕凿"、"咀嚼"连用四个实词,稍板一点,改后也许更活一点,虚一点。

佛头着粪,我这真是斗胆了。希望不致使您怫然。《新剧本》将发表江河洋同志给梁清濂的信和梁清濂的复信,置于《创作通信》栏。我建议把您这首诗也发表在前面。如承同意,可告江、梁或《新剧本》编辑部。诗前须加一题目。如能写一小序,更好!

人增一岁,想先生长髯又长几分矣。春寒珍重,即候
时安!

汪曾祺

二月二十三日

注 释

① 翁偶虹(1908—1994),北京人。戏曲作家,教育家。时任中国京剧院编剧。此信载《新剧本》1987年第四期;据此编入。

870307　致　吴　福　辉[①]

吴福辉同志:

大札谨悉。

把46年《文学杂志》复刊作为三十年代京派的复出,我看也可以,但不一定十分准确。在这个刊物上发表作品的有些并非在京的作家,这个杂志的"派"的色彩不那么鲜明。投稿的人也并无比较一致和接近的文学主张。把我算在"京派"里也行吧。严家炎先生就有类似意见,曾当面和我谈过,我没有反对。不过我后来还写作品,近年写得尤较多,那么我现在的作品还算不算是京派或京派的延续呢?我看谈现

代文学还是以一些突出的作家为主干,把一些受过某重要作家影响的较次要的作家放在写此重要作家的章节中讲,比较圆通。比如把我放在沈从文的一章去讲,问题就较易说明。不过治现代文学史的同志总爱以派为纲,严先生的书且即名为"流派文学史",那么听随你们吧。把我安插在哪里都行。其实现代文学史最好不要提我,因为我不但还活着而且还在写着,不能"论定"。

您所编《现代小说集》中所选的《戴车匠》和《异秉》不知是从哪本书刊里选的。这两篇东西曾于《文学杂志》发表,近年我都重新写过了。《戴车匠》是据《邂逅集》所收的重写的,《异秉》是在没有旧稿的情况下根据记忆重写的。我自己自然对改写的比较满意。不过您要是从史的角度,选用旧作,也可以。我把重写的《戴车匠》另函寄给您。重写的《异秉》在《汪曾祺短篇小说选》里有。小说选签名本寄到后,您就能看到。(《晚饭花集》不知你们有了没有,也送一本吧。)

《老鲁》、《鸡鸭名家》最初发表于何刊物,卷期、年月,我都不记得了。

解放前我发表作品的报刊有《文艺复兴》、《文艺春秋》、《文学杂志》、《大公报》。近年作品多发表于《北京文学》、《人民文学》、《收获》。

邢楚均②大概是邢庆澜,原在南开大学。林蒲现在在美国,他的情况和通讯处可问沈从文先生的夫人张兆和。匆复,即候
文安!

汪曾祺
三月七日

注　释

① 吴福辉,生于 1939 年,浙江镇海人。学者。时任中国现代文学馆研究室主任、《中国现代文学研究丛刊》副主编。

② 邢楚均、林蒲,西南联大同学,都是 1946 年复刊后的《文学杂志》的作者,风格与汪曾祺相近,都是学沈从文的。

870309　致吴福辉

吴福辉同志：

　　寄上重写的《戴车匠》。此件用后望能退还，因我手边只留了这一份。

　　候安！

汪曾祺
三月九日

870402　致徐正纶[①]

徐正纶同志：

　　3月13日信我于前日才收到，邮递如此之慢，真不可解。

　　读信，深为你对编辑工作的认真、细致而感动，谨先表示我的谢意。提出的问题，分别答复如下：

　　一、《花儿的格律》原来民歌中提到华国锋的地方，可均照你们的意思改过。你们所改处均与"节拍""用韵"无关。

　　二、《关于小说语言（札记）》引用刘大櫆说，确有错字。"——神气，文字是最精处也"当作"文之最精处也"。"作文若字句安顿不妙，岂有文字乎"，"文字"不误，但"岂"字下脱一"复"字。

　　《读民歌札记》引俞正燮《癸巳类稿》条的脚注标点有误，但我的《癸巳类稿》，不知被家人捆在哪一包书里去了，一时找不到，无法复核原文。现在只好把脚注的最后几句删掉。

　　《小说笔谈》引齐白石诗"比翁无肝胆"，"比"应是"此"；"空员一千年"，"员"应是"负"。

三、《外星人语》，似可不改。

四、《林斤澜的矮凳桥》，我原也想补收进《文谈》，怕赶不上你们发稿，故未提起。既然你们拟收入，很好。这一篇可放在评论一辑的最后。《文艺报》刊出时有个别错字，但我那一期《文艺报》找不着了，你们可先照那样发，等我找出《文艺报》，勘出错字后再写信告诉你们。

版式、装帧，由你们决定吧。如果能用大 32 开，最好，题目若能多占几行，则"宽松"些。封面我想你们不会搞得太洋。过于现代派，与文字内容不相合。如用底色，希望不要用墨绿的。我的两本小说集的封面都是墨绿的，出版社提出的理由是：这和作者的年龄相称。真怪。斤澜把文稿交给你们时，夹进我自己手写的书名，不一定用我手写的字，那几个字也写得不理想。

你的信是从北京发的，但我想你人还在杭州，此信仍寄杭州。即候文安！

汪曾祺　四月二日

注　释

① 徐正纶，生于 1928 年，浙江温州人。时任浙江文艺出版社副总编辑，也是《晚翠文谈》复审编辑。

870508　致　徐　正　纶

徐正纶同志：

昨（五月七）日得斤澜转来信。

所需照片及签名寄上。照片在《汪曾祺短篇小说》上用过。但我手头别无其他黑白的照片，只好再用一次。签名用毛笔、钢笔各写了两式，请选用。

即候文祺。

汪曾祺　顿首

五月八日

870520　致宋爱萍

小宋：

我8月下旬要到美国去。——应聂华苓"写作中心"之邀，要住三个多月。我想做一付备份的义齿带着，怕万一原来的一付在美国坏了。又，原来的一付稍有点松了，也想修一下。请与小马（？）打个招呼。我7月来找他行不行？——6月以前我杂事甚多，6月初还要到广西去一趟。得便，回我一信。

你和王欢都好吗？王萱已经很大了吧？

汪曾祺　五月廿日

870520　致徐正纶

徐正纶同志：

4月7日的挂号信，不知为什么昨日（5月19日）才收到。

《小说技巧常谈》可放在《小说随谈》之后。我开的目录未收入，是疏忽。

一校样给我看看，自然很好。但不知什么时候可以寄来。我8月下旬可能要出国，要到近年底才回来。如一校在8月下旬出来，我就看不成了，只好麻烦你们仔细看看。

照片及签名已于上月寄上,不知收到否。

我的地址是:北京蒲黄榆路 9 号楼 12 层 1 号。这个地址你似已知道,因为我的印象里你已经按此地址来过信。

匆复,即候

文安!

汪曾祺

五月廿日

870522　致屠燮昌^①

涂燮昌同志:

寄给《大西南文学》两篇散文。一次发,分两期发,或不发,均可以。如果一次发,则把副题移作总题:滇游新记(两篇)。

有一个不近情理的要求:希望能把两文各复印一份寄给我,寄原稿、复印件均可。

在滇承照料陪同,甚为铭感。

即候

文安!

汪曾祺　顿首　　五月廿二日

另函请转×同志。

注　释

①　屠燮昌,生年、籍贯未详。时任《大西南文学》编辑。汪曾祺将"屠"误写成"涂"。

870604 致 徐 正 纶

徐正纶同志：

5 月 28 日信收到。

《晚翠文谈》校样，斤澜尚未转给我，今天我打电话问问他。

"蔼蔼远人村"，"蔼蔼"确当作"暧暧"。

P129、"古人论诗之云"，"之"字当删去，"云"字下可加冒号。

P131、"打渔杀家"，"渔"可统一为"鱼"。

P273、"钢管"不误，"铜管"是误排。

承细心勘校，甚谢。一校样待斤澜交来后即抓紧看。即致

敬礼！

汪曾祺

六月四日

870606 致 徐 正 纶

徐正纶同志：

斤澜已将《文谈》副校样转给我。我粗校了一遍。后一部分有些缺字，未暇一一校补。这个一校样错字不是很多。在你的精心审阅下，我想基本上可以把错字消灭，——一本书完全没有错字，是不可能的。我相信书出之后，看起来会很愉快。谢谢你！

副校样中的一篇《浅处见才》，你复校后能不能寄还给我？我月底要给剧院的青年编剧讲一次课，想大体上就讲这些内容。如有此副校样本，即可不用再备课了。

副校另函挂号寄上。

样书何时可出？我大概要到十二月才能看到，因为我 9 月—11 月要出一次国。

即候

编安！

汪曾祺

六月六日

870609　致　徐　正　纶

徐正纶同志：

初样已挂号寄上，谅达。

每篇后的日期，无法统一了。原来稿末都注明了的，有些被编辑删掉了，现在查考不出。有的有月日而无年份，我也记不准了。只好就照初校那样吧。

候著安！

汪曾祺　六月九日

870704　致　李　辉^①

李辉同志：

信悉。

让我写《居京杂记》^②的序，我很荣幸。但我近日甚忙。8 月我可能要到美国去，7 月要陪一个到中国采访沈从文的瑞典作家。因此，实在没有时间写。抱歉。

这篇序我想请端木蕻良写较合适,身份、年龄,都到了。

匆复,候安!

汪曾祺

七月四日

注　释

① 李辉,生于 1956 年,湖北随县人。作家,学者。时任《北京晚报》记者、编
辑。此信见于李辉《和老人聊天》,大象出版社,2003 年;据此编入。

② 《居京杂记》,应为《居京琐记》,1999 年由山东画报出版社出版。

870706　致陆建华

建华:

漓江出版社寄给我新书目若干份,内有关于我的自选集的预告。他们希望我分送熟人,推广征订。寄给你三份,请方便处理。——不要寄到高邮去,我已给肖维琪寄了。

我近极忙,不暇多叙。

候时安!

汪曾祺

七月六日

870710　致徐正纶

正纶同志:

校样想已收到。

有一瑞典作家①,要想[写]关于沈从文的书。他想看看我写的《沈从文和他的〈边城〉》。你能否寄一份此文的校样或复印件给我?尽快。

　　匆候

编安!

汪曾祺

七月十日

注　释

　　① 　即瑞典作家汉生。

870719　致　徐　正　纶

正纶同志:

　　封面看过,我家里人都觉得不错。寄还。

　　承寄《沈从文和他的〈边城〉》校样,已寄与瑞典的汉生先生。甚感。

　　《文谈》年内能出书否? 定价 2.20 元,稍贵,大概买主不会多,颇为出版社赔钱而发愁也。

　　即候

夏安! 杭州酷热,珍重。

汪曾祺　顿首

七月十九日

870803　致李国涛[①]

国涛同志：

你的文章[②]在《文学评论》上发表是一个加拿大人杜迈克告诉我的。当天托人买了一本，看了。

谢谢你的文章，我看了之后，直觉有些害怕。一个人不被人了解，未免寂寞。被人过于了解，则是可怕的事。我宁可对人躲得稍远一些。我知道你说的是我。我是这样。可怕的是你是就我自己说过的一些论点深究的。我赖也赖不掉。我的这些论点本是散见在几篇序跋中，而且只是小声的喁语，不大会引人注意。你现在把我的全貌勾画出来了，而且发出了颇大的声音。这就麻烦了。麻烦之一，是会引起文艺官员比较认真地想一下：这汪曾祺到底是怎么回事？我"这回事"是他们不愿肯定的。这倒也不要紧。我既然说了那样的话，就只能不顾及官员们的感情。真觉得麻烦的，还是怕被人"甚解"。你的文章是一篇好文章。在所有评论我的文章中是最好的一篇。我的儿媳问我："爸，这人是不是把您捉摸透了？"我说："是的。"

这篇文章会产生一个好的影响：让那些学我的人知道我是怎么回事，免得他们只是表面地摹仿，"似我者死"。——我很不愿意别人"学"我。一个人的气质是学不来的。

《职业》我自己是很喜欢的。但读者多感觉不到这篇小说里的沉痛。杜迈克想翻译我的小说，我本想自荐这一篇，但这无法译为英语。

我的评论文章已结为一本《晚翠文谈》，由浙江文艺出版社出，已看过二校，大概要到明年才能见到书。书出，当寄奉一册。

你是不是在《山西文学》工作？见李锐，望代致候。

我月底要到美国去（应聂华苓"国际写作计划"之邀），十二月中回来。

　　即候著安！

汪曾祺

八月三日

注　释

①　李国涛,生于 1930 年,江苏徐州人。时任《山西文学》杂志主编。此信见于《读〈忆·读汪曾祺〉》,2012 年 6 月 1 日《文汇读书周报》;据此编入。

②　指《汪曾祺小说文体描述》一文,载《文学评论》1987 年第四期。

870805　致　弘　征

弘征兄：

　　久未奉候,想当佳胜。北京今夏酷热,长沙必不可耐,伏望珍重。

　　兹有一事奉渎。我的同乡王干、费振钟,在苏北青年作家中算是颇有才华的。他们编了一本评论集。闻阁下主编的新人初集丛书考虑收入。他们恐怕你尚在犹豫,托我为之说项。你考虑考虑看,如果还过得去,不妨容之脱颖。他们要求我写序,这事我可以办。但我九月初应聂华苓之邀要到美国的爱荷华去,十二月中方回来,序须迟至十二月下旬方能着笔。——我也要多看几篇他们的文章。如急需,则我亦可在美国写就寄上。此事有几分"光",望能在八月廿日给我一信。

　　我大约八月廿八日离京赴香港,再转乘国际航班赴美。同行者,古华。我对出国,并不那样兴奋。年事已大,对紧张的生活节奏殊难适应。又美国无白酒,岂不令人寡煞！

　　你们出的《丑陋的中国人》尚有余书否？ 有,乞赠一册。

　　即候

暑安！

弟 曾祺 顿首

八月五日

复函寄北京蒲黄榆路九号楼

870805　致　王　干①

王干：

7 月 28 日信收到。

暂时编编《珠湖》也好。但非久计。这个小报是不易搞出什么名堂来的。过渡一下，再想办法。

《珠湖》刊头其实可以不换。不过我还是写了两个，由你们挑选吧。

关于你们的评论集事，我顷已致书弘征，并告诉他我可以写序，要求他在八月廿日左右复我一信。序得要到年底才能写。我应聂华苓"国际写作计划"之邀，九月初到美国的爱荷华，十二月中才回来。而且我得看几篇你们的文章。希望你们尽快将主要的几篇复印一份寄给我。如要得急，我也可以在美国写了寄回来。

为延庆写的序自可在《珠湖》发表。

你们不要为开我的作品讨论会而张罗，劳民伤财，对高邮、对我，都无什么好处。

最近一期《文学评论》中有一篇《汪曾祺小说文体描述》，我觉得写得不错，你可找来看看。《平原大学学报》有一篇谈我的语言的，学院气稍重，也较浅，但还值得看看。

即候

时佳!

汪曾祺
八月五日

注　释

　　①　王干,生于 1960 年,江苏扬州人。评论家,作家。时任《珠湖》杂志编辑。

870831　致　施　松　卿^①

松卿:

　　我安抵香港,住在三联书店的招待所。明日上午九时飞往东京。在东京要呆一个小时,然后换机往芝加哥。在芝加哥还得换一次飞机。

　　身体情况良好。每天都有人请客,但肠胃正常。睡眠亦好。香港人都说我身体好。

　　到港当日,即买了一块 CITIZEN 石英表,275 港元。是三联一女士陪我去买的。香港店铺是可以还价的。这是用《大公报》的稿费买的。《大公报》稿费不高,七篇才给了 360 元。彩电加录像机,一套大概需港币 5000 元左右。可以在国内提货。等我回国经港时再买吧。不过古华说国内无磁带,买录像机等于一个摆设。到美国后在信中再商议此事吧。

　　世界导游中国卷等我将回国时再托人买。

　　香港正在季尾清货大减价,但我什么也没有买。回来再说吧。

　　台湾一出版社翻印了《汪曾祺短篇小说选》(尚未出书)。台湾现在大开放,说不定我近年会到台湾逛一趟。

　　有人请我们饮茶,先写到这里。

　　问全家好!

曾祺
八月三十一日

870902　致施松卿

松卿：

　　现在是美国时间五点二十。我已经起来了一会。昨晚十二时入
睡，很快就睡着了，但一点、四点各醒一次。到五点，睡不着了，就干脆
起来，倒也不难受，好像已经睡够了。所谓时差，大概就是这样。有人
说会昏昏沉沉的，我没有此种感觉。

　　到了美国，我的第一感觉，是我绝对有把握活着回去，而且会活得
很愉快。

　　昨天刚到爱荷华，洗了一个脸，即赴聂华苓家的便宴——美国火
锅。喝了两大杯苏格兰威士忌。邵燕祥担心我喝酒成问题。问题不
大。昨天宴后，就给我装了一瓶威士忌回来。聂华苓一家对人都很亲
切。安格尔①是个非常有趣的祖父。他把《纽约时报》杂志我的全版
大照片翻印了好几份，逢人就吹：这样的作家我们不请还请谁？聂华苓
的女儿、女婿，都极好。我跟聂华苓说：我在你们家不感觉这是美国。
真是这样。非常自由、随便，大家都很机智，但谁也不卖弄。我开始觉
得美国是个很可爱的国家。这里充满生活的气味，人的气味。

　　美国的生活节奏并不是那么紧张，不像香港。芝加哥机场给人一
种有条有理，安安静静的感觉。衣阿华是个农业州，到处是碧绿的。爱
荷华更是这样。全城居民六万，有三万是大学生。在美国，不像北京和
香港有那样紧张的政治空气。香港的政治空气我觉得甚至比北京还
紧张。

在东京、在芝加哥，我觉得公务人员不但都尽忠职守，而且态度平和，对人关心。我们到芝加哥，要改乘联合航空公司的飞机到西丽碧斯，手续本来是很麻烦的，但我用极其蹩脚的英语，居然问明白了。每一个人都很耐心地教给你怎么办，怎么走。美国人没有大国沙文主义。我深深感到中国办事人员的对人的冷漠。很想写一篇杂文："公务员和干部"。

生活条件很好。住五月花（Mayflower）公寓八楼30D，很干净，无噪音。美国的煤气灶是不用点火的，一拧就着。你告诉仇乃华②，一定要带菜刀、擀面杖，一口小中国锅及铲子。邵燕祥不会做饭，瞎凑合。我昨天检查了一下炊具，不够。聂华苓昨天给了我们一口小锅，一口较深的平底锅，可以对付。另外，稿纸带少了。可以写一点东西的。至少可以写一点札记，回去再整理。我写回去的信最好保存，留点资料。

施叔青想看看对我的评论。她九月到北京，说要去找你。你找几篇比较重要的给她看看；她会复印的。

施叔青访问我很长时间，差不多有八个小时。她要给台湾《联合报》写一篇稿，附我一篇小说。我让她发表《八千岁》。——她要长一点，好给我多弄点稿费。台湾稿费付美金。

台湾已经出了我的短篇小说选。台湾要大量出大陆的书。但不能由台湾出版社和大陆作家发生关系，必须有一个香港代理人。由作家写一委托书。代理人持此委托书方能和台湾出版社订合同。台湾当局强调，必须有合同，而且必须给稿费，——版税。香港《良友》杂志的古剑要求当我的代理人，我已同意。他当然会收一些佣金的。

董秀玉要去我的集子，大概只能在香港出版。三联的稿费不高。管他呢，反正我已经给她了。我这才知道，很多作家对稿费计算是非常精明的。

爱荷华的气候与北京近似，现在只要穿短袖衬衣。但很爽，身上不粘。

听聂华苓的意思，我们的生活费用，可能还要提高一点。九月中，要举行"计划"的二十周年纪念，她请了王蒙、刘宾雁、吴祖光。

给聂华苓的画及对联昨已交去,安格尔一看画,就大叫"very deli-cate!"

在港听说,《文艺报》近发表一篇文章,把当代中国小说分为四大流派。这篇东西在国外反响颇大。据说有一派是寻根派,把我放在首位。这篇文章你们看到没有?

卉卉好吗?过些日子给我寄一张照片来。

九月二日

注　释

① 安格尔即保罗·安格尔(Paul Engle,1908—1991),美国人。诗人,爱荷华大学"国际写作计划"主持者之一,时任教于爱荷华大学。聂华苓的丈夫。

② 仉乃华,施松卿带过的研究生。

870904　致施松卿

松卿:

上次的信超重了,贴了两份邮票。美国邮资国内二十二分,国外四十四分,一律是航空,无平信。

我们九月份的安排,除了开幕的 Party,看两次节目,每天有人教英语(我不参加),有五个题目的座谈(每个题目座谈约三次)。聂华苓希望我们参加两个题目:"我的创作生涯"和"美国印象"。"创作生涯"我不想照稿子讲,只想讲一个问题:"作家的社会责任感"。昨天这里中国学生会的会长(他在这里读博士)来看我,我和他把大体内容说了说,他认为很好。"美国印象"座谈时间较靠后,等看看再准备。

我们在这里生活很方便,Program 派了一个中国留学生(他本已在北京国际关系学院任教)赵成才照顾我们,兼当翻译。他是 Program 的雇用人员。

每星期由"计划"派车送我们去购买食物。开车的是台湾人，普通话讲得很好。他对我和古华的印象很好，对赵成才说，想不到这样大的作家，一点架子都没有！这里有一个Eagle食品商店，什么都有。蔬菜极新鲜。只是葱蒜皆缺辣味。肉类收拾得很干净，不贵。猪肉不香，鸡蛋炒着吃也不香。鸡据说怎么做也不好吃。我不信。我想做一次香酥鸡请留学生们尝尝。南朝鲜人的铺子的确什么佐料都有，"生抽王"、镇江醋、花椒、大料都有。甚至还有四川豆瓣酱和酱豆腐（都是台湾出的）。豆腐比国内的好，白、细、嫩而不易碎。豆腐也是外国的好，真是怪事！

　　今天有几个留学生请我们吃饭，包饺子。他们都不会做菜，要请我掌勺。他们想吃鱼香肉丝，那好办。不过美国猪肉太瘦，一点肥的都没有。猪肉馅据说有带15%肥的。我嘱咐他们包饺子一定要有一点肥的。

　　我大概免不了要到聂华苓家做一次饭，她已经约请了我。

　　昨天我已经做了两顿饭，一顿面条（美国的挂面很好），一顿米饭——炒荷兰豆、豆腐汤。以后是我做菜，古华洗菜，洗碗。

　　我们十一月开头的两个星期将到纽约、华盛顿去旅行。最好是住在朋友家。纽约我准备住金介甫家，今早已写信预先通知他（美国人一般都在一个月前把生活计划好，不像中国人过一天算一天）。明天准备写信给李又安、陈宁萍、张充和。王浩的地址我没有带来，你打电话给朱德熙，让他尽快给我寄一个来。杨振宁、李政道我不准备去麻烦他们了，不过，寄来他们的地址也好。到美国旅行，一般都是住在人家家里。旅馆太贵。

　　聂华苓问古华：汪老准备在这里写什么？古华告诉她我听了邵燕祥的话，不准备写大东西。聂说：其实是有时间写的。那我就多写几篇聊斋新义吧。

　　聂华苓的一个女儿年底要和李欧梵结婚。李欧梵我在上海金山会议上和他认识。我让他到Mayflower来自己选一张画。他在芝加哥大学，会请我和古华去演讲一次。聂华苓将把Program的作家名单寄给一些大学,由他们挑选去演讲的人。美国演讲的报酬是相当高的。

我们的生活费分几次给。昨天已给了每人一千美元的支票,在银行开了户头。

我的地址在 Mayflower 后最好加一个 Resident。

曾祺

九月四日

870906　致　施　松　卿

松卿:

我应当带一个茶杯来的。美国的茶杯很不好用。就像咱家那种美国大学校杯一样,厚,笨。像校杯那样的杯子要五块多美元一个!美国东西贵得惊人。一盒万宝路香烟,在香港只要 8 元港币(免税商店只要 6 元半),在美国本土却要 1.2 $。衣服、鞋子都极贵。如果小仉①还没走,你叫她把东西尽量在北京买全了。——如经香港,可在香港买。香港是购物者的天堂。

刚才接陈若曦从柏克莱打来的电话,台北的新地出版社要出我的小说选,用美金付版税,按定价的 8% 计。出版社要我一张照片,一个小传和评论我的文章。小传我可在这里写好寄给香港的古剑。照片家里能找得到么?评论文章找一两篇(出版社只是参考用)。评论要复印,留底。照片和评论都寄古剑。照片如找不到,我可在这里拍了寄去。

我在这里很好。聂华苓常打电话叫我们晚上上她家聊天。见到几位台湾作家。诗人蒋勋读过我一些小说,说是很喜欢。过两天陈映真要来。此人在台湾是大师。

我的讲话中英文本都交给聂华苓了。"我的创作生涯",我不想照讲稿讲,太长。另外准备了一篇五六百字的短稿:作家的社会责任感。

有一个中国留学生为我口译。我要把发言稿先让他看看,因为稿中引用两句杜甫的诗,他得捉摸捉摸。

我这两天在看安格尔的诗和聂华苓的文集。

如从家里寄照片到香港,要两三张,——包括生活照。港台的风气,作品前面有七八张照片。

昨天我已为留学生炒了一个鱼香肉丝。美国猪肉、鸡都便宜,但不香,蔬菜肥白而味寡。大白菜煮不烂。鱼较贵。

很想你们! 在国外和在国内旅游心情很不一样。

曾祺
九月六日

注　释

①　小仇,即仇乃华。

870907　致　古　剑

小　传

汪曾祺,江苏高邮人,一九二〇年生。一九三九年在昆明就读于西南联合大学中国文学系,从沈从文先生的及门弟子。约一九四〇年开始发表散文及短篇小说,少作多已不存。大学时期受阿左林及萧金尼沃尔芙的影响,文字飘逸。以后备尝艰难辛苦,作品现实感渐强,也更致力于吸收中国文学的传统。大学毕业后曾作过中学教员、历史博物馆的职员。一九四九年以后,作了多年文学期刊的编辑。曾编过《北京文艺》、《说说唱唱》、《民间文学》。一九六二年到北京京剧院担任编剧,至今犹未离职。

著 作 年 表

一九四八年 出版《邂逅集》 上海文化生活出版社

一九六三年 出版《羊舍的夜晚》 北京中国少年儿童出版社

一九八二年 出版《汪曾祺短篇小说集》 北京出版社

一九八五年 出版《晚饭花集》 人民文学出版社

即出 《汪曾祺自选集》 漓江出版社

即出 《晚翠文谈》(评论集) 浙江出版社

散文及戏曲剧本 尚未结集

古剑:

　　陈若曦自柏克莱来电话,说台北新地出版社出我的小说集事,她愿作我的代理人,我说我已委托古剑,她说那好,一样。她说新地要我的小传,著作年表,照片和大陆对我的评论。小传及著作年表写了,如上。照片及对我的评论,我已写信给拙荆,请她找出,直接寄给你。各件收到后,请转与郭枫。据陈若曦说,新地将付 8% 的版税,付美金。你可与郭枫联系,如须订合约,即请你代为签订。我把委托书读给陈若曦听了,她说那样就行了。即候

时安!

汪曾祺 九月七日

两封信按你的名片所写英文地址寄出,被退回,因美国邮局不认识 H. k,只得写明 Hongkong,另寄。

870911 致 施 松 卿

松卿:

　　前寄三信,不知收到否? 我到这里已经十天了,也快。不过我还是想早点回去。

　　我在这里倒是挺好的。聂华苓对我们照顾得很周到。有一个访问学者赵成才,专门照顾我和古华。有一对华裔夫妇,很好客。他们读过不少大陆作品。《华侨日报》把我和林斤澜的谈话(载《人民文学》)转载了,他们特意剪下来给我留着。我和台湾、香港的作家相处得很好。台湾诗人、画家兼美术史教授蒋勋住在我的对门。他送了我好几本书。我送了他几张宣纸,一瓶墨汁,还给他写了一条字:"春风拂拂灞桥柳,落照依依淡水河"(他原籍西安),他非常高兴。香港女作家是个小姑娘①,才二十三岁,非常文静,一句话都不说。

　　我们过几天要到林肯的故乡去,住一天。十一月上旬到纽约、华盛顿。陈若曦在电话里说,我们可以从柏克莱出境。聂华苓说机票可以改。她要给王浩打电话,通知他我将去纽约。王浩曾到聂华苓家来过两次。看吧。我倾向于由原路回去。

　　到爱荷华大学看了看。美国大学的教室不大,条件极好。学生上课很随便。讨论课可以吃东西,把脚翘在桌子上。大学生可以任意选课,不分什么系,读够一定学分即可。

　　爱荷华河里有很多野鸭子。这里的野鸭子比中国的大。野鸭子本是候鸟,爱荷华的野鸭河里结了冰也不走。野鸭子见人不怕。公路上如果有一只野鸭子,汽车就得减速,不能压死它。我们在爱荷华大学教学楼外草地上看见一只野兔子,不慌不忙地走着,还停下来四面看看。美国是个保护动物的国家,所有动物见人都不躲。它们已经习惯了。

　　美国人穿衣服真是非常随便。只有银行职员穿得整整齐齐的,打领带。刘阳给我买的枣红衬衫大出风头。公寓无洗衣机,衬衣可以送到楼下洗,收费。我只要自己洗洗衬衫、内衣就行了。吃的东西比较便宜,但有些比中国贵,一包方便面要半美元。房钱得自己付。我和古华合住一套,每月350元,每人175。

　　来信!

曾祺

九月十一日

注　释
① 应指香港作家钟晓阳,1962年生于广东梅州,时年应为二十五岁。

870912　致 施 松 卿

松卿:

　　你们都好吗?我这两天不那么想家了。大概身在异国,没有不想家的。给我们当翻译的访问学者赵成才来了七个月了,我问他:"想家吗?"他说:"想!"

　　我的硝酸甘油丢了。大概丢在从东京到芝加哥的飞机上。我把药瓶放在夹克口袋里,大概溜出来了。你能不能在信封里寄几片来?我以为这里可以买到,赵成才到药店去问了,药倒是有,但是美国买药必须有医生处方。而到医院,又必须作严格检查,才开药。算了!聂华苓说安格尔有个熟识的医生,看看他能不能开个药方,不过可能性不大。我想一次在信封里寄几片,不会被检查出来。实在寄不到,也没有关系,我想不致心绞痛。再说我还有三种防治心脏病的药。

　　我在这里生活很有规律,每天十一点钟睡觉,早上六点起。刚到几天,半夜里老是醒,这两天好了。今天一觉睡到大天亮,舒服极了。

这里可以写东西。我昨天已经把《聊斋》的《黄英》写好了。古华很厉害,写了一个短篇,还写了长篇的第一章。今天起我就要开始酝酿写《促织》。

我们存款的银行要请一次客,聂华苓想要有所表示,安格尔出主意,让她跟我要一张画,请所有作家签名,我说当然可以。我让作家们就签在画上,他们说这张画很好,舍不得,就都签在绢边上。

昨天我们到海明威农场参观,一家人有几千亩地,主要种玉米。玉米随收随即在地里脱粒,然后就运进谷仓,只要两个人就行了。一家能请 30 多位作家喝酒、吃饭。海明威夫妇到过中国:北京、沈阳、广州……海明威夫人说北京是很美的城市。我抱了她一下。她胖得像一座小山。

参观了大学图书馆,看不出名堂。借书不像邵燕祥说的那样简单。聂华苓说她有很多中文书,要看,可以去拿。我们可以看到好几份中文报纸,包括《人民日报》海外版。都是聂送来的。

聂看了我的三份讲稿,她说"我的创作生涯"可以在这里讲。"文化传统……"可以到耶鲁这样的大学去讲。京剧可以给外国人讲,中国人听起来意思不大。

过些天我们要到林肯的故乡去,住一夜。除了看看那地方,主要是看几场球赛。

曾祺
九月十二日早晨

870917　致　古　剑

古剑兄:

前寄二信,一封有我的在台湾版权的委托书,一封有我的小传和著作年表,不知收到否。新地还要我的照片及大陆对我的评论,我已写信给拙荆，请她直接寄给你，不知已否见到。

文季社①的《灵与肉》收进我的《黄油烙饼》，给稿费吗？《小说选》不知何时可出书。如在 12 月中旬以前支付版税，请代为收存，俟我过港时可以此买些杂物。

我在这里一切甚好。活动不紧张。Iowa②大概只要讲三次话，一次是"我的创作生涯"，一次是"美国印象"，还有一次谈风格。每次只十分钟耳。11 月上旬到纽约、华盛顿。哈佛邀我们演讲。以后仍回 Iowa。我由原路（芝加哥——东京——香港）回来，或由西海岸旧金山回来，未定。但一定总会经香港的。12 月中旬可在港晤面。

前在港提及"世界导游——中国卷"，书名是：

NAGEL' S

Encyclopedia Guide

CHINA

便中望到书店问问。须是最新版本。

录像机要何种规格者，容得拙荆函后再详告。又拙荆要买一<u>胡椒碾子</u>。是一个很小很简单的东西，把整粒胡椒放进去，拧几下即成粉末。我在越南城饭馆中曾见过。如见到，望买一个。

我在 Iowa 的地址如信封上所写。房间里的电话是 319/353 – 1309。我的电话上还没有安长途装置，一时不能给你打电话。

即候

时安！

汪曾祺 顿首 九月十七日

注 释

① 文季社，即新地出版社的前身，《灵与肉》内收汪曾祺、李凖、刘青、牛正寰、张贤亮小说。

② Iowa，爱荷华，安格尔与聂华苓所主持的国际写作计划所在地。

870920/21/22　致施松卿

松卿：

　　赵成才把《纽约时报》杂志写的关于我的专访译出来给我看了。我看没有什么问题。这一栏的题目是"中国对文化界的镇压"，他们当然会从这个角度来写。其中引用了我的一句话，纯属捏造。但是关系也不大。管他的！我对文艺和政治的意见，自有别的谈话和文章可为佐证。《华侨日报》转载了我和林斤澜的谈话，对我很有利。

　　我写完了《蛐蛐》，今天开始写《石清虚》。这是一篇很有哲理性的小说。估计后天可以写完。我觉得改写《聊斋》是一件很有意义的工作，这给中国当代创作开辟了一个天地。

　　硝酸甘油如不好寄，不必担忧。今天有一个学医的湖南访问学者来看我们，他说，没问题，可以找一个相熟的医生开个处方，两三天即可买到送来。很便宜。

　　我在这里画了几张画，挺好的。台湾的蒋勋建议我和他开一个小型展览会，因为这里学美术的还不懂中国的水墨。我想也可以。

　　我很好。身体情况的自我感觉比在北京还要好。

二十日夜书

自　　序

　　我曾在一篇谈我的作品的小文中说过：我的作品不是，也不可能是中国当代文学的主流。我觉得这样说是合乎实际的，不是谦虚。"主流"是什么？我说不清楚，也不想说。我只是想：我悄悄地写，读者悄悄地看，就完了。我不想把自己搞得很响亮。这是真话。

我年轻时曾受过西方的、现代主义文学的影响。但是我已经六十七岁了。我经历过生活中的酸甜苦辣，春夏秋冬，我从云层回到地面。我现在的文学主张是：回到民族传统，回到现实主义。

一位公社书记曾对我说：有一天，他要主持一个会，收拾一下会场。发现会议桌的塑料台布上有一些用圆珠笔写的字。昨天开过大队书记的会。这些字迹是两位大队书记写的。他们对面坐着，一人写一句。这位公社书记细看了一下，原来这两位大队书记写的是我的小说《受戒》里明海和小英子的对话。他们能一字不差地默写出来。这件事使我很感动。我想：写作是件严肃的事。我的作品到底能在精神上给读者一些什么呢？

我想给读者一点心灵上的滋润。杜甫有两句形容春雨的诗："随风潜入夜，润物细无声。"我希望我的小说能产生这样的作用。

一九八七年九月二十日于爱荷华

此短序请汪朝抄一下，寄给外文出版社。写信给我的是徐慎贵。

我昨天的讲话，翻译得不错，但有些地方闹了笑话。在谈到"空白"时，我说宋朝画家马远，构图往往只占一角，被称为"马一角"，翻译者译成"一只角的马"，美国工艺美术中有一只角的马，即中国的麒麟。

我和一些外国朋友竟然能用单词交谈，很有趣，我对安格尔说，语言不是人类交往的最大障碍，他说"yes!"刚才一位菲律宾和一位南朝鲜的作家到我屋里来，菲说他祖母是中国人，姓 Kwong，我想是姓邝，南朝鲜作家能用汉字给我们翻译，不过他写的中文是文言文。

我已经写完了《蛐蛐》，很不错。明天要开始考虑写一点什么别的东西了。

台湾出我的小说，出了几个岔子。香港古剑要当我的代理人；昨天又接许达然从芝加哥来电话，说他可当我的代理人，且云新地出版社的负责人郭枫可把版税带到美国来。等郭枫到 Iowa 后，当面跟他谈吧，谁当代理人都可，但不能重了。

我问了一下赵成才，他说电动打字机这里有，他们的基金会就有一架。全新的要150＄，二手货不知要多少钱，但二少货较少。他说纽约不一定比 Iowa 便宜。我让他留心留心,到 12 月买。我想到香港也匆忙,且不一定有。你需要,150 $ 就 150 $ 吧。

我过香港时,因未携带照相机之类,所以购物卡未退给我。他们说没有关系,由香港入境时再填一个即可。方方的电子琴当无问题。

卉卉听话,好极了。

我在此身体情况甚好,能吃能睡。

陈建功来信,说家里有事可打电话给他。

二十一日

《石清虚》已写完。

硝酸甘油已送来。

赵成才去看了电动打字机,有。两种。一种大一点的,一百六十几元,一种小一点的一百四十几元。我后天想去看看(后天要到亚洲中心参加招待会,卖打字机的铺子离那里很近)。

我在台湾出的小说集,几个人要当代理人。古剑来信说,"要乱套"。郭枫 10 月要到 Iowa 来,我和他当面谈吧。台湾作家黄凡劝我"卖断",即一次把版税付清,以后再版多少次不管。大陆无版税制度,原来这玩意很复杂。

Program 11 月 20 日即开欢送会,不少人想提前走。我也不一定耗到 12 月中。看吧。我对到纽约、华盛顿兴趣不是很大,但大概还是会去的。金介甫来信,说他星期一和星期五有时间。美国大学开学了,他们都很忙。

曾祺
二十二日晨

870929 致施松卿

松卿:

打字机去看了,146 $,是夏普的。美国许多东西都是日本货。是夏普的,则不如在香港买了。我想香港会有的。彩电和录像机也以在香港买为合算。彩电和录像机算两大件,打字机算一小件,那么我只还有一小件可带,就留给方方买电子琴吧。据古华说,我们在香港的停留日期可以申请延长,芝加哥领馆即可代办。

昨天聂华苓给王浩通了电话,王浩说我可以住在他家。这就好了。我原来怕到纽约无处投奔。金介甫说他可以陪我玩两天,但未表示可以在他家住。纽约旅馆一天要 100 $,那 Program 给我们的旅游津贴都住了旅馆了。而且没人陪我,纽约我还真不敢去。据说纽约非常乱(王浩的夫人到加拿大去了,这样更好)。

李又安来信,说她们欢迎我到费城去住几天,费城在纽约与华盛顿之间。她请我去给教师和学生作一次非正式的演讲,会给少量报酬。

到华盛顿住什么地方,还没有谱。实在不行,我就不去华盛顿,从费城飞到波士顿去。哈佛请我们去演讲一次。在波士顿住几天,就回 Iowa。

这样,11 月的旅游大体定下来了,我心里就踏实了。否则心里老是嘀咕。

前天我们到 Springfield 去参观了林肯故居、林肯墓和 New Salem State 林肯的小木屋。林肯墓是一个塔形建筑,很好看。墓前有一个铜铸的林肯的头像,很多人都去摸林肯的鼻子,把鼻子摸得锃亮。这在中国是绝对不允许的。我想写一篇散文,《林肯的鼻子》。林肯有一句名言:"All men are created equal."林肯的鼻子可以摸,体现了这种精神。我发现美国是平等的。自由是要以平等为前提的,中国很缺乏平等。

《华侨日报》(左派报纸)把我的发言稿《我是一个中国人》、《作家的社会责任感》要去,要发表。可以有一点稿费,不会多。这两篇东西如发表,对我的政治形象有好处。这两个稿子我都没有讲。《中国人》太长、《责任感》过于严肃。我在"我的创作生涯"的会上即兴讲的是另外的题目。

聂建议我和古华搞一次招待会,预备一点饮料,买一瓶酒、花生米、葵花子……，我准备煮一点茶叶蛋,炸一点春卷。外国人非常喜欢吃春卷。Farmer's Market有南朝鲜货,五毛钱一条,太贵了! 自己炸,最多两毛。这里有一家"东西商会",朝鲜人开的,有春卷皮卖。

我上次在"创作生涯"会上的发言如下:

最后一个发言是困难的,因为大家都已经很疲倦。这要怪我的倒霉的姓,姓的倒霉的第一个字母——W。不过大家可以放心,我的发言很短。短得像兔子的尾巴。(笑)

我想先请大家看两张画(给陈若曦的一张和一只鸟蹲在竹子上的那一张)。我是一个不高明的业余画家。我想通过这两张画说明两个问题:中国文学和绘画的关系;空白在中国艺术里的重要作用。

中国画家很多同时也是诗人。中国诗人有一些也是画家。唐朝的大诗人、大画家王维,他的诗被人说成是"诗中有画",他的画"画中有诗"。这是中国文学的一个悠久的传统。我的小说,不大重视故事情节,我希望在小说里创造一种意境。在国内,有人说我的小说是散文化的小说,有人说是诗化的小说。其实,如果有评论家说我的小说是有画意的小说,那我是会很高兴的。可惜,这样的评论家只有一个,那就是我自己。(大笑)

大概从宋朝起,中国画家就意识到了空白的重要性。他们不把画面画得满满的,总是留出大量的空白。马远的构图往往只画一角,被称为"马一角"。为什么留出大量的空白? 是让读画的人可以自己去想象,去思索,去补充。一个小说家,不应把自己知道的生活全部告诉读者,只能告诉读者一小部分,其余的让读者去想象,去思索,去补充,去完成。我认为小说是作者和读者共同完成的。一篇小说,在作者写出和读者读了之后,创作的过程才完成。留出空白,是对读者的尊重。

因此我的小说越写越短。(笑)

这样,对我当然是有损失的,因为我的稿费会很少。(笑)

但是我从创作的快乐中可以得到补偿。(笑)

我想这是值得的。（笑）

李欧梵告诉我，我说的作者和读者共同完成是一种很新的理论。有个教比较文学的中国青年学者，说这是萨特首先提出来的。我则是自己发明的。

曾祺

二十九日

871003/05/06/07 致施松卿

松卿：

Iowa 已经相当冷了。今天早上下了霜。我刚才出去寄信，本想到对面草地走走，冷得我赶紧回来了。穿了双层的夹克还是顶不住。今天晚上大学图书馆的两个人（大概是头头，一个是俄国人，一个是美国人）请客，我得穿棉毛裤、毛背心去。因为是正式吃饭，要打领带。

昨天中国学生联谊会举行欢度国庆晚餐会。开头请我、古华、聂华苓讲了话。几句话而已，希望他们为祖国争光之类。学生大都是读博士的。年轻人，很热情。他们不理解，有忧虑，担心他们学成回国怎么办，——这样的空气！我们说最近似稍缓和，吴祖光、刘心武即将到爱荷华。——张贤亮、阿城也要来。大家都寄希望于十三大。这里的华文报纸说十三大将是一个转折点，希望如此。晚餐是向这里的中国饭馆羊城饭店订的，但也一点也不好吃，全无中国味。我实在难以下咽，回来还是煮了一碗挂面吃。美国菜（即使是中国饭馆做的）难吃到不可想象的程度。

有几个复旦来的学生，他们在复旦的班上读过《受戒》，又问我当过和尚没有。

施叔青来信，又是要求我的书在台湾出版委托她负责版权的事。我给她回信，说《晚饭花集》可以授权给她，自选集不能。因为自选集小说部分大部分与小说选及《晚饭花集》相重，按台湾的出版法，会损及新地出版社的利益，会打官司的。林斤澜说在港台出书不宜操之过急，亦是。但古剑、施叔青都算是老朋友了。不好拒绝。

台湾作家蒋勋（我和他对门居，关系甚好）告我，《联合文学》又转载了我的《安乐居》，他又将《金冬心》复印寄给一家杂志，这都是应付稿费的。古剑来信说他将为我的《黄油烙饼》及《联合文学》所载的六篇小说争取稿费。我到了美国，变得更加 practical，这是环境使然。为了你，你们，卉卉，我得多挣一点钱。我要为卉卉挣钱！

十月三日午

今天晚上，大学图书馆的两个人招待我们晚餐。这顿晚饭不错，比较有滋味。我问女主人：这是典型的美国饭吗？她说：No，佐料都是南斯拉夫的，——她是南斯拉夫人。我吃饱了，回来不用煮挂面。

晚餐会上和与会者相谈甚欢。我大概在应对上有点才能，中肯、机智、不乏幽默。

Minita 宣告我是她的 sweetheart，我当然得跟她贴贴脸，让她亲一下。她是 Program 的组织者，是西班牙人。上次在从 Springfield 回来的车上，她就对赵成才说，她非常喜欢我的性格，可惜不能直接用英语交谈。回来后，她向聂说，所有的作家都喜欢我。聂为之非常高兴。我这人大概有点人缘。保罗·安格尔听说我是她的 sweetheart，大叫：Wonderful！

三日晚

4 日，到衣阿华州的首府得梅因去参观。上午参观了美国公众保险公司。这个公司收藏了很多美国当代艺术作品。进门就是一个很大的抽象雕塑，是一位大师（我没记住他的名字）的作品。大厅里有很多奇形怪状的雕塑,有的会自己不停地轻轻转动或摆动,——没有动力,只是利用塑体本身的重量造成的。每个办公室里都有绘画和雕塑,没有一件是现实主义的。为什么美国的大企业都收藏当代艺术作品呢?因为美国政府规定,买多少当代艺术品,可以免去购买作品同样数目的税。这样等于用一部分税款去买作品。这是用企业养艺术,这办法不错。

下午去参观一个 Living history farm。美国历史短,各处均保留一些当年遗貌:铁匠炉、木匠房,大车的辘轳还是铁的。还有两处印第安人的窝棚。这在中国人看来毫不稀罕。在一切都电子化了的美国,保存这样的遗迹,是有意义的。我们上午参观了保险公司,他们的办公室全部电脑化了。上午、下午,对比强烈。

晚上,公司请客,在一家中国餐馆。基本上是广东菜,极丰盛。菜太多,后面几道我都没有动。作为主人代表的是一对黑人夫妇。男的是诗人。他在上菜的间隙,朗诵了三首诗。我起来讲了几句话(因为是在中国餐馆,Minita 一定要我坐上座),说感谢诗人给我们念了四首诗,第四首在这里。我把他的年轻的老婆拉了起来。全场鼓掌。老赵说我讲得很好。这种场合,有时需要一点插科打诨。

五日

我今天买了一件高领的毛衣;2＄。已用热水洗了几过。

我 11 月上旬的行程已定:10/31,锡达拉皮兹——纽约;11/6,纽约——费城;11/11,费城——波士顿;11/14,波士顿——锡达拉皮兹。

六日

我正在考虑,把四篇"聊斋新义"先在《华侨日报》上发表一下,然后国内再用。

10 日我们将去马克·吐温故乡。

曾祺
七日

211

871007/12/13/16　致　施　松　卿

松卿：

我下月旅游行程已定,票都订好了(美国早一个月订票比临时买票要便宜得多)。如下:

10月31日离开爱荷华,在纽约住6天,然后乘火车至费城。在费城住5天。11月11日从费城到波士顿,14日离波士顿经芝加哥回到爱荷华。

我在纽约住王浩家。费城住李又安家。波士顿哈佛大学会安排。一路都会有人接送,不致丢失,请放心。我在费城的宾州大学和哈佛都将作非正式的演讲,讲题一样:传统文化对中国当代文学创作的影响。

今天是中秋节,聂华苓邀我及其他客人家宴,菜甚可口,且有蒋勋母亲寄来的月饼。有极好的威士忌,我怕酒后失态,未能过瘾。美国人不过中秋,安格尔不解何为中秋,我不得不跟他解释,从嫦娥奔月、中国的三大节,中秋实是丰收节,直至八月十五杀鞑子……他还是不甚了了。月亮甚好,但大家都未开门一看。

按聂的建议,我和古华明晚将邀七八个作家到宿舍一聚,我正在煮茶叶蛋。

中秋节夜一时

我们已经请了几个作家。茶叶蛋、拌扁豆、豆腐干、土豆片、花生米。他们很高兴,把我带来的一瓶泸州大曲、一瓶 Vodka 全部喝光,谈到十二点。聂建议我们还要请一次,名单由她拟定。到 Program 来,其实主要是交际交际,增加一点了解,真要深入地探讨什么问题,是不可能的。

昨天去听了一次新英格兰乐队的轻音乐,水平很低。聂、安、古、蒋勋休息时即退场。聂问我如何,我说像上海大减价的音乐,她大笑,说:

"你真是煞风景。"又说:"很对,很对,很像!"

昨晚芬兰的 Risto 回请我跟古华,说是 dinner,实际只有咖啡、芬兰饼(大概是荞麦做的),一瓶芬兰 Vodka。主要的菜倒是他请我做的茶叶蛋。闹半天,他是对我们作一次采访。他对中国很有兴趣,也颇了解,问了很多问题,文学、政治、哲学、心理学、书法……他的夫人是诗人,又是芬兰晨报的记者。我问今天的谈话,他们是否要整理发表。他们说:要。我想我们的谈话都没有问题,要发表就发表吧。

今天是安格尔的生日(79 岁),晚上请大家去喝酒,谢绝礼物,但希望大家念念诗、唱歌、表演舞蹈。我给他写了一首诗:"安寓堪安寓(他家的门上钉了一块铜牌,刻字两行,上面一行是 Engle,下面是中文的'安寓'),秋来万树红。此间何人住?天地一诗翁。此翁真健者,鹤发面如童。才思犹俊逸,步态不龙钟。心闲如静水,无事亦匆匆:弯腰拾山果,投食食浣熊。大笑时拍案,小饮自从容。何物同君寿?南山顶上松。"安的女儿蓝蓝昨天到这里看了,说把她爸爸的神态都写出来了。

我带来的画少了,不够分配。宣纸也不够用。

我决定把《聊斋新义》先在《华侨日报》发表一下。台湾来的黄凡希望我给台湾的《联合文学》,说是稿费很高,每一个字一角五分美金。但如在台湾发表,国内就不好再发表。在美国发表,国内发,无此问题。《华侨日报》是左派报纸,也应该支持他们一下。人不能净为钱着想,也得考虑政治。我把这想法和赵成才商量了一下,他同意我的看法。15 日《华侨日报》的王渝和刘心武均到 Iowa,我想当面和他们谈一谈。先跟心武说说。

古华想在 Iowa 待到 12 月 15 日,再到旧金山一带去。这样就得申请延长护照。我现在想从波士顿回 Iowa 后,哪里也不去了。大峡谷,黄石公园,也就是那么回事。11 月 14 日回到 Iowa 至 12 月 15 日,还有一个月,我可以写一点东西。继续改写《聊斋》。我带来的《聊斋》是选本,可改的没有了。聂那里估计有全本,我想能再写几篇可改的。另外也可以写写美国杂记。

10 日到密苏里州汉尼堡城看了看马克·吐温的故乡。看了《汤姆·索亚历险记》的背景 Cameron Cave。这个 Cave 和中国的山洞不一样，不是钟乳石的，是黄色的石头的，里面是一些曲曲折折的大裂缝。石头上有很多人刻的名字，美国人也有题"到此一游"之风。到处看看而已，没有多深的印象。密西西比河有一段很美。马克·吐温纪念馆里没有中国译本（有一本台湾的），我要建议作协给纪念馆寄几本来。

十二日

昨天安格尔家的 Party 很热闹。Program 的成员都去了，还有不少别的客人。很好的香槟。好几位诗人读了给安和聂的诗。我也念了那首诗，用中文念，赵成才翻译。诗是写在一张宣纸横幅上的，安格尔自己举着，不时探出脑袋来做鬼脸。喀麦隆的一个作家打非洲鼓唱颂歌。南美西班牙语系（不同国家）的诗人弹吉他且歌且舞，很美。古华"打"了一只湖南山歌。聂非让我唱京剧不可，唱了两句大花脸。墨西哥诗人 Zavala 对赵说 Wang 是今天的 most。

我的讲话稿《我是一个中国人》和《作家的社会责任感》《华侨日报》决定发表。王渝明天来，将把稿费带来（先付）。台湾诗人蒋勋把他用古代传说写的小说给我看，想请我写一篇序。这个序可不好写，但不能推却。

十三日晨

王浩来了电话，说住在他家没有问题。他有点失望，以为我能在纽约住半个月，五天，太少了。他会到机场去接我。他要买戏票，请我们看戏。我说歌剧、舞剧、音乐会都行，不要买话剧。金介甫已作好接待我们的准备。有一个女记者要采访，金安排了一个 Party。

王渝已将发言稿稿费送来。我把小说四篇交给她了，约一万二千字，可以有 240 $ 稿费。台湾的陈映真要来，我托王渝印几份，给他一份。我问刘心武要不要。他说他还不知道回去怎么样呢，可能申请辞职，因为编辑部乱得一塌糊涂，他这个主编没法当。吴祖光若无其事，谈笑风生,说是一场闹剧,已经收场。

画都分完了。再有人要(老有人要),只好临时画。我在这里,安格尔把我介绍给别人时都说是:作家、画家。大学艺术系一女教授(韩国人;金属雕塑家)要请我上她家看她的藏画。

我现在不太想家了。

曾祺

十六日

871018 致 施 松 卿

松卿:

我弄错了,耶鲁不在西部,在纽约附近的纽海芬。郑愁予来,一定拉我们去讲两次。除了耶鲁,还有一个大学。他一号到王浩家,把王浩一起拉去,他和王浩很熟。三号把我们送回王浩家。这样我们只有四号、五号在纽约。金介甫、董鼎山,还有《申报》一定都要请客。这样我们到纽约只有去吃去了。不过据说纽约也没有什么可看的,只有一个博物馆值得一看。在纽海芬演讲,会有少量报酬。

字典没有买,打字机本想到香港买。不过你为什么又不要了?是大陆可以买到,还是不需要?

这两天 Program 举行 20 周年大庆。鸡尾酒会,晚餐。16 日的酒会在美术馆,我顺便看了看藏品。有一室是非洲木雕,是一个富商所捐赠,很棒。有些画简直看不懂。有一张画就是一个黑色的大四方块,在一定的光线下可以看出黑色中有深浅,这是美国一个大画家的作品。人们惊佩的是他怎么能在很浓的黑色中搞出深浅来的,是用什么颜料画出来的。17 日酒会晚餐都在体育馆。晚餐后有印地安人表演舞蹈,很好看。最后一个节目是表演者和观众一起跳,一拍一顿,转圈子而已,我也插进去转了几圈。节目后是舞会,我被《申报》的曹又方拉下海无师自通地跳了一支迪斯科,后来又被巫宁坤的外甥女王渝拉下去跳了一支伦巴。这晚上我竟然跳了四支曲子。李欧梵说我跳得很好。大概他们没有想到我还会跳舞。

我大概还得做几次菜。我已经做过一次鸡杂锅巴。昨天董鼎山要来吃饭,结果吴祖光、张贤亮也来了,一共七个人。我给他们做了拌肚丝、炸茄盒、铁锅蛋、白菜豆腐汤。

今天下午有一个中国作家的座谈会,由 Pragram 和大学的亚非中心及亚洲语文系、中国学生联谊共同主办。中国作家(大陆、台湾)12人,提问的是美籍华人作家,主题是"我为何写作"。我不准备讲话。会上的中心人物一定会是吴祖光、刘心武、张贤亮。

蒋勋把《金冬心》寄到台湾去了。他又把这篇东西介绍给曹又方,曹要在《申报》发表,说稿费给我寄到中国去。我的小说集在台湾已经出版,书名改成《寂寞与温暖》。这是为了商业的需要。我已经在《人间》上见到广告,希望不要把我的文章增改。删一点则无妨。

21 日到芝加哥去,25 日回 Iowa。

十月十八日

871020　致　施　松　卿

松卿:

10 月 14 日信昨(19)日收到,相当快。美国邮局星期六、星期天不办公,赶上这两天,信走得就会慢些。

18 号"我为何写作"讨论会,我以为可以不发言,结果每个人都得讲。因为这次讲话是按中文姓氏笔划为序的,我排在第三名。幸亏会前稍想了一下,讲了这样一些。

……我为什么写作,因为我从小数学就不好(大笑)。

我读初中时,有一位老师希望我将来读建筑系,当建筑师,——因为我会画一点画。当建筑师要数学好,尤其是几何。这位老师花很大力气培养我学几何。结果是喟然长叹,说"阁下之几何,乃桐城派几何"(大笑)。几何要一步一步论证的,我的几何非常简练。

我曾经在一个小和尚庙里住过。在国内有十几个人问过我,当过和尚没有,因为他们看过《受戒》(这里的中国留学生很多人看过《受戒》)。我没有当过和尚。抗日战争时期,日本人打到了我们县旁边,我逃难到乡下,住在庙里。除了准备考大学的教科书之外,我只带了两本书,《沈从文选集》和《屠格涅夫选集》。我直到现在,还受这两个人的影响。

我年轻时受过西方现代主义的影响,写诗,很不好懂。在大学的路上,有两个同学在前面走。一个问:"谁是汪曾祺?"另一个说:"就是那个写别人不懂,他自己也不懂的诗的那个人。"(大笑)我今年已经 67 岁,经验了人生的酸甜苦辣、春夏秋冬,我不得不从云层降到地面。OK!(掌声)

这次讨论会开得很成功,多数发言都很精彩。聂华苓大为高兴。

陈映真老父亲(82 岁)特地带了全家(夫人、女儿、女婿、外孙女)坐了近六个小时汽车来看看中国作家,听大家讲话。晚上映真的妹父在燕京饭店请客。宴后映真的父亲讲了话,充满感情。吴祖光讲了话(他上次到 Iowa 曾见过映真的父亲),也充满感情。保罗·安格尔抱了映真的父亲,两位老人抱在一起,大家都很感动。我抱了映真的父亲,忍不住流下眼泪。后来又抱了映真,我们两人几乎出声地哭了。《中报》的女编辑曹又方亲了我的脸,并久久地攥着我的手。

宴后,聂华苓邀大家上她家喝酒聊天。又说、又唱。分别的时候,聂华苓抱着郑愁予的夫人还有一个叫蓝菱的女作家大哭。

第二天,聂华苓打电话给我,说她也不知道为什么会大哭,真是"百感交集",不只是因为她明年退休,不管 Program 的事了。我说:我到了这里真是好像变了一个人。我老伴写信来说我整个人开放了,突破了儒家的许多东西。她说:"就是! 就是!"我说:我好像一个坚果,脱了外面的硬壳。她说:"你们在国内压抑得太久了。"她问我昨天是不是抱着映真和他的老父亲哭了,我说是。她说:"你真是非常可爱。"

不知道为什么,女人都喜欢我。真是怪事。昨天董鼎山、曹又方还有《中报》的一个记者来吃饭(我给他们做了卤鸡蛋、拌芹菜、白菜丸子汤、水煮牛肉,水煮牛肉吃得他们赞不绝口),曹又方抱了我一下。聂华苓说:"老中青三代女人都喜欢你。"

当然,我不致晕头转向。我会提醒我自己。

这样一些萍水相逢的人,却会表现出那么多的感情,真有些奇怪。国内搞了那么多的运动,把人跟人之间都搞得非常冷漠了。回国之后,我又会缩到硬壳里去的。

陈映真是很好的人。他们家移居台湾已经八代,可是"大陆意识"很强。他在台湾是左派,曾经入狱几次。我跟他很谈得来。他"做"了我一次采访,长谈了一个上午。写了一篇印象记。我看了,还不错。他要我的书,我把《晚饭花集》和手头仅有的一本短篇小说选送给他了。——你们从北京寄的书,《晚饭花集》很快就收到了,短篇小说选的那一包一直没到,很可能是寄丢了。真糟糕! 他可能会从这两本书里选出一本,在台湾人间出版社出版。我问他会不会和新地出的重复,引起纠纷,他说不会,他会处理的。

我把那四篇"聊斋新义"给了陈映真一份,他会在他主编的《人间》上发表。如果带了原稿回大陆发表,就成了一稿三投,——台湾、美国、大陆。这种做法在国外毫不稀奇。

古华叫我再赶出十篇聊斋来,凑一本书交陈映真在台湾人间出版社出版。我不想这样干。我改编《聊斋》,是试验性的。这四篇是我考虑得比较成熟的,有我的看法。赶写十篇,就是为写而写,为钱而写,质量肯定不会好。而且人也搞得太辛苦。我不能像古华那样干,他来Iowa 已经写了 16 万字,许多活动都不参加。

大陆来的作者,祖光、阿城都表现不错。阿城,大家都喜欢,他公开讲话确是很短。比如"我为何写作",他只说"我写作只是为了满足我自己",一句话。但是不像国内传说的,说阿城讲话过短,故作高深状,使听众很不满。不是的。聂华苓很喜欢他,台湾作者很喜欢他,女作家尤其喜欢他。台湾作家,陈映真、蒋勋,都落落大方。

Program 是个很好的组织。安格尔是个好诗人。我们在保险公司午宴会上,公司的老板说安格尔是文学的巨人。聂华苓接替他(安仍是顾问)作为领导人,20 年了,真不简单。我在电话里跟华苓说:你不是用你的组织才能,用理想来组织 Program,而是"感情用事",你是用感情把世界上的作家弄到一起来的。她说:"Ya!Ya!"明年,她将退休。Program 也许还会延续,但不会是这样了。至少不会对中国作家这样了。古华对她说:"我们赶上了末班车",他说了一句聪明话。我感到 Program 可能会中断的。因为听说大学和 Program 矛盾很深,因为 Program 的名声搞得比爱荷华大学还要大。这类事,美国、中国,都一样。

我去不去旧金山,未定。我要办在香港多停留的签证,要三个星期。现在不能办,因为到芝加哥、纽约最好带护照,等到我回 Iowa 再办。我 11 月 14 日回 Iowa,等办好签证,留下的时间就不多了。看吧,来得及,改机票不困难,也许会到陈宁萍家住一下,然后从旧金山出境。

德熙说我在美国很红,可能是巫宁坤的外甥女王渝写信告诉他的。王渝说她写信给巫宁坤,说:"汪曾祺比你精彩!"她说那天舞会,我的迪斯科跳得最好,大家公认。天!

今天下午华苓为陈映真饯行,邀请少数人,我今天大概不会哭。

明天我将赴芝加哥,25 日回。

曾祺

十月二十日

871025/26/27 致 施 松 卿

松卿:

我刚从芝加哥回来,有点累。

我们几个中国作家 21 日先到芝加哥（大队 23 日到），李欧梵请与芝大的中国学生作一次座谈。座谈不限题目。吴祖光谈得较多，我讲得很短。题目倒是很大：我为什么到 60 岁以后写小说较多，并且写成这个样子。实际上是讲了一点样板戏的情况，"主题先行"怎么逼得剧作者胡说八道，结尾时才归到题目：搞了十年样板戏，痛苦不堪，四人帮一倒，我决定再也不受别人的指使写作，我愿意写什么就写什么，想怎么写就怎么写。

看了西尔斯塔，世界最高的建筑，103 层。没有上去，在次高建筑 96 层上喝了一杯威士忌。芝加哥在下面，灯火辉煌。看了半天，还是——灯火辉煌。

和蒋勋看了艺术博物馆，很棒。这几天正在举行一个后期印象派的特展，有些画是从别处借来的。看了梵高的原作，才真觉得他了不起。他的画复制出来全无原来的效果，因为他每一笔用的油彩都是凸出的。高更的画可以复制，因为他用彩是平的。有很多莫奈的画。他的睡莲真像是可以摘下来的。有名的"稻草堆"，六幅画同一内容，只是用不同的光表现从清早到黄昏。看了米勒的《晚祷》，真美。有不少毕加索的原作。有一幅他的新古典主义时期的画，《母与子》，很大，好懂。也有一些他后期的"五官挪位"的怪画。这个博物馆值得连续看一个月。可惜我们只能看两小时。

前天上午，六个中国留学生开车陪我和祖光去逛了逛。看了一个很奇怪的教堂。这个教叫 Bahai，创始人是伊朗的 Baha。这个教不排斥任何教，以为他们所信的上帝高于一切，耶稣、释迦牟尼、穆罕默德都是此上帝派出的使者。教义很简单，无经书，只有几句格言，如："你们都是同一棵树上结的果子"……没有祈祷、礼拜。信教的人坐在椅子上，想你所想的。教徒也就叫 Bahai，乐于助人。任何人遇到困难，只要说一声"Bahai"，就会有教徒帮你。这个教可以入，——入教也并无仪式。教堂是个很高的白色建筑，顶圆而微光，处处都是镂空的，很好看。

我们又开车经过黑人区，真是又脏又旧。黑人都无所事事，吃救济。我们竟然在黑人区的小饭馆吃了一餐肯塔基炸鸡。

昨天晚上,唐人街的一个中药店百理堂的老板请我和祖光去参加一个Party。这位老板名叫陈海韶,是个画家。我们原来有点嘀咕,不知此人是何路道。去了一看,放心了。此人的画不错,是岭南派,赵少昂的学生。他约来的是芝加哥华人艺术家中的佼佼者,有些是有些名气的。吃了小笼包子、锅贴。会后,他又请祖光和我到96层楼上喝了饮料。这一晚过得不错。祖光和我应他之邀,各写了一张字。

今天归途中经过海明威的家乡。有两所房子,一处是海明威出生的地方,一处是海明威开始写作的地方。两处都没有明显的标志,只是各有一块斜面的短碣,刻了简单的说明。两处房子里现在都住着人家,也不能进去看看。芝加哥似乎不大重视海明威,倒是有一个叫Wright的名建筑师自己设计的房屋很出名。这所住房的结构的确很特别,但是进去看看要收4美元,大多数人都不舍得。在海明威的房屋前照了几张相,希望能照好。

我的右眼发炎,红了,但问题不大。钟晓阳给了我一点药,说是很好的消炎药。吃了药,洗洗,我要睡了。

二十五日晚

21号晚上,芝加哥领事馆请我们吃饭,在湖南饭馆,菜甚好,黄凡要喝茅台,李昂要喝花雕,大概花了领馆不少钱。与领事认识,有方便处。文化领事王新民说以后由芝加哥出境时,他将帮我去办手续,送我们上飞机。

我如在香港停留,将重办英国的签证。因为看了原来的签证,有效日期只到9月2日。来是来得及的。等我11月14日回到Iowa,就办这件事。

二十五日晚

吃了钟晓阳给我的药,睡了一大觉,眼睛基本上好了。我原来有点担心,因为我的右眼曾得过角膜炎,怕它复发了。结果不是。我的感觉

221

也不一样。角膜炎会不断感到"磨"得慌。现在看来已无问题。聂华苓很关心,她说实在不行上医院。Iowa 医院挂号费即要 70 $。已经好了,不必花这笔钱了。

在芝加哥还有一位美国老板老费(他让我们叫他老费)请了一次客。他想拍中国的电影。他是通过张蕾(《红楼梦》电视剧演秦可卿的)和我们认识的。张蕾在芝加哥留学。这孩子很聪明。

我到耶鲁、哈佛等处演讲的题目除了《传统文化对中国当代文学的影响》外,还想讲一次《中国作家的语言意识》。有机会,讲一次《京剧》,讲的时候可能要唱几句。

旧金山大概不去了。

聂华苓有《聊斋》。11 月 14 日以后,我大概就会在 Iowa 写"聊斋新义"。不急于出版。如果写够一本书,可寄到香港由古剑转给陈映真。

我们的归期不能改。12 月 15 日必须离开 Iowa,否则机票作废。到香港逗留几天,即可回家了。我出国时间已经超过一半了,回家在望矣。

刚才接王浩电话,到纽约安排已定。10 月 31 日到纽约,由一个美国诗人开车来接我们(王浩自当同来)。11 月 1 日金介甫带我们出去逛。星期一(11 月 2 日),郑愁予把我们拉到纽海芬(王浩说我们也可以乘火车去),当天下午四点和七点在耶鲁和另一大学演讲(一天讲完,也好)。星期二、三,王浩请我们去美国最大的歌剧院去看歌剧及听音乐会(贝多芬第七交响乐)。王渝要带我们去看光屁股舞剧。王浩说郑愁予非常欣赏我的 Taste,王浩说:"哎呀,真是欣赏!"我在耶鲁也许会讲京剧。两处都会有一点报酬,郑愁予说不会多。古华说,挣一点零花钱。

我回国会带相当数目的美金。不能放在托运行李里(张贤亮的行李全部丢了),也不能放在手提包里(李子云在芝加哥被抢,手提包里的现金、护照、机票全被抢走)。赵成才说,他会给我缝在内裤里,好。

今天下午,我们作了一次讲座,对象是 Iowa 大学的文科高年级学生及研究生。我讲的是"作家的社会责任感"。讲完,提问。一个女生说:她不是提问题,只是想表示 Wang 的讲话给她很大启发,很新鲜,而且充满智慧。Wa!

十月二十六日

这个女生是个左撇子,记笔记很认真,长得不好看,但有一种深思的表情,这在美国女生里很少见。Mayflower 住了很多大学生,女生好像比男生还多。她们大都穿了很肥大的毛线衫,劳动布裤子,运动鞋。不少女生光着脚到处走。前些时天暖和,甚至有人光脚在大街上走。她们穿着不讲究,怎么舒服怎么来。脸上总是很满足,很平淡的样子,没有忧虑,也不卖弄风情。我在 Iowa 街上只看到过一个女的把头发两边剃光,留着当中一条,染成淡紫色。美国大学生不用功,只有考试前玩几天命,其余时间都是玩。他们都是些大孩子。

明天会开给我们旅行支票,下个月的生活补助的支票。我们旅行花不了多少钱,大概靠讲课费就够了。

11 月的最后一个星期六是美国的鬼节,据说很热闹,大家都画了脸或戴面具。如果让我画,我就画一个张飞!过了鬼节,就等着过圣诞节了。

Iowa 的秋天很好看。到处都是红叶。市政当局有意栽各种到秋天树叶变红的树。一天一个颜色。这两天树叶落了。据说到冬天都是光秃秃的。

漓江出版社有没有问我买多少书(自选集)?我想这回多买一点,精装的100,平装的250。

我的小说选还没寄到,大概是丢了。

曾祺
十月二十七日上午

871028　致　古　剑①

古剑兄：

11/10 信收到。

《寂寞和温暖》目录我看了,可以。你要"做"的就是这一本还是另外一本?如是《汪曾祺短篇小说选》,大部分和这一本重复了,会引起纠纷。我看你就做这一本算了。

许达然给我的合约和你收到的差不多。我在芝加哥遇到许达然,已告诉他小说选在台出版事已委托古剑。你在合约上加的内容很好,我无补充。

《晚饭花集》已授权给施叔青。

发在《大公报》的散文只有十篇左右,不够出一本书。我不想继续给他们写了,因为稿费太低。我明年将编一本散文集,书出,可授权给你。但大陆印刷周期太长,得等一年才能出书。我有一本评论集《晚翠文谈》年内或明年初可出版,也可授权给你。《文谈》出后,即寄给你,你可选择一部分,编一本。

郭枫延至下月才到 Iowa,此时我将到纽约、波士顿一带去,大概见不着。我和古华都留了信给他,告他如带了我们的书及稿酬来,可交给谭嘉。如果他带了版税来,你的"劳务费"(这是大陆名词)怎样交给你?如果郭枫经过香港,把钱(全部版税及编辑费)交给你,那就省事一些。我在美国不缺钱。

我前次过香港的签证已经失去时效,要在这里通过英国领馆另办。我想问题不大。

《八方》②稿费先存在你那里。《大公报》还有我的很少一点稿费,得便可向他们要来,一并存在你处。

我大概 12 月 16 日到香港。准备在香港待 4—5 天。

香港金价如何？我可能要给孩子买几条项链。

此候著安！

汪曾祺　十月二十八日

注　释

① 此信见于古剑著《笺注：二十作家书简》，河南文艺出版社，2015 年 9 月；据此编入。

② 《八方》为香港文学丛刊（古苍梧执编）。

871029　致 施 松 卿

松卿：

寄上照片两张，你可挑一张寄给宋志强，供《云冈》用。

我 10/31 到纽约，住王浩家，去耶鲁及另一大学各讲演一次。11/6 到费城，11/12 到波士顿，在哈佛讲一次，11/14 回 Iowa。回来后不拟再往他处。如时间来得及，也许去三藩市。但必须再回 Iowa，由芝加哥出境。因为我们的飞机票是来回票，不能改。改，即须将原机票作废。一切都无问题，到处有人接送。直到由芝加哥办出境手续，都可由领馆的王新民负责。保证可以完完整整地回到北京。

金项链我还是买了，古华说比香港便宜。这玩意带起来很轻便，而且美国的工艺水平比香港、国内都好。

Iowa 的西北大学请我 11 月 18 日去演讲一次。讲吧。我已拟了题目：中国作家的语言意识。我在美国讲话已经讲油了，每次都成功。

我们下个月的生活费和旅行费都领了。我没有换旅行支票，因为不方便。带了些现款，路上用。我不想买什么东西。我自己想买的只是两个烟斗和一点烟丝。这里的小孩玩具都很贵，而且不好。卉卉和方方的衣服到香港买吧。

225

我过香港停留的签证已交 Program 办了。护照留在 Program，我到纽约带一份复印的。这样保险。

台湾的《寂寞与温暖》我已看到篇目，不知道为什么把《羊舍一夕》删掉了。郭枫延期到 Iowa，我们见不到了。古华和我都留了信给他，如带来书，稿酬，交给一个叫谭嘉的台湾人，她是 Program 的翻译，人很好。

Iowa 的天气忽冷忽热。前几天冷得要命（我们到马克吐温故居那天下了小雪），这两天又极暖和。我在屋里穿了睡衣还是热（放了暖气）。到纽约，我不想带羽绒服了，两件毛衣、风衣，就够了。到纽约得带一套西服，白衬衫，因为要去看大歌剧。否则，有一件夹克就行了。

明天是美国的鬼节。后天一早我和古华即将由西达瑞碧斯，经芝加哥去纽约了。路上有时间，会给你写信。如忙，即恐到 11/14 后才能写信了。香港要买什么东西，早来信。

曾祺
十月二十九日

871030　致 施 松 卿

松卿：

我到美国已经两个月了。日子过得很 smooth。明天去纽约。11月 14 日从波士顿回 Iowa。

寄我的讲话给你们看看。讲的时候我没有带稿子。前面加了一点话："也许你们希望我介绍中国大陆当代文学的一般情况，但是我不能。我的女儿批评我，不看任何中国当代作家的作品，除了我自己的。这说得有点夸张，但我看同代人的作品确是看得很少。对近几年五花八门，日新月异的文艺理论我看得更少。这些理论家拼命往前跑，好像后面有一只狗追着他们，要咬他们的脚后跟……因此，我只想谈一个具体的问题:作家的社会责任感。这是一个很没有趣味的问题。"

谈作家的社会责任感

今天我只想谈一个具体问题,作家的社会责任感问题。前几年,中国的作家曾经对这个问题发表了不同的意见。作家写作要不要考虑自己作品的社会效果?与这个问题有关的,还有另一个问题,即作家是写自己,还是表现"人"的生活。

有些作家——主要是为数不多的青年作家,声言他们是不考虑社会效果的。我想写什么,就写什么;想怎么写,就怎么写。他们表现的是自己。我年轻时也走过这样的路。后来岁数渐大,经历了较多的生活中的酸、甜、苦、辣,春、夏、秋、冬,在看法上有所改变。我认为一个作家写出一篇作品,放在抽屉里,那是他自己的事。拿出来发表了,就成为社会现实的一个组成部分。作品总是对读者的精神产生这样那样的影响。正如中国伟大的现代作家鲁迅说的那样:作家写作,不能像想打喷嚏一样。喷嚏打出来了,浑身舒服,万事大吉。

有些作家把文学的作用看得比较直接,希望在读者心中产生某种震动,比如鼓舞人们对于推动中国现代化的激情,促进高尚的道德规范……。他们的作品和现实生活贴得很紧,有人提出文学要和生活"同步"。对于这样的作家,我是充满尊敬的。但是我不是这样的作家。我曾经在一篇小说的后记里写过:小说是回忆,必须对热腾腾的生活熟悉得像童年往事一样。我认为文学应该对人的情操有所影响,比如关心人,感到希望,发现生活是充满诗意的,等等。但是这种影响是很间接的,潜在的,不可能像阿司匹林治感冒那样有效。我希望我的作品能滋润人心。中国唐代著名诗人杜甫有两句描写春雨的诗:"随风潜入夜,润物细无声",可以用来描述某些文学作品的作用。

谢谢!

在"同步"说以后,我加了几句:我认为文学不是肯塔基炸鸡,可以当时炸,当时吃,吃了就不饿。

到耶鲁、宾夕法尼亚大学、哈佛,讲什么,我真有点发愁。主要讲稿是传统文化对中国当代作家的影响。但我觉得这题目很枯燥。我在爱荷华、芝加哥的讲话都是临时改换了准备的内容,这样反而较生动,到纽约见到郑愁予后和他商量商量,必要时随机应变。

我到纽约,本想带一套深色的西服,穿汪朝给我买的双层夹克,后来考虑,还是穿那件毛涤纶的西服去,因为夹克的口袋浅,机票、钱,容易滑出来。穿涤纶西服,则可以放在里面不同的口袋里。

你到底要买什么东西?电动打字机、彩电加录相放映机?还是什么都不要,带报关的证件回大陆买?说定了,不要一会一个主意。

卉卉、方方的衣服要哪个季节穿的?单的?夹的?冬天穿的?我想还是买冬天穿的较合适。铺子里要问几岁孩子穿的,是不是说一个五岁的,一个四岁的?

古剑要求我把散文集、评论集的在台版税授权给他,我已复信说:可以。反正得在香港委托一个人,集中给一个人,省得麻烦。你寄给古剑的照片、小传等等,"新地"的《寂寞与温暖》要再版时加上。

我14日回Iowa,希望你收到信后给我写一信,这样回来可以看到。

Program送与会作家一批书,自己去挑。我回Iowa后去挑。

我回来要吃涮羊肉。在芝加哥吃了烤鸭,不香。甜面酱甜得像果酱,葱老而无味。

听说北京开了一家肯塔基炸鸡店。炸鸡很好吃,就是北京卖得太贵了,一客得15元。美国便宜,一块多钱,两大块。

我要到外面草地上走走去。

曾祺

十月三十日下午

871115/16/17　致　施　松　卿

松卿：

　　我又回来了。Mayflower 是我们的家。蒋勋、李昂、黄凡都回来了。他们都说："回家了"。说在外面总有一种不安定感。昨天下午到的。在自己的澡盆里洗了澡，睡在自己的床上。今天早上用自己的煤气灶煮了开水，沏了茶，吃了自己做的加了辣椒酱的挂面，真舒服。我要写一篇散文：《回家》。虽然 Mayflower 只是一个 Residence Hall。

　　我旅行了半个月。路线是 Iowa City—芝加哥—纽约—纽海芬—费城—华盛顿—马里兰—费城—波士顿—芝加哥—Iowa City。

　　一路接待都很好，接，送。否则是很麻烦的。芝加哥、纽约、波士顿的机场都非常复杂，自己找，很难找到。纽约住王浩家，费城住李克、李又安家，马里兰住在马里兰大学的宾馆里，波士顿住在一个叫刘年玲的女作家（即木令耆）家。回芝加哥是打电话请芝加哥领事（管文化的）王新民接我的。最后一站由西达碧瑞斯机场到 Iowa City 是赵成才请一留学生开车去接我的。

　　在纽约，头一天（31号）休息。第二天，金介甫夫妇开车带我们去看了世界贸易中心，即号称"摩天大楼"者。这是两幢完全一样的大楼，有一百多层，全部是不锈钢和玻璃的。这样四四方方，直上直下的建筑，也真是美。芝加哥的西尔斯塔比它高，但颜色是黑的，外形也不好看，不如世界贸易中心。看了唐人街、哥伦比亚大学。1号下午即被郑愁予（台湾诗人，在耶鲁教书）拉到纽海芬，住在他家。两天后回纽约。当晚在林肯中心世界最大的歌剧院看了歌剧《曼侬》。歌剧票价很贵，这个歌剧最高票价95＄。王浩买的是40＄的，二楼。这个歌剧院是现代派的，外表看起来并不富丽堂皇，但是一切都非常讲究。4号白天《中报》的曹又方带我和古华到"炮台公园"去看了看自由女神（我们在世界贸易中心已经看过一次）。远远地看而已。要就近看，得坐船（自由女神在一小岛上），来回得两个小时。不值得。就近看，也就是那么回事。4号晚上听了一个音乐会，很好。前面是瓦格纳的一首曲子，当中是贝多芬的第七交响乐，最后一个我没有记住（说明书不知塞到哪里去了），但曲子我很熟，演奏非常和谐。5号本来王渝要请我们看一个裸体舞剧，剧名是意大利语，我记不住，意思是"好美的屄"。这个剧是美国最初的裸体舞剧，已经演了十几年，以后的裸体舞剧都比不上它。但王渝找不到人陪我们去。王浩没有兴趣（从王浩家到曼哈顿要走很远的路），我们也累，于是休息了一天。

我和王浩四十一年没有见了，但一见还认得出来。他现在是美国的名教授（在美国和杨振宁、李政道属于一个等级）。他家房间颇多，但是乱得一塌胡涂，陈幼名不在。但据刘年玲说，她要在，会更乱。这样倒好，不受拘束。王浩现在抽烟，喝酒。我给他写的字、画的画（他上次回国时托德熙要的），挂在客厅里。

李克、李又安是很好的美国人。他们家的房子是老式的，已经有一百多年历史，干净得不得了。因此我每天都把床"做"得整整齐齐的。他们的生活是美国人里很有秩序的。每天起得较早，七点多钟就起来（美国人都是晚睡晚起的），八点半吃早饭。李克抽 Pipe，我于是也抽 Pipe（王浩把他两个很好的旧烟斗送给了我，——我到纽约本想买两个 Pipe）。李又安得了肺癌，声音都变得尖细而弱了。她原计划今年到中国，因为身体不好，未成行。她想明年到中国去，我看够呛。她精神还好，唯易疲倦。她好像看得不那么严重。你给德熙打电话时，告诉他李又安得了癌。

Maryland 大学请我去的是余教授，她是教现代中国文学的。到 Maryland 的晚上，她请客，开门迎接时说："我是余珍珠"，我以为是余教授的女儿。此教授长得不但年轻，而且非常漂亮。是香港人，英语、国语、广东话都说得非常地道。我演讲时她当翻译，反应极敏锐，翻得又快又好。李又安说她曾在联合国当过翻译，有经验。

费城没有什么好玩的。有一个独立厅，外面看看，建筑无奇特处，只是有纪念意义而已。因为下大雨，我们只在车里看了看。李克说里面就是一间空房子。到宾州大学博物馆看了看，"昭陵六骏"的两骏原来在这里！李克说他曾建议还给中国，博物馆的馆长不同意，说："这要还给中国，那应当还的就太多了！"晚上看了看馆藏东亚美术画册，有一张南宋的画，标题是 fishingman on the river，我告诉李克，这不是打鱼，而是罱泥。李克在第二天我的演讲会上做介绍时特别提到这件事，以示"该人"很渊博。

华盛顿是非看不可的，但是正如那位娇小玲珑的余教授所说：不看想看看，看看也不过如此。去看了"大草坪"，一边是国会大厦，一边是林肯纪念碑。林肯纪念碑极高，可以登上去（内有电梯），但是候登的人太多，无此雅兴也。倒是航天博物馆开了眼界。阿波罗号原来是那么小的一个玩意（是原件），登月机看来很简单，只有一辆吉普那么大，轮子是钢的，带齿。看了现代艺术博物馆。毕加索已经成了古典了，展品大都看不懂。有一张大画，是整瓶的油画颜色挤上去的，无构图，无具象，光怪陆离。门口有一大雕塑，只是三个大钢片，但能不停地摆动。美国艺术已经和物理学、力学混为一体。看了白宫，不大。美国人不叫它什么"宫"，只是叫"白房子"，是白的。据说里面有很多房间，每星期一——五上午 10 点~12 点可以进去参观。我们到时已是下午，未看。

波士顿据说是很美的，我看不出来。主要是有一条查尔士河，把许多房子都隔在两岸，有点仙境。刘年玲带我们去看了一个加勒夫人的博物馆。加勒是个暴发户，打不进波士顿的"四大世家"的交际界，于是独资从意大利买了一所古堡，原样地装置在波士顿。这是一座完全意大利式的建筑，可以吃饭，刘年玲说这里的沙拉很有名。我们都叫了沙拉，原来是很怪的调料拌的生菜。在国内，沙拉都有土豆，可是这种叫做"凯撒沙拉"的一粒土豆都没有，只有生菜！我对刘年玲说：我很怀疑吃下这一盘凯撒沙拉会不会变成马。去市博物馆看了看，很棒！宋徽宗摹张萱捣练图在那里。我万万没有想到颜色那么新，好像是昨天画出来的。中国的矿物颜色太棒了。我很想建议中国的文物局出一本"海外名迹图"。

在波士顿遇法国的一位 Annie 女士。此人即从法国由朱德熙的一位亲戚介绍，翻译我小说的人。她（和她的丈夫）本已购好到另一地方（我记不住外国地名）的飞机票，听说我来波士顿，特别延迟了行期。Annie 会说中文，甚能达意。她很欣赏《受戒》、《晚饭花》，很想翻译。我说《受戒》很难翻，她说"可以翻"。她想把《受戒》、《晚饭花》及另一组小说（好像是《小说三篇》）作为一本。我说太薄了。她说"可以"。法国小说都不太厚。Annie 很可爱。一个外国人能欣赏我的作品，说"很美"，我很感谢她。她为我推迟了行期，可惜我们只谈了半个钟点还不到。Annie 很漂亮。我说我们不在法国，不在中国相见，而在美国相见，真是"有缘"。

我在东部一共作了五次演讲。在耶鲁、哈佛、宾大讲的是《中国文学的语言问题，或中国作家的语言意识，或我对文学语言的一点看法》，在三一学院和 Maryland 讲的是《传统文化对中国当代文学的影响》。在三一学院讲的不成功，因为是照稿子讲的，很呆板。听的又全不懂中文。当翻译的系主任说英文稿翻得很好，是很好的英文，问是谁翻译的，我说是我老伴，他说："你应该带她来。"同样的内容，在 Maryland 讲得就很成功。这次应余教授的要求，还讲了一点样板戏的创作情况。

我在 Iowa City 没有什么事了。20 号要讲一次美国印象。24 号要到衣阿华州的西北大学演讲一次，我想还是讲语言问题，——我对语言有自己的见解，语言的内容性、文化性、暗示性、流动性，别人都没有讲过。我在哈佛讲，有一个讲比较文学的女教授，说听了我的演讲可以想很多东西。

十五日～十六日

《文艺报》的副主编陈丹晨来了，国内文艺形势大好，《文艺报》全班不动（我在国内听说要改组的）。昨天晚上华苓请丹晨，我带了 20 个茶叶蛋去，在她家做了一个水煮牛肉。

过香港停留的签证昨天已经办了。（还是办一下好，你说过境可以停留一星期不可靠，万一不能停留怎么办？）手续费很贵，38 ＄。我如要提早回来是可以的,但我想还是住满了。而且过香港的签证是 12 月 16 日开始。

我的讲话《中国文学的语言问题》,《中报》要发表,明后天我要写出来(讲的时候连提纲都没有)。今天没有时间。《聊斋》已发表。王渝在电话里告诉我稿费请古华带来。

你要买什么,开一个清单寄来,不要三心二意,一会要买,一会又不要,我搞不清楚。——单独写在一张小纸上,不要在信里和别的话夹在一起说。

美国的天气很怪。到波士顿,夜里下了大雪。美国下雪,说下就下,不像国内要"酿雪"——憋几天。说停也就停了。下雪,很冷。刘年玲的丈夫说爱荷华要比波士顿低 10℃,结果我到了爱荷华十分暖和,比我走时还暖,穿一件背心、夹克就行了。我到华苓家吃饭穿的是那件豆沙色的西服。不过昨天下了雨,夜里又冷了。

丹晨和老赵一会来吃饭,我得准备一下。

曾祺

十七日上午

871122　致　施　松　卿

松卿:

你要的《莎士比亚全集》买到了。一厚册。37 个戏剧和诗都在内。旧书店有两种,一种 7.5 $,一种 4.5 $,我买到前一种,因为字体稍大,纸张也好。这种书可遇而不可求。香港买,也不一定便宜。这会对你有用的。同时又买了一本《世界诗选》,这是一本总集体的世界诗选,是分类选的,如田园诗,爱情诗……老赵说这本书很好。也是 7.5 $ 。《文学辞典》没有。老赵和我到旧书店的地下室看了半天,也没有。

今天下午我们去参加"美国印象座谈会"。我讲了三点小事:林肯的鼻子是可以摸的;野鸭子是候鸟吗;夜光"马杆"。会后好几位女士都来摸我的鼻子(因为我说了谁的鼻子都可以摸,没有人的鼻子是神圣的)。聂华苓说:"你讲得真棒!最棒!"我每次座谈都是挺棒的。

刚才我下去(我们住8楼)去看有没有信。那位墨西哥作家(即欣赏我的眼睛和脸的)说我的讲话像果戈里的故事。他太文雅了,讲话没有我那样泼辣。——他所以说我的讲话像果戈里的故事,是因为果戈里曾写过一篇《鼻子》的短篇小说。

买了一顶毛线帽子,旧的,0.75 $。回来洗洗,挺好。我原想买一顶新的,没有看到合适的。行了,这顶帽子一直可以戴到北京。除了告别宴会,不会有什么正式场合。参加宴会时把帽子塞到风衣或羽绒服口袋里就得了。

美国就要过感恩节了。有两起美国人请古华和我吃饭。我得问问人,要不要带点礼物。

汪卉的画很好。她已经会写"卉"字了。我回来后要给她买一盒颜色,一个调色碟,几枝毛笔,一卷纸,让她画大一点的。她好像有画画的才能。

小仉给我打电话来,瞎聊了一气。她到美国好像娇了一点了。她说这两天要给你写信。她在那里很累。英语写作班有150人,两个人改卷子。美国学生英文又错得一塌糊涂。她想家,天天在算日子。

Iowa 大学授予我一个荣誉研究员(Honorary Fellow in Writing)的头衔,我不知这有什么用。证书我留着,带回来看看。反正我也不会嵌在镜框里,把头衔印在名片上。

这里可买的东西我斟量着买,到香港要买的东西务必单在一张纸上开一个清单。我12月15日离Iowa,17日中午到香港,在香港停四五天,即回北京。到香港后我会打电话回来,告诉你们航班号。我会同时给京剧院打个电话请院里派车接我一下。京剧院是否已搬到自新路去了?

我不想去西部了。Program 11 月 29 日告别 Party。只剩下半个月了，又跑出去折腾一下干什么？大冬天旅行，究竟不方便。住在人家，也不自在。——住在王浩家、李克家是自在的。我游兴不浓，因为匆匆忙忙，什么也看不到。我连纽约、华盛顿、波士顿的大概方位都不清楚，只是坐在汽车里由别人告诉这里是什么，那里是什么。我印象最深的是梵高、毕加索、宋徽宗的画。感恩节到 29 日大概都坐不住，以后半个月我要写一点东西，《聊斋》、散文。

明天我和古华要到 Iowa 州的西北大学去演讲。我们都不想去，经费少，要坐"灰狗"（长途公共汽车），走三个小时，累死人。学生程度也不知怎样。我还是讲语言问题。

这几天大概要吃火鸡。美国的感恩节都吃火鸡。移民来到美国，发现美国土地如此肥沃，充满感谢，于是就有一个 Thanksgiving 的节。火鸡遍地跑，于是大家吃火鸡。火鸡不怎么好吃。大多是整只的烤的。

有四个外国作家来信，说保罗和聂华苓为 Program 工作了二十年，现在退休了，他们建议将 Iowa 大学的一所建筑以他们的名字命名，请同意者签名，我已经签了。我给华苓和 Minita 都写了一封感谢信。给华苓的写得很感伤。中文原底会带回来给你们看（英文的请老赵翻译）。

与王渝通了电话，《聊斋》已发了两篇，还有两篇待发。她让古华带了 35 $ 给我，我问她是怎么回事，这算是什么标准？她说她那天在书店里，身上只有那么多钱，不是全部稿费。我叫她把那两篇在我走之前发，稿费也在我走之前寄来。

生了暖气，太干，今天我把暖气关了。北京多少度（这里用华氏，我老是算不过来）？我想我的衣服在这里够了。我还没有穿尼龙裤，还有一件较厚的毛衣，一件羽绒衣，够了。

小仇问汪朝"怎么样"了？没有什么消息吧？

曾祺

十一月二十二日

871124　致　古　剑

古剑兄：

　　郭枫前两天到 Iowa City 来，晤谈两次，不得要领。他给我一份合约的样本，我也没有认真看。反正他没有带钱来，而且也没有说《寂寞与温暖》付多少版税。我说一切你都和古剑谈吧。他说在 12 月 16 日前要到香港一趟（我知道我 12 月 17 日到港），一切事宜，如版税、编辑费等等，你们当面谈吧。如果他付版税，你先收着，等我到港时再交给我。这本书销得不错。10 月出版，到 11 月已销千册。

　　我定于 12 月 15 日离 Iowa City，12 月 17 日中午 12 点到香港，西北航空公司（NW）飞机，航班号是 17C。请与潘耀明联系一下，你们谁到机场接我一下。问潘耀明：能否住三联书店的招待所？ 如三联招待所无房间，你能否和新华社招待所联系一下？ 我到之前，你能否和香港的熟人如施叔青、林真等人打个招呼？

　　《联合文学》寄来支票一纸 240 $，是《联文》转载我的六篇小说的转载费。他们还转载了我的《安乐居》，此文的转载费未付，你是否向《联文》要一下。《联文》写信来的是丘彦明。

　　你可给郭枫一信，让他尽早把《寂寞和温暖》的版税和你的编辑费寄给你。——或面交给你。

　　下月（12 月）初我会寄［再］给写一封信，再度核定我到港日期、航班号。必要时打个长途电话。拨到香港的电话在你家的 51763685 之前要加拨一个什么香港的代号，请告我。

　　你现在在哪家报纸编副刊？

　　我老伴托你打听几样"大件"、"小件"，她已写信给你，收到否？ 香港的"出国人员购物凭证"到什么机构去领，请打听一下。是凭出国护

236

照就能办吗？

候著安！

盼覆！

汪曾祺　十一月二十四日

871124　致　施　松　卿

松卿：

11 月 17 日晚信收到。

所开购物清单已见到,并已抄了一份在笔记本上,为了防避原件丢失。①、②、③,彩电、录像机、电子琴,都看明白了。只是④写得不明白。电动打字机究竟要不要？前面说:"夏普有各种规格,汪朗说有人买了,很好……"后面又说"如果电动打字机未买,则不要买了"是怎么回事？是不是说如在美国没有买,则不必买,等到香港再买,国内提货？你写信老是眉毛胡子一把抓,下次再写清楚一点。①、②、③我已明白了,不必再写。如果怕我在 Iowa 来不及收到,就寄一份清单给古剑,我到香港即可照单办事。

台湾《联合日报》副刊转载了《八千岁》和《金冬心》。主编陈怡真说稿费将交给施叔青。

你给董秀玉家里打个电话,问问秀玉到香港了没有？她原定 9 月底到香港,听吴祖光说因病住院,未能成行。我 10 月初曾往香港三联书店给她写了一封信,未复。我到香港有些事要找她。问问她《茱萸集》的事,请她参谋买买连衣裙之类的东西。——古剑,还有一个潘耀明,都是老爷们,不懂这些。

米老鼠到香港买,日本这种东西做得好。美国米老鼠到处都有,但做得很笨。

《出国人员购物凭证》到哪里去领？我问问人。问这里的留学生及香港人都会知道。你要了解，告诉我一声。

赶快再给我来一封信。

曾祺

十一月二十四日

871124/25　致　施　松　卿

松卿：

我给聂华苓的信，原说是请赵成才翻译一下。赵下午从我处取走，中午即将中文稿交给聂。华苓在两点钟（我还没有睡醒）给我来电话，说这封信她将永远保存。原信如下：

亲爱的华苓：

感谢你。

你和保罗·安格尔创立了迄今为止世界上独一无二的伟大的、美好的事业——国际写作计划。

你向全世界招手，请各国作家到这座安静、清雅的小城 Iowa City 来，促膝长叙，杯酒论文，交换他们的经验、体会和他们的心。所有的作家都觉得别人很可爱，并觉得自己比平日更可爱。这是受了你和保罗的影响，因为你们很可爱。

作为一个中国作家，我本来是相当拘束的。我像一枚包在硬壳里的坚果。到了这里，我的硬壳裂开了。我变得感情奔放，并且好像也聪明一点了。这也是你们的影响所致。因为你们是那样感情奔放，那样聪明。谢谢你们。

你是个容易感情冲动的人。因此你才创立了这样一个罗曼蒂克的事业。这种冲动持续了 20 年，伟大的，美丽的冲动。

238

你和保罗即将退休，但是你们栽种的这棵大橡树将会一直存在下去，每到秋天，挂满了绚丽缤纷的叶子，红的，黄的，褐色的……

　　谢谢你们！

汪曾祺
十一月二十四日

　　（原信个别词句可能有少许出入，此是就回忆追写。此信为便于翻译，是用英文句法写的。）

　　这是一封告别信，也是感恩节的信。后天聂的女儿蓝蓝请我们到聂家去过感恩节，估计聂又会提到这封信。她说她要翻给保罗听。

　　你也替我把这封信保存一下。我要写一篇关于 IWP① 的散文或报告文学，要引用这封信。我跟华苓说我要正式采访她一下，她同意。坚持了 20 年，不容易。这篇文章的题目可能是《聂华苓哭了》。Program 继任者是谁，还不知道。现在是一个叫 Frad 的人代理一年。此人是大学的副教务长，人很好，但名望远不及安格尔，因此向人募集基金就有困难。聂已经向一个基金会筹集了一笔钱，每年两万四千美元，专供大陆作家（包括翻译费）用。聂对中国很关心，许多洋作家说她对中国作家偏心。她说过去就有这样的反映，"那有什么办法！"中国党和政府对于海外华人的"赤子之心"远远了解不够。台湾现在很拉她，Program 在台已有分会。咱们大陆对此等事老是很迟钝，拖拖拉拉。她明年要到台湾主持"华文作家讨论会"，大陆请她随后即来北京，不好么？后天我问清她何时去台湾，将给友梅写一封信。

二十四日

　　陈若曦来电话，说我送她的画和《晚饭花集》均收到（是托李昂带去的），她说对《晚》集"喜欢得不得了"（她说她全看了），但她没有坚决要求我去西部，所以我不想去西部了。11 月 29 日～12 月 15 日，只

239

半个月,我何苦去奔波一趟。我想就在 Iowa City 休息两星期,写写信,顶多写点散文,算了。《聊斋》续篇恐在此也难写,我得想想。你叫汪朗或汪朝给我买一套《聊斋》的全本。我带来的是一选本,只选了著名的几篇,而这些"名篇"(如《小翠》、《婴宁》、《娇娜》、《青凤》)是无法改写的,即放不进我的思想。我想从一些不为人注意的篇章改写。你原来买过的《铸雪斋抄本》被我带到剧院,已不全。而且影印的字体看了也不舒服。你让汪朗或汪朝买排印本,且价廉的。我想改写《聊斋》凑够十多篇即交台湾出版。

《寂寞与温暖》销得不错。10 月—11 月已售一千册。——台湾一版 2000 册。

古剑要求我把评论集和散文集在台湾出版事宜授权给他,我已同意。让他得 2% 的好处也无所谓。我答应将《晚饭花集》授权施叔青。反正在国外就是这样,交情是交情,钱是钱。像林斤澜那样和浙江洽商《晚翠文谈》,门也没有。

Program 让我们推荐将来参加的作家,我准备提林斤澜和贾平凹。但他二人身体均不好,贾平凹又拙于言词,也很麻烦。作家最好能说会道。去年燕祥在此,即留给人印象不深,因为他太谦抑了。倒是阿城,魅力至今不衰。女人对他尤为倾倒。魅力最大的是刘宾雁,他在美国,几乎成了基督。这是应该的。

美国人对中国所知甚少。我在讲《林肯的鼻子》时说我回国后也许会摸摸邓小平的鼻子,一部分人大笑,另一部分人则木然,因为他们不知道邓小平是谁。及至聂华苓解释,邓是中国实际上的最高领导人,他们才"哄"然一下大笑。我在北方爱荷华大学演讲,谈到"四人帮"时期的创作方法:"三结合","三突出","主题先行",他们觉得这太不可思议了。不过,还是听懂了。一个教中国现代文学的教授说,我原来讲"四人帮"时期的文学,他们都莫名其妙;你一讲,他们明白了。——我原来想讲语言问题,经和客座教授交换意见,认为那太深,临时改题:"文化大革命期间我们是如何创作的"。这样讲了半小时,效果甚好。

二十四日

爱荷华的树叶全落了,露出深黑色的树干。草也枯黄了。我在这里还有整二十天。很奇怪,竟然有点依依不舍的感情。

明天感恩节,应该送点礼物。蓝蓝的,我留一张画给她(是她自己挑的)。给聂华苓什么呢? 黄凡送了我一个水晶玻璃的盒子,用来转送别人,不合适。茶叶还有,但她家里茶叶有的是。忽然想起,可以送她两枝毛笔。装在一个锦盒里,还像样。我这二十天里不会再画画,也没有纸了。要画,还有两枝用过的笔。——这两枝是没有用过的。笔,我回来再买就是了。

已写信给梁清濂,问她剧院能否派车接我,让她回信寄至古剑处。

《一捧雪》后来不知演出过没有? 我对这个戏比较满意,证明我的试验是成功的,小改而大动,这给戏曲革新提供了一个例证。演员也好。

我回去将给艺术室讲一次美国见闻。我曾经给出国的人提过意见:你们出了一趟国,回来也不给大家讲点什么呀? 作法自毙。不过只是聊聊而已,用不着准备。我不会做大报告。

在美国报纸上看到沈公奇迹般的痊愈了,是吗? 你打电话给张兆和问问看。我在耶鲁未见张充和,因为她已去敦煌。

我回去大概得办离休了。

收到此信,即复一信,估计还能收到。这是你寄到 Iowa City 的最后一封信了。有什么话,扼要地说说。

我要回来了,很兴奋!

曾祺

十一月二十五日

注 释

① IWP,即 International Writing Program,国际写作计划。

871202　致　古　剑

古剑：

我定于12月15日离爱荷华,经芝加哥、东京,12月17日(当中有一天时差)中午12点到香港。西北航空公司飞机,航班号102Y。一般情况,国际航班不致误点。我已写信给董秀玉、潘耀明,请接一接我,并安排住处。

我老伴让我到香港驰远海外服务公司(干诺道西37号德信大厦八楼)交款订如下货品:

①A(1413)号夏普DV-5406spn直角平面多制式彩电一部;3307

②A(6402)号夏普VC-779E多制式录像机一部;3705

③B(2102)号卡西欧电子琴CT-620一架。1349

她可能已直接写信给你。你得便到德信大厦看看,这些东西有没有。

又她还要买电动打字机一架,①、②、③在香港付款、国内取货。打字机可自己带。——还要一个轻便的变压器。

我在港大概还得购买一些杂物,衣料、小孩玩具之类。

香港现在大概还相当热。Iowa冷了,已到零下。美国比香港冷得多,我在波士顿时,下了大雪。

郭枫不知何时可到香港。这人的算盘似乎很精。他说他们从未付过编辑费,但我看他和黄德伟的合约,是付编辑费的。这一点你要跟他讲清楚。《灵与肉》选用稿件,也应付稿费。跟他打交道,不必太书生气。

家里让我带几块石英表,这大概是不算大件小件的。你有无相熟的表店? 不必很好,三百元左右一块的即可。

国际写作计划已结束,Mayflower人去楼空,只剩下五个人没有走。

我因飞机票不能改,不然我也提前飞了。

　　相见在即,很高兴。即候

著安!

汪曾祺　十二月二日

871204　致施松卿

松卿:

　　Program 让我们推荐明年参加的本国作家,我本想推荐斤澜和贾平凹。但斤澜的心脏很麻烦,似不宜远行及在国外久住。贾平凹身体也不好。想推荐宗璞,她因老父亲多病,也不便离京。聂华苓倾向于请李陀来,也好。

　　我已将离爱荷华及到香港时间函告董秀玉、古剑、潘耀明。你要买的东西也开给古剑了。

　　前夜接到一个叫许以祺的来电话,他说在香港遇董秀玉,董让他告诉我台湾联合文学出版社要出那本《茱萸集》,让我签一委托书给许。三联仍在港出《茱萸集》,许说无妨碍。我在电话中答复他,可以。如在台湾出,当改名为《汪曾祺小说自选集》,这样于销路上有好处。那篇小序可以不要。我说《茱》集有些篇与新地出版社的《寂寞与温暖》相重,许说没关系。

　　Iowa 下雪了,不大。我的衣服可以够穿。尼龙裤、羽绒服都还未拿出来。香港现在还热,我去了恐只能穿单西服。我把那件色浅而较小的送到洗衣店洗了,三块多钱,一个半小时就得了。

　　Program 的作家都走了。Party 因为保罗身体不好,大家没有闹得太晚,也不大感伤。约夜十一时回到 Mayflower,几个拉美作家强拉我去他们屋里喝了一杯威士忌。他们说说西班牙语的作家都很喜欢我。我给那位墨西哥诗人画了一张画,塞进他的门缝(他不在家),他夜里两点钟敲门道谢。聂华苓很奇怪，为什么这些洋人会喜欢我，而且有些事为我打抱不平。我也不知道。那天晚上我用很坏的英语跟他们聊了一晚（他们的英语也不好），居然能讲通。

现在 Mayflower 只剩下三个人了：我、古华、钟晓阳。

我在爱荷华只有十一天了！十三号我要做几样菜请客。

曾祺　四日

871206/07　致 施 松 卿

松卿：

已接许以祺从休斯敦寄来台湾联合文学出版社委托他作为出版社代表人和我订版权转让契约（这次是出版社找了代理人，不是我找代理人）。两种，一种是初版付 10% 版税，以后延续；一种是一次付清版税（即所谓"买断"），五万新台币，折合美金 1500 元。我倾向于后一种，省得以后啰嗦！不过我两种都签了，由他斟酌。台湾出书很快，交稿后十天即可出书。这本书可能明年一二月即出。拿它 1500 $ 再说。

我过香港停留签证已从芝加哥英领馆办下，可以停留七天。我已致函芝加哥中国领事馆王新民领事，请他帮我办一下出境手续（我前在芝加哥已向他提出，他说没问题），临行前三四天再给他去个电话。他把我送上飞机，即无问题。香港方面，我已给董秀玉、潘耀明、古剑去了信，他们一定会接我的。临行前也要给潘耀明去个电话。到了香港，就踏实了。

两位黑人学者请我去聊了一晚。一个叫 Herbert，一个叫 Antony。Herbert 在一次酒会上遇到我，就对我很注意。以后我每次讲话他都去听。他认为我是个有经验、有智慧的人。他读了四个学位，在教历史，研究戏剧。他跟我谈了他的一个剧本的构思，我给他出了一点主意，他悟通了，非常感激。跟他们谈了五个小时，使我明白了一些美国黑人的问题。他们没有祖国，没有历史，没有传统。他们的家谱可以查到曾祖父，以上就不知道了，是一段空白。因为是奴隶。他们不知道他们是从非洲什么国家，什么民族来的。非洲人也不承认他们，说"你们是美国人"。他们只能把整个非洲作为他们的故乡，他们不知道他们的族名。Black people，Negro都是白人叫的，他们不知道自己叫什么。他们想找自己的文化传统，找不到。美国的移民都能说出他们是从英格兰来的、苏格兰来的、德国来的、荷兰来的……他们说不出。

我从他们的谈话里感到一种深刻的悲哀。我说了我的感觉，他们说"yes！ yes！ yes！"

我这才感到"根"的重要，祖国、民族、文化传统是多么重要啊。我们有些青年不把民族当一回事，他们应该体会一下美国黑人的感情。他们真是一些没有根的人。Herbert说《根》那本书是虚构的，实际上作者没有找到根。他们说Iowa种族歧视好一些，有些地方还很厉害。种族歧视的取消，约翰逊起了很大作用。Herbert出去当了四年兵，回来时发现：这是怎么回事，全变了。黑人可以和白人坐一列车，在一个餐馆吃饭。但是实际上还是有区别的。白人杀了黑人，关几年，很快就放出来了；黑人杀了白人，要判重刑，常常是一辈子；黑人杀黑人，政府不管：你们杀去吧，这样才好！

他们承认，美国黑人大部分都很穷、很脏、犯罪率高。我问他们这主要应该由制度负责，还是黑人自己负责。他们沉思了一下，说主要还是制度问题。从南北战争到现在，二百多年了，黑人始终不能受很好的教育，住得不好，吃得不好，所以是现在这样。我说黑人当中正在分化，一部分受了教育，成了中产阶级，一部分仍处在贫穷状态中，是不是这样？他们说：是。我在芝加哥看到不少黑人女人，穿戴很讲究，珠光宝气。有些人，比如他们，已经是大学的学者。他们说中产阶级是有的，但黑人里没有一个是大企业主。本届总统竞选，有一个候选人是黑人，这是历史上没有过的。我问他们上升为中产阶级的黑人，在"心态"上比较接近白人，还是比较接近下层黑人，他们不假思索地说："白人。"因此下层黑人也不把上升为中产阶级的黑人当做自己的人，说"你们和我们不一样"。我问，下层黑人希望你们为他们做什么，他们说："他们希望我们替他们说话，但是我们不能这样做。鞋子只能自己提。能解决他们问题的，只能是由他们当中出来的人。我们，只能写他们。"黑人问题是美国一个大问题。我问他们怎样解决，革命，这是不可能的。他们说，只能通过教育。这是美国阶级斗争的一种很特殊的形式。最后 Herbert 问我："我们找不到自己的历史，你说我们应该怎么办？"我说：既然找不到，那就从我开始。他说："That's right!"

（此信这一部分请代为保留，我回来后也许会写一点关于黑人问题的文章）

我想这篇文章的题目可以是《悬空的人》。

十二月六日

Herbert 要了解中国的京剧，我把那份英文稿送给他了。

就在 Herbert 等找我聊天的当夜，发生了一件事：我的房间失窃了。这位小偷不知是怎么进来的。搬走了我屋里的电视机，偷了我 600 $ 现款。就在我熟睡时。这位小偷挺有意思。除了这些东西，他把我的毛笔、印泥、空白支票本、桌上不值钱的（别人送我的）小玩意都拿走了。连同我给汪卉买的系小辫的小球球也拿走了。把我的多半瓶 Vodka 拿走了。他一定还尝了一口，瓶盖未拿走。刚才我才发现，把台湾《联合日报》副刊主编陈怡真（女）送我的一个英国不锈钢酒壶也拿走了。瓶里有聂华苓给我灌的威士忌。今天下雨，冷，我想喝一杯威士忌，才发现酒壶也叫他拿走了。聂华苓说 Program 将从基金内开一张支票给我，说：你到香港可以给孩子买点东西。她很抱歉，发生了这样的事。这类事在 Iowa 发生得不多。我第二天即通过老赵报了警。警察也代表 Iowa City 道歉，他说两三天内可以侦破。不过按美国惯例，退还赃款得要半年。因此，聂华苓说给我开一张 600 $ 的支票，我就拿着吧。Program 没有多少钱，但 600 $ 在 Program 还不算什么。保罗说幸亏我当时熟睡未醒，否则将不堪设想，"该人"会给我一刀。Iowa 治安是很好的，竟然发生了这样的事。美国治安可见一斑。从这位"雅贼"的行径看,此人肯定是一酒徒,说不定还是吸毒者。他知道中国人身边爱存现款(美国人家一般不存 100 $ 以上现款,都是开支票)。这件事本不想告诉你,现在聂华苓已解决 600 $,还是告诉你吧。这不怪我,身边有那么多现款是因为到东部旅行而取出来的。聂华苓说我们走时将给我们开"旅行支票",这样就保险了。不过旅行支票国内能取么?

我倒还没什么,古华吓得不得了。现在 Mayflower 八楼只有三个人住:古华、我,还有钟晓阳。我跟聂华苓通电话,觉得还是不告诉钟晓阳为好,免得她害怕。聂同意,但嘱我们以后如有人请客,最好带她一同去,一个二十三岁的女孩,一个人住两间房,是有点怕人。

近日镜中自照,觉得我到美国来老了很多,很明显。这样好,免得麻烦。承认已到晚年,心情是很不一样。

聂华苓听说陈怡真送我的酒壶丢了,高兴极了,说:"我正想送你什么好,这下好,我再买一个送给你!"她知道你给我的皮夹子也丢了,说:"正好,我有一个很好的皮夹子。"我的皮夹子里没有什么,只有几十元的人民币,这位贼把人民币偷走,干什么用呢?幸好,他没有把我的护照、机票拿走,否则就麻烦了。古华分析,此贼很可能是对我喷了轻量的麻醉药,否则不敢如此从容(他把我每个抽屉都翻了一遍)。可能。据昨日遇到的一位研究细胞的女学者说:美国现在有一种轻量麻醉剂,醒来后毫无异常感觉。此事亦我美国奇遇,可记也。

六日

美国的治安真是不好。刚才老赵电话中告我,Minita 听说我失窃,很不好受。她说美国好像专偷作家。南朝鲜诗人吴世荣(此人和我很好)在三藩市把所有的东西,包括现款、支票都被人偷了。菲律宾的一位女作家在纽约机场排队时,一只手提箱被人拿走。我回来可就这种现象写一篇《美国家书》——我准备回来写一系列散文,总题为《美国家书》。

我离回家还有一个星期,我就看看书吧,看看安格尔的诗,聂华苓的小说(包括她翻译的亨利·詹姆士的小说——詹姆士的小说真是难读,沉闷的要死),还有别人的作品——美国华人作家寄给我不少他们的作品。读读海外华人的作品也很有意思,和大陆的全不一样。有的像波特莱尔,有的像 D. H. 劳伦斯。他们好像打开了我多年锈锢的窗户。不过看起来很吃力,我得适应他们的思维。我这才知道,我是多么"中国的"。我使这些人倾倒的,大概也是这一点。

871224　致 宋 志 强^①

志强:

我已于 12 月 22 日回国,一切均好。

曾祺　二十四日

注　释

① 此信写在圣诞贺卡上。

1988 年

880110　致　古　剑

古剑兄：

12 月 28 日函悉。

托友梅带来洗衣机入水管已妥收，甚合用，极感谢。标价 140 元，你垫了 40 元。寄还给你，有些麻烦（我倒是有一点港币）。这样吧，等郭枫版税交到，你扣除，如何？

你为我的书已花了上千元，我很不安。这些费用，我应该负担一部分。你瞧着办，应由我负担若干，亦一并于郭所付款中扣出。不要客气。

郭枫既已明确表示版税将于一月初寄出，似应守信用。今天已是一月十日，不悉有消息否？此项版税想当付美金。如付美金，可由中国银行寄给我。

我觉得你可为所选的一套书和郭枫作一个全面的谈判。

你只是转介大陆作家的集子在台湾出版，"噱头"不大。施叔青在她所选的集子前面加了一篇和作者的对谈作序，较易吸引读者。她比你聪明。我想，为了"抢生意"，你可以采取两法：一、由作者写一篇以台湾读者为对象的自序，请他们写得长一些，自己介绍创作历程及文学主张；二、用"与古剑书"的办法，突出"古剑"，内容由作者自便，但亦不外是"一"项中所说的话。总而言之，既要在资本主义世界中搞一点文化传播工作而不致"倒贴"，得想点"招"。

你想出什么"招"，如须我向作家打招呼，请告诉我，我当尽力和他们写信联系。

沙叶新的《假如我是真的》你怎么没有抓住？沙尚有其他剧，你可集为一册，请叶新写一长序。

　　草草不尽，即候著安！

汪曾祺　　一月十日夜

880125　致　古　剑

古剑兄：

　　1月6日信收到已有几天，我因事忙，未即复，甚歉。

　　新地版税寄到，此事总算有了着落，甚好。你信上说"他只寄来你的8％版税701美金"，"只寄来"意思不很明确。是只寄来我的版税，别人的未寄到；还是只寄来我的版税，未寄来你应得的编辑费？我不知道你和郭枫最后交涉的结果，是他付我8％，另付你2％编辑费；还是"杭巴朗"^①付8％，其中包括你的编辑费？如果一共付8％，按台湾惯例，其中应有2％的编辑费（郭有一次给我写信时说及）。如果是第二种情况，请按郭所说"惯例"办理，即你应从版税中扣除2％。公事公办，请不必客气。米珠薪桂，香港居大不易。你为我的事费了很多心力，取此2％当为心安理得。

　　你应得之数，办律师证书的250元（HK），及你代购水管所垫的钱，请一并扣取。剩下的钱（我不会算账，不知道还有多少），暂存你处，俟有便人到北京时托他带来即可。施叔青五月间要到北京，如果你们的关系还不太恶化，可托她带来。她手里有我在台湾《中国时报》发表的《八千岁》的稿费330美元，她反正到北京会来找我。

　　你信中说"因为他说第二版时才将稿交给他，所以我没得到他的信息时，稿仍在我手中"，我不明白是什么意思。这里的"稿"指的是什么稿？谁的稿？

　　你如再编大陆作家的书，应该想点"花样"。施叔青搞了和我的"对谈"以代序，不但书出易销，她单是发表的稿费就不少（"对谈"主要

250

是我的话,稿费却归她得,真聪明)。除了我上次信建议的二法,还可有一办法,请作者写一篇长一点的自传(不是简单的小传)放在前面,或作为附录。

水管极合用,我老伴嘱我谢谢你。

我回京后一切甚好,请释念。即候

文安!

汪曾祺 顿首

一月二十五日

注　释

① 杭巴朗,粤语。全部、整个之意。

880211　致宋志强

志强:

送你一张照片。

给李国涛画了一张画,我不知道他的地址,请你转交。

曾祺　二月十一日

880219　致宋志强

志强:

元月 14 日信收到。

我 3 月初来不了大同。我受聘为北京市文化局高级职称评委,自

3月5日至20日是评定时间。评委人数很少，到时候无记名投票，票不过半数，无效，因此局长们再三嘱咐，这段时间请评委千万不要外出。评定工作要到4月初才能结束。因此，如到大同，宜在4月为好。到4月，大同气候也暖和一些，我可以不必穿很厚的衣服。

又，我到大同，只是和业余作家见见面，交换交换意见，不是什么"面授"。我不想作长篇讲话，也没有什么可讲的。你倒是可以搜集一下，大家想提出什么问题。

我不想到大同买烟酒。这些东西北京友谊商店也能买到。

像片尚未加印。印出后当择寄几张。

《文艺报》记者尚未采访我。不来最好。我在美国的演讲《中国作家的语言意识》已在《文艺报》发表，不知你见到没有？我到大同，如讲话，也大体是这个内容。可能深了一点。

匆复，即候

春佳！

曾祺　大年初三

880329　致徐正纶

徐正纶同志：

3月18日信收到，你寄来《晚翠文谈》一本也收到。前一天编务室已寄来样书20本，请转告编务室。

我想买200本，好送人。请代办一下手续。所需书款，请于稿费中扣除。

一看版权页，印数只2700，我心里很不安，这本书无疑将使出版社赔钱。应该表示感谢的是我。我对浙江文艺出版社肯做这种赔本买卖，深致敬意。

出版社曾寄我一本"校正本"，我粗看了一遍，校出一些错字，另封寄出。总的说来，此书错字不多，我比较满意。

即候

时安！浙江还在闹肝炎否，祝无恙！

汪曾祺 顿首 三月二十九日

880403 致 彭 匈

彭匈同志：

前信悉。

关于加入全国作协事，问了唐达成，他说要：出过两本作品；有两个会员介绍；经作协书记处开会通过。找两个会员介绍，易事耳，通过也不难。我以前没听说过要出过两本作品。你有已出的书么？没有两本，一本也行吧。如有请寄给我。

自选集出书有望否？书出请即寄我一本。我为作家出版社编一本散文选，较好的散文均已收入自选集中，而我手头已无剪存的报刊，须从自选集中复印。如果一时自选集不能出，能否把散文部分单独抽印一份？

自选集征订数惨到什么程度？我在浙江文艺出版社出了一本《晚翠文谈》，只印了2700册，出版社为此赔本，我心里很不安。漓江恐怕赔不了这个钱，早知如此，真不该出这本书。

黄河出版社未经我同意，已经出了那本书，我的孩子已在书店看到。我也不想再跟他们接触，随它去吧！

我的家乡要举行自选集发售仪式，让寄一分讲话录音磁带回去。我已写了稿，还未录制。

我五日到大同去，十号即回。

候著安！

汪曾祺 四月三日

880506　致　李　国　涛^①

国涛同志：

4 月 30 日信悉。

《晚翠文谈》另封用挂号印刷品寄奉。这本书各篇分量、质量参差不齐，我准备过些年再攒一点，精选一次。

和施叔青的对话是在香港谈的。她拉着我谈了六七个小时，有些话我嘱咐她不要发表，结果她还是发表了。港台作家就是这样，总爱传播一些内幕。这篇东西发表之前我没有看过。从美国回来路过香港时才看到。她的记录有很多地方记错了，如"和尚进门狗不咬"记成"和尚进门哥不饶"，极可笑。我本想给她校正一次，不想她怎么又弄到《上海文学》发表了（原文最初发表在台湾《中国时报》，上海《文学报》曾转载）。这样一来，这稿遂有三种版本，我真不想弄得这样哗啦哗啦的乱响！

去大同未能一见为憾。你何时到北京来，当谋一面。

希望读到小说文体的文章，你的文章是研究了再谈作家的，不像有些评论家是"六经注我"，以作家为自己的论点作注脚。

即候文安！

汪曾祺　五月六日

注　释

① 此信据收信人提供的打印稿编入。

880530　致　古　剑^①

古剑兄:

我已见到李锡奇先生,你托他带来 650 美元及《寂寞与温暖》两册均妥收,请释念。

三友出版社要出我的散文,我很高兴。但散文在大陆销路不佳,香港恐怕也差不多,我怕你们会赔钱的。这里的作家出版社要出我的散文集,早有成约。我最近正在编这本书。他们要求我在 6 月 20 日以前编好,年底出书。这样,把原件寄给你,就办不到了。影印的确费时又费钱。你们如果能等到年底,则我可以重编一下,从容一点,还可收入一些未成书的新作。你看这样好不好? 如果你们要得急,则我可尽量搜集一些原件寄来,因为不齐全,字数可能较少。我还是倾向于年底向你们交稿。尊意如何,盼示。

我年轻时写的信都已散失,给黄裳的信是他偶然保留的,无可奉寄。

年轻作家写散〔文〕较多且较好的有一个贾平凹,他已编了一本散文自选集给广西漓江出版社,你们如愿出,我可代为联系。宗璞(冯友兰的女儿)散文写得不错。有个女作家韩霭丽近年亦写散文颇多。我可写信问问她们有无在港出书兴趣。

即候著安!

汪曾祺 顿首　五月三十日

我近来写了一些应酬文章(如纪念某人创作生活多少年之类的发言),正经作品不多。《人民文学》发表了四篇《聊斋新义》。沈从文先生逝世后写了两篇悼念文章,一篇已在《人民日报》及海外版发表,另一篇将发《人民文学》。

注 释

① 此信见于古剑著《笺注:二十作家书简》,河南文艺出版社,2015 年 9 月;据
此编入。

880531　致　彭　匈

彭匈兄:

作协正在讨论发展新会员。我打电话给创联部问问关于你的情
况。接电话的小柯说:彭匈,我知道,他的手续完备,材料已转到书记
处。我问要不要把他的作品寄给你们,答云:不需要。我又问要不要我
写一封推荐的信,如要二人,还可拉一个贾平凹。答云:不需要,他好像
是省作协推荐的,最后说:等有了讨论结果,你再打听吧。晚上我又打
电话给邓友梅,问问情况。邓说几位书记有事,近日不讨论,我向他介
绍了你的情况,请他"美言"几句。我估计讨论通过,问题不大吧。但
愿如此,你"但听一报"吧。

《自选集》迄未问世,不知遇到什么波折?前承答应先把散文部分
打一分样子给我寄来,我还未收到。作家出版社要求我能在 6 月 20 日
以前把散文集编好,这样可以在年内出版。我手中散文剪存的不全,急
等《自选集》中的一部分,好算字数,排目录。劳驾,你催催漓江尽快把
这部分寄来。

沈从文先生去世,国外反应强烈,国内报刊则寂寥,令人气闷!

即候

著安!

汪曾祺　五月三十一日

880708　致　古　剑

古剑兄：

　　6 月 30 日信昨（7 月 7 日）始收到。

　　散文集稿已交作家出版社，抄一份目录给你看看。你所谓"我们希望不要重复太多"，是什么意思？"而且一定要有新作"，除非在那本散文集之外，我再写一些。我最近在写"聊斋新义"，得过一阵才能写散文。

　　《晚翠文谈》另封寄上一本。

　　我无散文新作，寄一篇旧作《葡萄月令》给你，看能交"博益"① 塞责否。（随《晚翠文谈》同寄）

　　我如有新写的散文，即当寄上。

　　要林斤澜小说事，我当在电话里告诉他。

　　施叔青 7 月初来北京，你有什么事可托她带口信来。

　　匆匆，即候文安！

曾祺　七月八日

　　作家出版社的《桥边集》② 说是年底出书，但大陆出版社出书照例是要拖延的。此书如有校样，当尽快寄你一份。

注　释

① "博益"，即香港博益出版社。

② 《桥边集》，正式出版时名为《蒲桥集》，作家出版社，1989 年 3 月。

880805　致　古　剑

古剑兄：

　　你要林斤澜的散文,他昨天交了一篇给我,是在《文艺报》发表过的,看合用否?"藏猫"香港人不会懂,即捉迷藏也。如转载发表,须加一个注。无处可登,请告诉我一声。

　　我十一月第一星期会到香港来。美国美孚石油公司搞了一个飞马文学奖,今年决定给中国,我是评委之一(另四人是唐达成、刘再复、萧乾、茹志鹃)。飞马奖十月在北京发一次奖,十一月在香港再发一次,无非是扩大影响,给美孚公司作作广告而已。到香港玩几天也好。他们会在食宿方面照顾得很周到的。在香港期间,想可见面。

　　我的自选集出来了。董秀玉九日要回北京度假,如她回港时行李不多,可托她带一本给你。否则就等十一月面交吧。

　　我的散文集八月发稿,大概明年才能出书。即候
时安!

汪曾祺　顿首　八月五日

880807　致　彭　匋

彭匋同志：

　　漓江已将"自选集"的样书寄给我(我未查点共多少本)。印数只2450册,真惨。我在一次会上提起,康濯说:这还算好的。现在征订数如此之少,出版界真是遇到了空前的困难。漓江一定为这本书赔了不少钱,我心里真是不安。书的装帧还好,只是颜色有点"自来旧"。有

出版局的同志估计此书必可再版,但愿如此。

这次文代会不会爆出什么"幺蛾子",上面已经一再打招呼,一些旧事不再提,安定团结,向前看。估计有些有不平之气的青年也不会嚷嚷,因为嚷嚷也没用。

我一切均好。散文集已交作家出版社。书是他们约的,但一定也很为难。现在出书难,连王蒙的书也躺在人文的抽屉里睡觉。熊猫丛书将出我的英文和法文小说选。法国一女士 Annie Curien 译了我三篇小说,成一本书,不久可出版。中国作家现在只能到外国、台湾去赚外汇,思之可悲。

匆候

著安!

汪曾祺　八月七日

881010　致　彭　匈

彭匈兄:

漓江汇来自选集稿酬 3500 元已收到。在目前中国,这样的稿酬算是多的了。这是你力争的结果,谢谢了!

我订购的书尚未收到。你能不能请出版社先给我寄一些来(平装及精装都要一些)？我 11 月第一个星期要到香港去(为美孚石油公司"飞马文学奖"发奖事),想带一点书送人。

前些日子《北京文学》开了我的作品讨论会,12 月他们要出我的"专号",这样的大张旗鼓,我都不知道他们是什么意思。刊物出后,你可找来看看。

候安!

汪曾祺　十月十日

881017　致陆建华

建华：

10 月 14 日信悉。

高邮不开我的讨论会，我一点意见没有。王干跟我说及此事时，我就希望他能向县里劝阻。花钱费事，意思不大。《北京文学》要开讨论会，我原来也不同意，经林斤澜、李陀一再说服，才同意了。北京的会开得不错。《北京文学》12 月要发一期我的专号。台湾的《联合文学》将于同时发同样一个专号。他们这样"大搞"，我真不知道是什么意思。等刊物出来后，你看看评论家们是如何对我品头论足的。

我在台湾又出了一本集子，《茱萸集》，书已到北京。他们只送我七八本样书，因此这本书不能送给你。

漓江出版社印我的自选集，终于出来了。我订购的平装本已到车站，我的孩子去取，过两天我会给你寄三本来，一本给你，一本给菁菁（你给女儿起的这个名字不好，一定有很多人念成"青青"），一本请转金实秋。你如十一月初到北京，我就想把书面交给你。寄起来很麻烦。望来信敲定。

《人民日报》组织笔会，到江苏吃螃蟹，文夫、晓声①嘱咐一定拉我去，我因发美孚公司飞马文学奖（决定发给贾平凹，《浮躁》），不能离京，很可惜。

我家的房子不知为什么总不给解决。金家渝很久没有给我来信，我也懒得过问。原来朱延庆对此事还比较热心，他现在恐怕自顾不暇了——他的"问题"怎么样了？

11 月初我原说要到香港去（为发奖事），现在取消了。文代会期间，我大概会在北京。

即候时安！

汪曾祺　十月十七日

注　释

①　文夫、晓声，即作家陆文夫、高晓声。

881024　致　彭　匋

彭匋兄：

　　美孚石油公司的飞马奖决定给平凹的《浮躁》。这个奖比国内奖要高得多，2000 美元，且可由美孚招待到美国旅游。只是平凹最近旧病复发，住在医院，领奖只能来一天（10 月 25 日到，26 日发奖），一切活动（如接见记者）概不能参加。明年如他身体还不好，美国之行只好取消，很可惜——他这次旅游条件也甚好，不是"穷逛"。

　　订购自选集平装本已到。精装也快了吧。飞马奖在香港发第二次奖已取消，我现在倒不一定等书送人了。

　　即候

时安！

汪曾祺　十月二十四日

881205　致　萧　乾①

萧乾同志：

　　您好！

　　我们两人受中外文化出版公司委托，为他们准备出版的"中国作家看世界丛书"编一本《中国作家看美国》，收入在新时期内访美的部分作家写见闻或观感的高档之作。这套丛书还将由国外出版机构译成外文印行，因此，篇幅不能过大，只能在较小范围内约稿。我们恳切地邀请您参与此书。为了避免编者蒐集有限，同时尊重作者的意愿，希望您能从已经发表的有关作品中自选两篇，将发表的刊名、期号及有无修订之处见告，如能赐寄复印件，就更感谢。如您另写新篇，亦所欢迎。倘蒙同意，相信您不会拒绝的。最好能在年底前寄给我们。个别来不及的，稍迟亦可。总归还要花个把月时间做技术性的加工，届时再插入补齐。希望得到您的支持，谢谢。

赐稿赐复，寄以下两处均可：

1. 100052　北京虎坊路甲 15 号诗刊社转　邵燕祥

2. 100075　北京蒲黄榆路 9 号楼 12 层 1 号　汪曾祺

汪曾祺　邵燕祥

一九八八年十二月五日

此书暂定名《美国的月亮》，不知当否。您有什么好主意，望告。

注　释

① 萧乾（1910—1999），北京人。记者，作家，翻译家。时任中央文史研究馆副馆长。

1989 年

89□□30　致　范　用[①]

忽忆童年春节,兼欲与友人述近况,权当拜年:

> 醒来惊觉纸窗明,雪后精神特地清。
>
> 瓦缶一枝天竹果,瓷瓶百沸去年冰。
>
> 似曾相识迎宾客,无可奈何罢酒盅。
>
> 咬得春盘心里美,题诗作画不称翁。

右呈范用兄,汪曾祺　顿首　　卅日

注　释

① 范用(1923—2010),江苏镇江人。编辑家。曾任人民出版社副社长,三联
书店总经理。此信见于《曾祺诗笺》,载范用著《泥土脚印》,凤凰出版社,
2003 年 10 月;据此编入。

8903□□　致 陆 建 华

建华:

　　北京徐淦生同志把《岁寒三友》改成电视剧,丹东台表示愿意拍,
但他们资金奇缺,忽发奇想问问高邮能否资助一笔钱,大约十二万即
够。我估计此事可能性不大。但你是否问问高邮县的头头,能拿出一
点钱么?徐淦生同志改写的剧本,你有空不妨看看。他会把剧本直接

寄给你。资助事有望与否,请直接函复徐淦生同志。

　　即候

时佳!

汪曾祺

　　我给你的爱情短篇写的序①,尚未看,待看后,另外给你信。

注　释

　　①　指为陆建华编著的《全国获奖爱情短篇小说选评》一书写的序。

890308　致汪刃锋①

刃锋:

　　写了一篇短文,请斧正。虽是应索文章,但尚非言不由衷,不是
自诩。

　　彩照底片附还。

　　即候

时安!

曾祺　顿首

三月八日

注　释

　　①　汪刃锋(1918—2010),安徽全椒人。木刻家,画家。

890309　致　陆　翀①

这篇小说②有生活。语言也不错,有后套的特点。

缺点是:

一、感情不够深沉。老魏福、老李耿以及周围的人,都是很可悲悯的。他们对生活的想法,他们的生死观,他们的心态,都是使人震颤的。这是一些生活在贫穷、落后、封闭的土地上的"土人"。写好了,可以向人们指出:这就是中国。写的时候,越冷静越好,不要把感情露出来,甚至可以有点调侃。

二、结构太乱。主要人物应是魏福,李耿只是个陪衬,不能平分秋色。建议把这两个人分开写。先写李耿,后写魏福,叙述和众人对魏福的议论要分清,不要一会叙述,一会又写众人的议论。先写魏福的死,再回叙魏福的一生,最后再写他的喜丧的场面。

材料要筛选一下。每一细节,都要有作用,都能表现出这个人。比如李耿要卖鹰膀子、吃猫肉,本来都是挺有意思的,现在只是说了两件事,没有写出李耿这个人。

注意分段。什么地方切开,要产生"意义",造成全文的节奏,于节奏中出感情。

建议你看看李锐的小说,看看他的叙述的冷和内在的悲凉。

我事忙,没有时间仔细地分析你的小说,只能说一点笼统的印象。

汪曾祺

三月九日

注　释

①　陆翀(1908—1997),江苏常熟人。画家。

② 这篇小说,即陆翀的小说《喜丧》,曾请人转交汪曾祺审阅。

890325　致《作家》杂志社

《作家》杂志社:

　　函悉。"第三届《作家奖》"颁奖大会,我争取参加。4月底5月初我可能要去香港,如届时能赶回来,当往长春一行。此覆,即致敬礼!

汪曾祺

三月二十五日

890402　致 陆 建 华

建华:

　　"序"你可就照那样发,我没有意见。

　　徐淦生希望高邮资助事,你不必过于卖力。说老实话,我也只是碍于面子,替他问问。一则,我知道高邮是不会拿这笔钱的;二则,我对他的剧本兴趣不大。他写出剧本后我就看了原稿,没有提什么意见。我不能阻止他写,也不能规定他怎么写。这是他的事,与我无关。我想丹东台说要拍,也只是一句话,未必是真心。

　　林汝为(拍《四世同堂》的导演)要拍《大淖记事》(电影),说了有一年了。我也不催她。她让我自己改剧本,我没有同意。改编自己的东西,限制性很大。

匆复。即候

著安!

汪曾祺
四月二日

890723　致　冯　杰^①

冯杰同志:

我不常到剧院去,你的信及诗前日才看到。黄河文艺出版社准备出你的诗集,此是好事。嘱我写短文代序,不能如命,很对不起。我已三四十年不读诗,偶于报刊看到时下新诗,瞠目不能别其高下。对于你的诗也一样,不知道属于几"段",因此一句话也说不出。若作应酬的门面语,亦甚无益。这事你最好还是另请诗人为宜。即候

文安!

汪曾祺　七月二十三日

注　释

① 冯杰,生于 1964 年,河南滑县人。诗人。

890810　致　黄　裳^①

黄裳兄:

台湾《中国时报》第十二届时报文学征文奖聘我为散文的评委。

有一种奖叫"推荐奖",他们让推荐两位大陆散文作家各六—八篇,从中选定一篇。推荐奖奖金相当多,三十万新台币。我认识的散文作家不多,想推荐宗璞和你,不知你有没有兴趣。宗璞的我即将航空快递到香港中国时报办事处。你的散文我手头没有(不知被什么人借去了)。如果你同意被推荐,我希望你自己选。要近两年发表或出版的。选出后即寄三联书店潘耀明或董秀玉,请他们电传或快递给台北《中国时报》"人间副刊"季季或应凤凰,嘱潘或董说是汪曾祺推荐的。你自选和我选一样,你自己选得会更准一些。时报截稿日期是八月十五日,如果由你选出后寄给我,我再寄香港就来不及了。我希望你同意。三十万新台币可折美金近万元,颇为诱人。而且颁奖时还可由时报出钱到台湾白相一趟。当然,不一定就能中奖,因为评委有十五人,推荐的包括小说、散文、诗,统统放在一起,大陆和台湾得推荐奖只两人(两岸各一人)。

你近来情况如何,想来平安。

我还好,写了些闲文,都放在抽屉里。这两天要为姜德明的《书香集》写一篇,题目暂定为谈廉价书。

推荐事,同意或不同意,均盼尽快给我个回信。

北京今年甚热,立秋后稍好。不过今年立秋是九点钟,是"晚秋",据说要晒死牛的。

即候

时安。

弟 曾祺 顿首 八月十日

如三联有你近两年的书,可由你开出篇目,由他们选出传递。

注 释

① 此信见于黄裳《也说汪曾祺》,载《读书》2009年第三期;据此编入。

890816 致 冯 杰

冯杰同志:

嘱书《乡土原色》①,横竖各写了一条,请择用。

汪曾祺 八月十六日

注 释

① 《乡土原色》,冯杰诗集。汪曾祺题写书名。

890817 致 解 志 熙①

志熙同学:

北京市作协前几天才把你的信转给我,迟复为歉。

《邂逅集》我原有一本("文革"中是为了准备自我批判保留下来的),但不知塞在哪里,找了一天没有找着。什么时候找出来,即告诉你。我四十年代所写小说除了《邂逅集》及你提及的几篇,还有一些,如《待车》、《绿猫》等等,但都未保存。这些东西都不值得一看,你也不必费事去找。

所问问题条答如下:

1. 我读阿左林、纪德等人的作品都是翻译的。纪德的作品我比较喜欢《田园交响乐》和《纳蕤思解说》。纪德把沉思和抒情结合得那样好,这对我是有影响的。但是有什么具体的影响,很难说。阿左林是个超俗的作家,"阿左林是古怪的",我欣赏这种古怪。他的小说是静静的溪流。他对于世界的静观态度和用写散文的方法写小说,对我有很

269

大影响。

2. 萨特在四十年代已经介绍进来,但只是一些零篇的文章和很薄的小册子,他的重要作品没有翻译。当时只是少数大学生(比如中法大学的学生)当着一种时髦的思潮在谈论,大家不太了解"存在主义"的真义。关于萨特在四十年代译介的情况可问问陈占元教授(北大西语系,已退休),他当时在大后方,本人似即曾为文介绍过萨特。

3. 关于作者的态度,这问题比较复杂。我不喜欢在作品里喊叫。我当时只有二十几岁,没有比较成熟的思想。我对生活感到茫然,不知道如何是好。这种情绪在《落魄》中表现得比较充分。小说中对那位扬州人的厌恶也是我对自己的厌恶。这一些也许和西方现代派有点相像。现代派的一个特点,是不知如何是好。使我没有沦为颓废的,是一点朴素的人道主义,对人的关心,乃至悲悯。这在《老鲁》、《鸡鸭名家》及较晚发表的《异秉》里都有所表现。

4. 我确是受过废名很大的影响。在创作方法上,与其说我受沈从文的影响较大,不如说受废名的影响更深。

5. "京派"是个含糊不清的概念。当时提"京派"是和"海派"相对立的。严家炎先生写《流派文学史》②时征求过我的意见,说把我算作最后的"京派",问我同意不同意,我笑笑说:"可以吧。"但从文学主张、文学方法上说,"京派"实无共同特点。如果说在北京的作家而能形成流派的,我以为是废名和林徽音。我和沈先生的师承关系是有些被夸大了。一个作家的作品是不可能写得很"像"一个前辈作家的。至于你所说我和沈先生的差异,可能是因为沈先生在四十年代几乎已经走完了他的文学道路,而我在四十年代才起步;沈先生读的十九世纪作品较多,而我则读了一些西方现代派的作品。我的感觉——生活感觉和语言感觉,和沈先生是不大一样的。

以上答复不知对你有没有一点帮助。

希望你的论文不要受我的看法的影响。你可以任意发挥。又,我希望你的论文在我的作品上不要花费太多笔墨,我对少作,是感到羞愧的。

即候

文祺

汪曾祺　八月十七日

注　释

① 解志熙,生于 1961 年,甘肃环县人。学者。时在北京大学撰写博士学位论文。此信见于《汪曾祺早期作品拾遗》,载《考文叙事录——中国现代文学文献校读论丛》,中华书局,2009 年 4 月;据此编入。

② 即《中国现代小说流派史》。

890906　致　萧　乾

萧乾同志:

不知道你从南朝鲜回来没有。

听说你养乌龟,有这事么?

江苏的《东方记事》将改版,由北京的朱伟任特约编辑。他来找我谈了一次,拟开的栏目颇吸引人。其中有些富刺激性,如"灾难报告"(专报中国的灾难)、"文革研究"。也有比较中性的,如"两地书"(载海内外学者来往书信)。有一栏是专载文人的业余爱好的,他们原拟栏名为"兴趣和乐趣",我为改名为"四时佳兴"。他们让我主持这个栏目。我想约你写一篇"养乌龟",如何?

这个刊物将以知识分子为对象,他们希望办得高雅一些,像《大西洋》那样。希望你能支持。

"养乌龟"如不合适,可另改题目。

即候

时安

汪曾祺
九月六日

我的地址是:蒲黄榆路 9 号楼 12 层 1 号。

电话:763874。

891009　致 宋 志 强

志强:

信及沈风文①收到。

沈文我看了一遍,弄不清她要说的是什么。她说我的小说概念化,倒是很新鲜的见解。

我还好。因为签了两次名,少不得要"反思"一下。近来还写了一些散文,"准风月谈"年,现在也只能写写这种东西。写小说一时不可能,大家都不知道今后应该怎么写。

松卿、汪朝今年大概不能来大同玩了。大同大概已经有些冷了。

我 12 月可能要到福建去,鲁迅文学院在那里有一个函授点,让我去讲课,顺便逛逛。福建我还没有去过,武夷山据说很美。

你好么？有时间不妨写点散文,可以解解闷。

曾祺

十月九日

注　释

① 沈风文,指发表在《吕梁师专学报》上的一篇评论汪曾祺作品的文章,作者沈风。

272

891010 致 方 立 民^①

立民：

10月6日信收到。

你希望我写一篇纪念荣翔的文章，这在我是义不容辞的事。荣翔去世后的第三天，我曾写过一篇短文，寄给《北京晚报》，未见刊出，不知是什么原因。我可以另写一篇，但要想一想。我对荣翔是很敬重的，但接触不多，说不出多少话。中央广播电台曾约我写过一篇关于荣翔几段唱腔的分析，也许可以就这篇旧稿的基础，发展成为一篇文章。今天和电台的唐小灵同志联系了一下，她说这篇东西的底稿还在她手里，一两天给我寄来。据唐小灵说，这篇东西曾寄给荣翔看过，荣翔很喜欢。你看过这篇东西么？

为了写文章，有些事情想问问你，如下：

1. 盛戎生前，荣翔对他很关怀爱护，有些什么突出表现？特别是盛戎病重时，荣翔是怎么照顾他的？

2. 盛戎死后，荣翔对师母一家是怎么照顾的？

3. 荣翔88年6月在香港复发了心脏病，他写信给我，只说是由于过分劳累。据一个台湾朋友告诉我，是因为袁世海和香港剧院闹了别扭，中途回来，荣翔不得不把世海的戏都承担起来，这才过于劳累的，有这回事么？还有什么别的原因？

4. 荣翔曾来信，说他和钳韵宏、夏韵龙、朱锦华合作，写了本介绍裘盛戎的代表作的书，他说等这本书找到出版的门路后，让我写一篇序。这本书现在的下落如何，有了出版门路了么？

5. 你正在撰写荣翔的传记，很好。预计什么时候可以完成？完稿以后，能不能给我看看。我也许可以在文字技巧上给你一点帮助。

我曾收到剧协山东分会一函，为荣翔的纪念文集约稿。你写的文章是不是打算收在这本文集里的？山东省剧协编辑这本文集的是谁？你可以设法委托一个水平较高的同志来编。因为写文章的可能有不少是演员，他们的表达能力是较差的，需要一个高明的编辑加加工。

匆复，即祝健康。并请代问你母亲好。

汪曾祺　十月十日

注　释

①　方立民，生于 1958 年，北京人。京剧演员方荣翔之子。济南市文联创作员。

891128　致陈立新①

立新：

信收到。我可以写序，但最好你们每人寄一篇作品给我看看，这样写起序来可以较为切实，不致完全架空立论。

书名不好，但一时也替你们想不出更好的。如想出，当函告。

即候安好！

汪曾祺

十一月二十八日

注　释

①　陈立新，生于 1962 年，安徽天长人。作家。笔名苏北。著有《一汪情深——回忆汪曾祺先生》《忆·读汪曾祺》等。

1990 年

900319　致 陈 午 楼①

午楼先生：

《光明日报》把你的信转来我处，已经是三月十几，迟复为歉。

我86年在上海中国现代文学国际讨论会上见到易德波女士，她向我询问有关扬州评话的一些问题。我觉得一个挪威人有意研究扬州的评话，很有意思，就向她介绍了陈汝老和你。想不到她后来当真跑到扬州找到了你。洋人治学，大都很有钻劲。不过外国人谈中国事终是隔了一层，她能否写出比较有分量的文章，我有些存疑。

关于扬州评话和王少堂，已经有人写了不少文章。陶钝、罗扬都写过。不过这二位都是北方人，没有怎么听过王少堂，大概总是根据资料整理的，没有自己的切身感受。因为我很希望你的著作能够早日出版。我对《扬州评话方言释例》很感兴趣。扬州方言有些词语我一直不知道如何写成文字，也不能确切地知道其涵意。你的大作发表，将对外地人了解扬州评话和扬州方言很有帮助。你已退休，可以慢慢地把你想写的文章都写出来。你的身体似乎不错，相信是能完成这方面的工作的。

我今年70岁了，已离休。每天写些"闲杂"文章而已。去年写了好几篇序，成了写序专家，亦可笑也。

我的地址是北京蒲黄榆路9号楼12层1号。邮政编码100075。

即候

时安！

汪曾祺　三月十九日

注　释

①　陈午楼(1923—1998),江苏靖江人。扬州评话研究专家。

900514　致　古　剑①

古剑兄:

　　前函奉悉。你想办作家书画展,热心可佩。但我劝你不要揽这种吃力不讨好的麻烦事。一、你估计能征集到多少件字画? 水平如何? 二、用什么名义办这次展览? 总得有个什么机构出面,用"古剑"个人名义恐怕不行。有什么机构愿承担此事? 三、卖字画,得事先约好买主,你能找到有钱而好风雅的大老板么? 四、很难标价,定高了,没人买;定低了失了作家的身份。五、得垫出一笔钱。大陆作家倘寄字画,一般不会裱好,如在香港裱,相当贵;场租、服务员,也都得付钱,你能垫得起么? 我很怕你会为此事搞得焦头烂额。

　　当然,你如下决心办,我会支持你,拣较好的字画寄来。

　　我近况尚可。三星期前得了一次急性胆囊炎,现已无症状,唯体力尚未恢复耳。偶尔写一点散文和短小说,无足观。痖弦约稿,俟有稍可读者,当寄去。即候
文安!

汪曾祺　顿首　五月十四日

注　释

①　此信见于古剑著《笺注:二十作家书简》,河南文艺出版社,2005 年 9 月;据此编入。

900530 致 朱 延 庆^①

延庆同志：

函悉。所需书写楼名已写得。我觉得"实验楼"与"甘雨楼"不相配称，另写了两个楼名："赞化楼"与"紫竹楼"。高邮中学原地是赞化宫；校后原有紫竹，为他处少见，因此为楼名。如仍拟用"实验楼"，请来信，当另写。楼名用正书及隶书各写了一种，请选择。

《王磐与野菜谱》文我尚未见到，因为《中国文化》第二期尚未寄给我。如收到，当奉寄。

曾祺　五月三十日

注　释

① 朱延庆，生于 1940 年，江苏高邮人。时任高邮县副县长。此信见于朱延庆《汪曾祺十年前的信》，原载 2000 年 8 月 16 日《高邮日报》；据此编入。

900606 致王欢、宋爱萍

王欢、小宋：

给你们画了 12 张册页（术语谓三十二开）。

上次你们给我的裁好的纸，太小，纸质也薄，我现在只有"大白云"之类的羊毫笔，施展不开。倒也全画了，几乎都不满意，后来也不知道捲起来塞到什么地方去了。这 12 开是用你们送来的"特级净皮"画的，笔、墨、色的效果较好。但这是 1×1（尺），在册页里是较大的。如果装裱，要相当费钱。怎样裱，你们可与裱画店商量。我觉得裱成一张

277

一张的单页(同样大小)较好。不要裱成经摺式的连在一起的一个横条。单页则可分可合,单看一张也行,几张放在一起看看也行。因为画幅较大,不要加很宽的绫边。各幅的绫边宜统一用一种颜色,不要一幅一种颜色。留了两张白纸,可以裱一个或两个白页,以备请人题跋。

裱这套册页,得相当多钱。不裱也罢,不要影响了王萱吃冰棍。

这一套册页,可以代表我七十岁的画风和功力(也考虑到你们正在青春,笔墨都较华艳),如果衰年变法,或当给你们再画一套。

曾祺　六月六日

900910　致 卫 建 民

建民同志:

兹介绍南京利亨电子有限公司杨兴瑞同志前来谈电视片"龙宴传奇"(中国食品文化)事,请接待。

汪曾祺
九月十日

注　释

① 卫建民,生于 1955 年,山西洪洞县人。作家,学者。时任《中国烹饪》杂志编辑。

901103/04　致 姚 育 明^①

小姚:

你好!

匆匆读过稿子。不错。

题目我想还是用《扎根树》或《扎根林》好。新鲜。《代价》把意思限制住了。

提点具体意见：

你在第一段里对伐木声的描写稍多了。

开头从知青连长写起，后来却不再提及连长，似宜仍收在他身上。

写支部书记老赵"从不落伍"意思含糊。可加一句东北话，"办什么事都能赶趟"。

写树木被伐，新植的"一贬一褒"，可改为"一个受抬举，一个遭折磨"。

对花的描写"轰轰烈烈"很好，但"刨"了后面的"燃烧的火焰"。

墨瞎子打大柱的描写"不怠慢"可改为"不含糊"。

写九十九个对一个的态度的"比赛""较劲"是差不多的意思。不如改为"暗暗地较起劲来"。

"不知是谁"，一共写了几个人，应该让人猜得出大概是谁。描写黑炭的书信感情可以用"缠绵"来概括。老赵突然改变决定，可稍多写两句，对诗人可以明写老赵的理解——扎根树是假的，不，树是真的，扎根是假的。老赵怒从心头起，这才当机立断。

这当中诗人请客"像个认错的娃娃"好。

这一页写得很好，改了几处标点，这样可以造成情绪的间隔。

写诗人眼泪"晶亮"两字可删。"悄悄闪光"则并不是晶亮的。

写风声"抑扬顿挫"，好。但"以歌代哭"似多余，也浅。

菜墩不能"包"一层猪皮，只能钉一圈猪皮。

这些句子没意思，可不要。它们分别在第二页……

告老赵的大概是连长。割破树干吮吸树液这个细节极好。如果樟子松也有树液，为什么不吮吸樟子松的树液？不一定要写树液是甜的还是苦的，可以写出一种特殊的味道。

十一月三日

又看了一遍，觉得很好。但还可以再加加工。关键的地方不妨说得明白一些，力度更强一些。有些地方语意已足，不必再描，句子奇峭一些,味道更深长。

写上海知青在东北,语言(包括叙述语言)都还可以用一点上海话和东北话。

"哆妹妹"大柱知道不知道这个外号? 他懂不懂。问过众知青没有? 他能不能发出这个字音?

汪曾祺
十一月四日

注 释

① 姚育明,生于 1952 年,江苏溧水人。作家,《上海文学》编辑。此信见于《汪曾祺全集》第八卷,北京师范大学出版社,1998 年 8 月;据此编入。

90□□□□ 致 自 牧①

"忄办"字的正写应是"协",偏旁是"十",不是"忄"。简写是"协","力"字旁边的两点即代表两"力"字,作"愶"误,你的信前三天由单位转来,迟复为歉。

> 轻霜渐觉秋菘熟,
> 细雨微间蒲筍滋。
> 日日清时皆有味,
> 岂因租处便无诗。

题百味斋日记② 庚午初冬 汪曾祺

注 释

① 自牧,生于 1956 年,山东淄博人。作家。
② 百味斋日记,指自牧的《人生品录——百味斋日记》一书,山东文艺出版社,1993 年 10 月。

1991年

910115　致　陶　阳

陶阳同志：

　　收到《中国神话》及《中国创世神话》，谢谢！

　　前二年听说你身体不好，能够连续完成这样的著作，想来没有什么大病，是可贺也。

　　前天得河北人民出版社所赠紫晨编的《民俗的调查和研究》，昨又得贤伉俪所赠二书，觉得很欣慰：中国的"民间文学"工作终于走上一条正路了！我一直认为"民研"工作带有很大的科学性，本身是一项学术工作，但是十七年受了"左"的思想的干扰，有些人从实用主义出发，总想使民间文学直接为政治服务，片面强调其教育作用。从事民间文学的多数同志又不明白这工作的性质和意义，得到资料，只想作为一般作品，署名发表，在民间文学能否整理加工问题上争吵多年。这实在是缺乏常识，毫无意义的争吵。现在看起来，"民协"的领导人似乎明白多了。但"下面"（分会）的同志恐怕还不明白。据我所知，地方上往往把一些资历甚深，而又不能搞创作的"作家"分配到民研会当负责人，他们不读书，不研究，只想当官，这样怎么能搞出名堂呢！我希望你和钟秀以及紫晨等人能用自己的著作开一时风气，对"民研"工作局面能有所扭转。

　　"民协"内部这些年似不大太平，除人事纠纷外，根本问题仍在学术思想有分歧。而人事纠纷上与学术思想分歧有关联。我估计你们的工作也会遇到种种干扰的。我幸已脱身，但对你们工作的处境仍颇关心。希望你们能舒畅地工作，取得更大成绩。

大著尚未阅读,只前前后后翻了一下,如有浅见,当即奉陈。

此候

著安 并问钟秀同志好!

曾祺

一月十五日清晨

910128　致　黄　裳[①]

黄裳兄:

得三联书店赵丽雅同志信,说你托她在京觅购《蒲桥集》。这书我手里还有三五本,不日当挂号寄上。作家出版社决定把这本书再版一次,三月份可出书。一本散文集,不到两年,即再版,亦是稀罕事。再版本加了一个后记,其余改动极少。你如对版本有兴趣,书出后当再奉寄一册。

徽班进京,热闹了一阵,我看解决不了什么问题。我一场也没有看。因为没有给我送票,我的住处离市区又远(在南郊,已属丰台区),故懒得看。在电视里看了几出,有些戏实在不叫个戏,如《定军山》《阳平关》。

岁尾年初,瞎忙一气。一是给几个青年作家写序,成了写序专家;二是被人强逼着写一本《释迦牟尼故事》[②],理由很奇怪,说是"他写过小和尚"!看了几本释迦牟尼的传,和《佛本行经》及《释迦谱》,毫无创作情绪,只是得到一点佛学的极浅的知识耳。自己想做的事(如写写散文小说)不能做,被人牵着鼻子走,真是无可奈何。即候春禧!

弟 曾祺 顿首 一月二十八日

注 释

① 此信见于黄裳《也说汪曾祺》,载《读书》2009年第三期;据此编入。

② 指应李辉邀请,为世界名人画传之《释迦牟尼》撰文。

910222　致　吴　福　辉

吴福辉同志：

今天收到人民文学出版社王培元同志寄来《京派小说选》两册。前些时出版社曾寄来稿费，亦已妥收，请转告出版社，并致谢意。

我觉得这本书编得很好。所选各篇不是各家的代表作，而是取其能体现"京派"特点者，这是很有眼力的。前言写得极好，客观公允，而且精到。"京派"这一概念能否成立，有人是有怀疑的。我对这个概念也是模模糊糊的。严家炎在写流派文学史时把我算作最后的京派，征求过我的意见，我说：可以吧。但心里颇有些惶惑。读了你的前言，才对京派这个概念所包含的内容有一个清晰的理解。才肯定"京派"确实是一个派。这些作家虽然并无组织上的联系，有一些甚至彼此之间从未谋面，但他们在写作态度上和艺术追求上确有共同的东西。因此，我觉得这个选集的出版很有必要。一，可以使年轻的作家和读者知道：中国还有过这样一些作家写过这样的一些作品（集中有些作品我都未读到过），使他们得到一点理解和借鉴；二，可供写现代文学史的专家参考，使他们排除偏见，能准确、全面地反映出中国现代文学发展的面貌。你做了一件很有意义的好事，我为此很兴奋，感谢你。

我想买 20 本选集，好送青年作家，你能否问问出版社，在什么地方或通过什么途径可以买到。

这本书印数太少了！我觉得可以拿到台湾、香港去出一下。

你写的前言大可在出书之前先发表一下。出书之后，仍可找地方发表一下。

你编这本书做了大量的准备工作，首先要形成自己的卓识、定见，其次是取舍有只眼。又阅读了很多篇初版原始材料。这不是一般编辑所能做到的。严谨如此,深可佩服,谢谢,谢谢!

即候

著安!

汪曾祺

二月二十二日

910226 致 范 用①

范用兄:

近作两首,录奉一笑。

辛未新正打油

宜入新春未是春,残笺宿墨隔年人。

屠苏已禁浮三白,生菜犹能簇五辛。

望断梅花无信息,看他桃偶长精神。

老夫亦有闲筹算,吃饭天天吃半斤。

七十一岁

七十一岁弹指耳,苍苍来径已模糊。

深居未厌新感觉,老学闲抄旧读书。

百镒难求罪己诏,一钱不值升官图。

元宵节也休空过,尚有风鸡酒一壶。

此二诗亦可与极熟人一看,相视抚掌,不宜扩散,尤不可令新入升官图的桃偶辈得知。不过你似也没有官场朋友,可无虑也。

风鸡(我所自制)及加饭一坛,已提前与二闲汉缴销了,今年生日(正月十五)只好吃奶油蛋糕矣。

稻香村亦有糟蛋卖,味道尚可,但较干,似是浙江所产,较叙府产者差矣。叙府糟蛋是稀糊糊的,糟味亦较浓。

春暖,或当趋候。即颂

元宵佳胜!

弟 曾祺 顿首
星期二

注 释

① 此信见于《汪曾祺全集》第八卷,北京师范大学出版社,1998 年 8 月;据此编入。

910402 致黄伟经①

伟经同志:

房树民兄嘱寄几张照片给你,作画像参考用,今寄上,用后望能见还。

画像下如需题点什么,可在下抄两首诗中选择其一:

自题漫画像

近事模糊远事真,

双眸犹幸未全昏。

暮年变法谈何易,

唱罢莲花又一春。

七十书怀出律不改

悠悠七十犹耽酒,唯觉登山步履迟。

书画萧萧余宿墨,文章淡淡忆儿时。

也写书评也作序,不开风气不为师。

假我十年闲粥饭，未知留得几囊诗。

即候

文安！

汪曾祺 顿首

四月二日

注　释

① 黄伟经，生于 1932 年，广东梅州人。时任花城出版社《随笔》杂志主编。

910514　致　朱　德　熙[①]

梦中喝得长江水，老去犹为孺子牛。陌上花开今一度，翩然何日赋归休？

……

能早日回来，还是早回来吧。老是在外国，实在不是个事。我前年到美国，第二天就想回来。

北京情况还可以。

我病后精力稍减而食量增加，亦怪。每天上午还能写千把字，"准风月谈"耳。每有会，皆托病不去，亦少与人谈话，不会招来麻烦。

要说的话很多，等你明春回来时再谈吧。

即候旅安！

曾祺

五月十四日

注　释

① 此信见于何孔敬著《长相思：朱德熙其人》，中华书局，2007 年 10 月；据此编入。

910617 致 范 泉^①

范泉先生：

捧接来书，真同隔世。你历尽坎坷，重返故地，仍理旧业，从来信行文及字迹看，流利秀雅，知身心并甚健康，深可欣慰。承嘱为文谈老年心态，自当如命，但恨只能作泛泛之谈，无深意耳。

糊里糊涂，就老了。不知道从什么时候起，别人对我的称呼从"老汪"变成了"汪老"。老态之一，是记性不好。初见生人，经人介绍，很热情地握手，转脸就忘了此人叫什么。有的朋友见过不止一次，一起开会交谈，却怎么也想不起该怎么称呼。有时接到电话，订了约会，自以为是记住了，但却忘得一干二净。但是一些旧事，包括细节，却又记得十分清楚。这是老人"十悖"之一，上了岁数，都是这样。另外一方面，又还不怎么显老，眼睛还不老。人老，首先老在眼睛上。老人眼睛没神，眼睛是空的，说明他已经失去思想的敏锐性，他的思想集中不起来。我自觉还不是这样。前几年《三月风》杂志请丁聪为我画了一张漫画头像，让我写几句话作为像赞，写了四句诗：

> 近事模糊远事真，双眸犹幸未全昏。
> 衰年变法谈何易，唱罢莲花又一春。

人总要老的，但要尽量使自己老得慢一些。

要使自己老得慢一点，首先要保持思想的年轻，不要僵化。重要的、甚至是惟一的方法，是和年轻人多接触。今年5月，我给青年诗人魏志远的小说集写了一篇序，说：

> 去年下半年，我为几个青年作家写过序，读了一些他们的作品。每一次都是一次新的经验，都是对我的衰老的一次冲击，对我这盆奇形怪状的老盆景下了一场雨。

……

志远这样的作家是不需要"导师"的（志远是我在鲁迅文学院所带的研究生，我算是他的导师），谁也不能指导他什么。任何一个作家都不需要什么导师。我不是志远的导师，是朋友。因为年辈的相差，可以说是忘年交。凡上岁数的作家，都应该多有几个忘年交。相交忘年，不是为了去指导，而是去接受指导，或者，说得婉转一点，是接受影响，得到启发。这是遏制衰老的惟一办法。

我说的是实实在在的话，不是矫情。但这对一些人是不适用的。

要长葆思想的活泼，得常用。太原晋祠有泉曰"难老"，有亭，亭中有小竖匾，匾是傅青主所写，曰"永锡难老"。泉水所以难老，因为流动。人的思想也是这样，常用，则灵活敏捷；老不用，就会迟钝甚至痴呆。用思想，最好的办法是写文章。平常想一些事情，想想也就过去了。倘要落笔写成文章，就得再多想想，使自己的思想合逻辑，有条理，同时也会发现这件事所蕴藏的更丰富的意义。为写文章，尤其是散文，就要读一点书。平常读书，稍有发现，常常是看过也就算了。到要写一点什么，就不同了。朱光潜先生说为写文章而读书，会读得更细致，更深入，这是经验之谈。文章越写越有，老不写，就没有。庄稼人学种地，老人们常说"力气越用越有"，写文章也是这样。带着问题读书，常常会旁及有关的材料。最近重读《阅微草堂笔记》，原来是为印证鲁迅对此书的评价（我曾经认为鲁迅的评价偏高），却从书中发现纪晓岚的父亲纪姚安是个非常有意思的人，他的思想非常通达，因写了一篇散文《纪姚安的议论》，这是原先没有想到的。我因此又对乾嘉之际的学者的思想产生兴趣，很想读一读戴东原、俞理初的书，写文章引起读书的兴趣，这是最大的收获。写作最好养成习惯。老舍先生说他有得写没得写，一天至少要写五百字，因此直到后来，笔下仍极矫健。一个作家，在写作的时候，是生命状态最充盈、最饱满的时候，也是最快乐的时候。孙犁同志说写作是他的最好的休息，我有同感。笔耕不辍，乃长寿之道。只是老人写作，譬如登山，不能跑得过猛。像年轻人那样,不分日夜,一口气干出万把字,那是不行的。

一个弄文学的人,倘不愿速老,最好能搞一点现代主义,接受一点西方的影响。上个月,应台湾《联合日报副刊》之邀,写了一篇小文章。文章小,题目却大:《二十一世纪的文学》。我认为本世纪中国文学,颠来倒去,无非是两个方向的问题:一个是现实主义与现代主义的问题;一个是继承民族传统与接受外来影响的问题。前几年,在北京市作协举行的讨论我的小说的座谈会上,我于会议将结束时作了一个简短的发言,题目是《回到现实主义,回到民族传统》,好像这是我的文学主张。所以说"回到",是因为我年轻时接受过西方现代派的影响(范泉先生大概还记得我在《文艺复兴》和《文艺春秋》上发表的那些作品)。经过一段时间的磨练,我觉得现实主义是仍有生命力的;一个人,不能脱离自己本土的文化传统,否则就会变成无国籍的"悬空的人"——我曾用这题目写过一篇散文,记几个美国黑人学者的心态,他们的没有自己的文化、没有历史的深刻的悲哀。所谓"祖国",很重要的成分是祖国的文化。为了怕引起误会,我后来在别的文章里做了一点补充:我所说的现实主义是能容纳一切流派的现实主义;我所说的民族文化传统是不排斥外来影响的文化传统。现实主义和现代主义是可以融合的;民族文化和外来影响也并不矛盾,它们之间并非泾渭分明,作家也不必不归杨则归墨,在一棵树上吊死。二十一世纪的文学,可能是既是更加现实主义的,也是更加现代主义的;既有更浓厚的民族传统色彩,也有更鲜明的西方文学的影响。针对中国大陆文学的现状,我以为目前有强调对现代主义、西方影响更加开放的必要。人体需要接受一点刺激,促进新陈代谢。现实主义如果不吸收现代主义,就会衰老、干枯,成为木化石。

"衰年变法谈何易",变法,我是想过的。怎么变,写那首诗时还没有比较清晰的想法,现在比较清楚了:我得回过头来,在作品里溶入更多的现代主义。

不一定每篇作品都是这样。有时是受所表现的生活所制约的。比如我写的《天鹅之死》,时空交错,有点现代派;最近为《中国作家》写的《小芳》,就写得很平实,初看,看不出有什么现代派的影子。说要融入更多的现代主义只是一个主观追求的倾向。

现实主义和现代主义都是一个宽泛的概念,作家不要自我设限,如孔夫子所说:"今汝画。"

路漫漫其修远兮,吾将上下而求索。

给我看过相的都说我能长寿。有一位素不相识的退休司机在一个小酒馆里自荐给我看一相,断言我能活九十岁。我今年七十一,还能活多久,未可知也。我是希望能多活几年的,我要多看看,看着世界的变化,国家的变化,文学的变化。

一九九一年六月十七日

注　释

① 范泉(1916—2000),江苏金山(今属上海)人。学者,编辑家。此信见于范泉主编《文化老人话人生》,上海文艺出版社,1992年11月;据此编入。

911012　致 古 剑

古剑兄:

我到杭州去了一趟,你10月1日信昨天才看到,迟复为歉。

《逝水》,即你信中所说的"童年"先寄两篇给你,是从杂志上和书上撕下来的。这组散文尚有《我的祖父祖母》《我的父亲》《我的母亲》《大莲姐姐》《我的小学》《我的初中》。《祖父祖母》《父亲》已发表,因我手中只有一份杂志,须俟复印后寄给你。后四篇尚未发表,发表后亦当寄给你。我觉得这样的散文香港不会爱看。你看着办吧,不合适即不发。

谢谢你送的酒,XO 很贵,我受之有愧。酒放在作协范宝慈那里,前几天才由我女儿取回来。谢谢!

梁凤仪编的集子,我无所谓。随它去吧。

我对你没有任何意见,所以写信少,只是因为太忙——除了开会、写文章,还要给人写字、画画!　即候

时安!

汪曾祺　顿首　十月十二日

911013　致 金 家 渝

家渝:

回京后忙于赶稿及处理杂事,亲属要的字一时顾不上写。二十八九又将赴温州,写字得到十二月了。过些日子,我将到荣宝斋去看看有没有好一点的纸(最好能有冷金腊笺),好给小捷、红梅①写一副小对子。

《蒲桥集》卖得很冲,出版社准备第三次印刷。《晚翠文谈》我存的书已经很少,给捷子的一本有些磨损了,如此书再版,会给他寄一本新的。

小敏要一本《晚翠文谈》,我会给她寄到扬州。

曾祺　十月十三日

注　释

①　小捷、红梅与下文的小敏,为金家渝儿子、儿媳和女儿。

911015 致金家渝

家渝：

你替我找找谈礼，问问太太是谈人格的女儿不是。我给吉林的《作家》写一组自传体的散文，已经写了两篇：《我的家乡》（已发表）、《我的家》，下一篇写《我的祖父祖母》，不要把太太的辈分搞错了。并问谈礼，他是谈人格的第几代孙子。

问问朱延庆等人，谈人格的诗文（主要是诗）还能不能找到一些。谈人格的诗写得很好，我在小说《李三》中曾引用过一首（是从县志里抄来的）。写祖母，最好连带着也涉及谈人格。

给小捷和红梅写的对子，拟了一副：

风传金羽捷（羽是箭的意思，捷字此处作动词用）

雨湿小梅红

在高邮写了很多字，以为已经结束，不想到扬州、南京又写了很多。为扬州市政协写了一个中堂（实是一副对子）：

风和嫩绿柳　雨润小红箫（姜白石诗："小红低唱我吹箫"，我却把箫让小红吹了。）

朱延庆看见，后悔在高邮没有请我为高邮市政协写一幅字。到南宁后为高邮市政协礼堂写了一幅六尺宣纸的大横幅：

万家井灶

十里垂杨

有耆旧菁英

促膝华堂

茗椀谈笑间

看政通人和

物阜民康

字有吃面的碗口大，倒是很有气魄。

小捷很有才气，他的字很有希望，叫红梅督促他用功。让小捷学学作旧诗。写字老是抄唐诗，没劲。写自己的诗，字可以更有个性。写旧诗，不难，但要慢慢来。一开始总会不像样子，写写就好了。太爷就跟我说过："文从胡画起，诗从放屁来。"

小敏什么时候给我把"作业"寄来？

你和丽纹的三个孩子都很优秀，气质很好。我非常高兴。我叫他们改姓汪，不是没有道理，因为他们身上有汪淡如的遗传因子。

我和松卿高邮之行极为愉快，主要是你们家的人都那么"美"。

曾祺　十月十五日晨

（我写的一组《回乡杂咏》已给《雨花》，发表后让陆建华寄给你们。）

911019　致蹇先艾[①]

蹇老：

赐函奉悉。《知味集》是有稿费的。我已打电话给中外文化出版公司原负责人柳萌同志查询，他说即嘱管财务的同志办理。中外文化出版公司已撤销，公司内部事务很乱，这样长的时间没有给你寄奉稿费，真是不像话。不过留守人员还有，他们会查一查，寄给您。如果再过一些时，您还未收到，您再给我来信。我去催促。

你如此高寿，且字容很有力，可见身体情况必甚佳。可欣喜也。

匆复。即请

时安

汪曾祺

十月十九日

注　释

① 蹇先艾（1906—1994），贵州遵义人。作家，诗人。曾任贵州省文联主席、贵州省文化局局长。

911124　致　萌　娘①

萌娘：

　　我去浙江温州、永嘉逛了一趟。10 月 29 去的，11 月 9 号回京。你 10 月 27 日写的信，我回来才看到。回京后又赶了两篇稿子。复信稍迟，甚歉。

　　我看到你的散文，是去年《人民文学》去年 8、9 月合刊上的《钟》。我觉得这是一大堆乱七八糟的人工塑料花当中的一枝带着露珠的鲜花，一枝百合花，一枝真花。我对几个人说过，这期《人民文学》只有一篇可看。我很奇怪，刘白羽怎么会发了这样一篇散文呢？我的话传开了，有些人就找了这期《人民文学》来看，同意我的看法。我没有写文章指名道姓提到你的散文。但是我在我的散文集《蒲桥集》再版后记里说："我对新潮或现代派说了一些不免轻薄的话……最近我看了两位青年作家的散文，很凑巧，两位都是女的，她们的散文，一个是用意识流的方法写的，一个受了日本新感觉派的影响，都是新潮，而且都写得不错。这真是活报应。""用意识流方法写的"，指的就是你的散文。

　　后来我在天津和哈尔滨的刊物又看到你的两篇散文，都好。真诚而清秀。我为中国有一个这样的女作家而高兴。

　　我没想到你听过我的课。早知道你来听课，我应该讲得更好一些。

我有这样一个女学生,很高兴!

我没有你们的毕业和开学典礼的照片。我一向不保存团体照,而且鲁迅文学院好像也没有给过我。但我在刊物看过你的照片,是黑白的。不大清楚,但可以"感觉"。你瘦瘦小小的,人如其文。

我想你的家庭生活大概是幸福的。上帝保佑你!

你就这样写下去吧。建议你看一点曼斯菲儿特和芙金尼沃尔夫的作品。

我挺好。七十一了,精神挺足,每天都还能写一点东西。

你什么时候出集子,让我看看。

问你的先生和公子好!

汪曾祺　十一月二十四日

注　释

① 萌娘,生于1956年,哈尔滨人。作家,编辑。

911221　致 万 振 环[①]

万振环同志:

寄来69.60元已收到,我已往邮局订了1992年1—12月《羊城晚报》。现将邮局收据寄上。谢谢。并祝新年好!

汪曾祺

十二月二十一日

注　释

① 万振环,生于1939年,广东人。作家,编辑。时供职于《羊城晚报》社。

911225　致黄伟经

伟经先生：

　　惠函敬悉。

　　寄稿一篇，想不会给刊物惹出麻烦，因为写得还含蓄。

　　敝处电话改成了程控（七位数），7223874。

　　如不堪用，望掷还，因我未留底稿。

　　即候

年安！

汪曾祺

十二月二十五日

920115　致　范　用

岁 交 春

不觉七旬过二矣,何期幸遇岁交春。

鸡豚早办须兼味,生菜偏宜簇五辛。

薄禄何如饼在手,浮名得似酒盈樽。

寻常一饱增惭愧,待看沿河柳色新。

岁交春一首呈范夫子一笑

汪曾祺

一九九二年一月

920118　致　徐　城　北

城北:

书二册,烦交张伍同志转给王薇。

请张伍同志给我一个薇薇的地址,我要给她写一封信。

你想来活得还滋润。

我还好,只是文债多,忙。

今年大年初一立春,是"岁交春",据说是大吉大利的。语云:"千年难逢龙华会,万年难遇岁交春"。那天你可以吃一顿春饼。

曾祺 白
一月十八日

920318 致 金 家 渝

家渝:

你的信收到。小敏给我写了一封信,也收到了。你们的信都很短,希望以后能写得长一些。

听说小敏有了男朋友,是泉州人,说要到高邮来到家里看看,——是让你们看看吧!这人怎么样?长相、气质如何?如果成了,小敏就将到泉州去,那很好,泉州是个好地方。但如嫁到泉州,回高邮的机会就不多了。你们舍得么?

小敏信上说丽纹要到深圳去开会,去了么?出去走走好,老在高邮巴掌大的城里转,眼界狭窄。你们都应该出去跑跑,包括捷子和红梅。

任海从汉中给我一信,附赠一张曹操写的字的拓片。我还没有回他信。我和他是什么辈分,应该怎样称呼他?别搞错了。你最好问一下娘。

我将陪北影摄制组到高邮,大概可以肯定。具体日期还没有和他们商量。系列片是要拍的,北影已把改编权的报酬给了我。我曾经给朱延庆写过信,他已回信,说已和戎市长谈过,市里表示愿意接待,解决食宿、交通、场地等问题。等行期确定,我会给戎市长直接写一封信。

浙江文艺出版社要我把写高邮的小说集中起来出一个集子。我很愿意,这样好给高邮人一个礼物。我给他们回了一封信,要求他们明确回答一些具体问题(如印刷周期、计酬办法……),并要定一个合同,然后再将稿子给他们。这本书的书名初拟为《菰蒲深处》。此事暂勿与外人谈,因为还没有拍板成交。

人民文学出版社约我编的选集,估计今年可以出版。今年我将编一个小品文集、一本近作选和一个散文集。明年将编一本序跋集。

问一家好,给娘请安!

曾祺　三月十八日

920418　致金家渝、汪丽纹

家渝、丽纹:

我和北影摄制组的同志准备 4 月 27 日乘火车到南京,转高邮。大概在高邮留五六天,不会再晚,因为我 5 月 6 日要在北京等翻译我的小说的美国汉学家。

陵纹想到高邮和我见见,你们可写信告诉她我到高邮的时间。

行期确定后,我会给金玲打电话。

我已经给朱延庆和戎市长都写了信,希望高邮能派一部车子到南京接我们一下。叫金玲常和朱延庆联系。

匆告,即问近好!

曾祺　四月十八日

920628　致　范　用①

范用同志:

近读《水浒》一过,随手写了一些诗,录奉一笑。这样写下去,可写几百首。

曾祺 顿首
六月二十八日

读《水浒传》诗

街前紫石净无瑕，血染芳魂怨落花。
丽质天生难自弃，岂堪闭户弄琵琶。
潘金莲

六月初三下大雪，王婆卖得一杯茶。
平生第一修行事，不许高墙碍杏花。
王婆

凤凰踏碎玉玲珑，发髻穿心一点红。
乞得赦书真浪子，吹箫直出五云中。
燕青

枉教人称豹子头，忍随俗吏打军州。
当年风雪山神庙，弹泪频磨丈八矛。
林冲

桃脸佳人一丈青，如何屈杀嫁王英。
宋江有意摧春色，异代千年怨不平。
扈三娘

寿张县里静无哗，游戏何妨乔作衙。
非是是非凭我断，到来不吃一杯茶。
李逵

五台山上剃光头，一点胡髭也不留。
放火杀人难指数，忽闻潮信即归休。
鲁智深

注　释

① 此信见于《汪曾祺全集》第八卷,北京师范大学出版社,1998 年 8 月;据此
编入。

920726　致 陆 建 华

建华:

6 月下旬和 7 月 13 日的信都收到。我这两三个月特别忙乱。编
了三本书:《汪曾祺小品》(人民文学出版社)、《菰蒲深处》(浙江文艺
出版社)和《汪曾祺·中国作家选集丛书》(人民文学出版社),因此未
能及早给你回信。请谅。

我原来不打算出文集,我还不到出文集的“份”。江苏省文艺出版
社有出我的文集的想法,最近辽宁出版社又表示愿〔出〕我的文集,我
有点动摇。要出,当然还是交给江苏,我跑到辽宁出文集,算怎么回事
呢?你和江苏文艺出版社再商量商量,如果计划可基本落实,我就明确
回断辽宁出版社,告诉他们已给江苏。我如果出文集,给江苏,并未
“另有打算”,你不必“疑惑”。

出四部,分小说卷、评论卷(包括序跋)、戏曲卷①,我看可以。四
卷分量不等。戏曲卷会较薄,只有十多万字。前三卷可能较长。

我年内还要编三、四本书:《汪曾祺散文随笔选》(辽宁)、《汪曾祺
随笔精品》(陕西人民出版社)、《蒲桥二集》(作家出版社)……文集只
能先做点准备工作,具体编选要等明年始能动手。

出文集,出版社是要赔钱的,而且不是一个小数,希望出版社再考
虑考虑,如何筹措这笔资金。

具体编写,我一个人忙不过来,得请你们帮忙,你看约谁合适?

匆复,即候安适。

汪曾祺

七月二十六日

《菰蒲深处》是写高邮的小说集,请告诉陈其昌,此书征订时,高邮可早一点报个数目。

我的邮政编码是 100075,电话 7223874

注　释

① 此处汪曾祺漏写了散文卷。

920915　致扬州市文联

扬州市文联:

征集朱自清故居陈列字画,后来转到时,已是 9 月 15 日。但我还是画了一幅画,因为朱先生是我的老师。如何处理,由你们决定。

汪曾祺

九月十五日

921013　致　萌　娘

萌娘:

你手里还有没有《秋天的钟》?有,给我寄一份。

湖南文艺出版社明年要出两种书:《名家推荐佳作·小说卷》和《名家推荐佳作·散文卷》。我被抬举为"名家"。散文我考虑推荐

《钟》。出版社要求写赏析文字500—1000字。我手边没有这篇散文，想再看看。

江苏文艺出版社出了一本《名人小品》，选得不错。我建议你看看，特别是伍尔芙的《果园里》。你可以托人在南京买一本。

我一切均好。最近在为辽宁出版社编一本散文，为陕西出版社编一本随笔，年内大概写不了什么东西了。

我刚从杭州回来。匆匆忙忙，西湖只是瞥了一眼。在绍兴看了百草园、沈园。写了一首《沈园》的旧体诗：拂袖依依新植柳，当年谁识红酥手，临流照见凤头钗，此恨绵绵真不朽。如何？

问好！

汪曾祺　十月十三日

921105　致　古　剑①

古剑兄：

信悉。

我的字画没有卖过钱（以后是否卖钱，再说），从未定过润格。香港作家如愿要我的字画，可通过你来索取，但要你认为索字画者不俗。

《文廊》字写好。可以不用署名。我怕万一刘名要署名，乃署了一个。不用，即可裁去。你要我介绍名作家写刊头，我简直想不出。端木蕻良字写得不错。李准字是"唬人"的，但还算可以。邵燕祥字颇清秀。上海的王小鹰能画画，字不知写得如何。贾平凹字尚可。贵州的何士光的字似还像字。王蒙的字不像个字，但请他写，他会欣然命笔。我觉得此事颇难。一是作家字写得好的很少；二是作家中谁知道刘名是何许人也？凭刘之名，想约大陆作家为之题刊头，恐难。欲通过你约，亦难，因为你认识的"内地"作家而能写字者亦不甚多。我看只有一法，高稿酬。重赏之下，或有勇夫。此事你可商之沙叶新，问他有办法没有。

即候

著安

曾祺 顿首

十一月五日

注 释

① 此信见于古剑著《笺注：二十作家书简》，河南文艺出版社，2015 年 9 月；据此编入。

921105 致 陈 时 风[①]

时风先生：

来信收到。我不善画猫，且画猫为中堂者亦少见。检近作梅花一幅以赠，这也算是小中堂了。

寄来五十元敬还，另寄。我作字画从不收钱，尚祈见谅。

即候

时安！

汪曾祺

十一月五日

注 释

① 陈时风，生于 1962 年，浙江椒江人。中国书画爱好者联谊会会员。

1993 年

930109　致　舒　非[①]

舒非：

《我家的月亮特别大》、12 月 10 日信及转来张文达的文章均收到，勿念。

《我家的月亮特别大》正如张文所说，"甚是可读"。我没有"不满意"。张文达公对你的文章很难说是批评，你上回写我，是"侧写"，这回是"掠影"，写法不同，比较起来，前一篇可能给人印象更深一些。

我对别人写我的文章不太重视。一个人被人"写"了，我总觉得有点不好意思。在写我的文章中，到现在为止，我认为你的《侧写》是最好的一篇。辽宁出版社编了一本《撕碎，撕碎，撕碎了是拼合》[②]（中国当代作家面面观），收进了《侧写》。不知道他们寄书给你了没有？应该还有少量的稿费。过两天我写信问问这本书的编者林建法。

你的孩子会好起来的。我看了他的照片，很秀气，比一般的男孩子秀气，而且眼睛很聪明。不要因此而过于焦虑。你说只要孩子快乐就好，这是最好的态度。

《大公报》的稿费，我本已通知陆拂为，叫他有便人到北京时带来，不要再麻烦你，不想报社还是麻烦你了，我真是不安。

人民文学出版社出了《中国当代作家选集丛书·汪曾祺》（这个书名真不好听！）。我见到了样书，订购的书尚未到。到后，当寄你。人民大学出版社编了我的小品集，原订合同说 1992 年年底出书，至今未见。我为陕西、辽宁各编了一本随笔和散文，为浙江编了一本写我的家乡的小说集，大概都得到第二季度才能上市。如尚可读，当奉寄。

北京一冬无雨雪，天也不冷。昨天下了一场雪，雪花不大，而甚密，天也骤冷起来。这场雪很好，对农作物，对人都有好处。香港是见不到雪的，什么时候，冬天，你到北方来看看，到东北看看，"树挂"，那是很好看的。

曾祺　一月九日

注　释

① 舒非，1954 年生于福建鼓浪屿。时任香港三联书店编辑。

② 应为《撕碎，撕碎，撕碎了是拼接》。

930110　致金家渝

家渝：

你前来信，说及续修家谱事。年前得莲生小爷①信，嘱我为续谱写序，附太爷所写旧序，倡议续谱人的"须知"，并要写堂名二条，有尺寸。小爷信我曾慎重存放，但怎么找也找不到了。只好先把序写出来。

你去找一趟小爷，请他看看这篇序，这样写合适不合适，请他动笔改改。不是客气，他是长辈，理当请他过目修改。

如小爷认为可用，可转给灌县。

续谱不知是刻版，是排印？是直行，是横行？用简体字还是繁体字？如需直行繁体，麻烦你用毛笔楷书抄一遍。

那两个堂名写什么字，尺寸多大，请问一下小爷。如小爷处未存底,请写信给倡议续谱人再寄两份来。

序的页边有 * 号处是年代和我的代次,请查一查,加上。

这篇序我留了底稿,用后不必退还。

有汪奇芳照片两张,烦转交。

又:

关于族谱,对我的简介如下:

×××代　曾祺　作家,著有《汪曾祺短篇小说选》、《晚饭花集》、《晚翠文谈》、《汪曾祺自选集》、《中国当代作家选集丛书·汪曾祺》等。中国作家协会理事。

关于汪朗,只须有一个名字即可。

你上次来信说,女的也入谱,说可以写到汪卉,而小爷来信则说女的不上家谱。你问问小爷到底是怎么回事。如女的入谱,请你和丽纹代劳填写。

曾祺　一月十日

注　释

① 莲生小爷,汪曾祺四祖父之子、汪曾祺的叔父。

930311　致　古　剑

古剑兄:

《文廊》稿酬支票港币九百元收到。以后稿酬即用此法寄(不必每期寄,可积至一定数目一并寄)。

不拟委托香港亲友代收,那样麻烦。

即候

文安!

汪曾祺　三月十一日

930315 致 沈 继 光①

继光同志：

序②写得。何时有空,盼和照片一并取去。

此序或将在大陆先发表一下,然后收进我的小品文集,并告。

即候

时安！

汪曾祺

三月十五日

注　释

①　沈继光,生于1945年,北京人。画家,摄影家。中国铁路文工团高级美术
　　设计师。

②　序,汪曾祺为沈继光摄影艺术集《胡同之没》写的序文。

930407 致 王 必 胜①

王必胜同志：

信悉。小说家散文选,我拟报选两篇:①城隍、土地、灶王爷;②花。
第一篇刊在《中国文化》(刘梦溪主编)1991年8月第4期上。希望你
能找到这期刊物,复印一下(我这里只有一本,还准备作其他选本之
用)。第二篇尚未发表。稿在《收获》,将用在今年的第4期,大概8月
才能出来。你如等不到8月,请来信,我将复印一份寄上(我这里还有

一份底稿）。或打电话7623874。

"感言"寄上,恰600字。

即问安适。

汪曾祺

四月七日

注　释

① 王必胜,生于1952年,湖北荆门人。作家,编辑。

930503　致陆建华

建华:

文集编选大体就绪,现将目录抄一份给你(我留了底),让你心里有个数。材料归类,我让汪朝帮助搞。她今天晚上开始弄,估计一个星期可以完成。书先不寄来,因为我在书的目录上做了记号,汪朝手中没有这些书,不好检辑。等她编好了,一并寄上。

戏曲剧本我已请《新剧本》编辑代为复印。

照片明后日挑选。需要多少张?

要不要写给自序?

出文集事,很麻烦你,谢谢。

曾祺

五月三日

930516　致黄伟经

伟经兄：

　　信收到。

　　我近几月连续编了我的五本散文集，整理江苏文艺出版社要赶出的我的文集，又接连讲课，开座谈会，写评论，搞得很疲乏。《东方》杂志我愿写稿，但要过一些时，等我休息过来。

　　《海风》刊头寄上，横竖各写了一式，由他们选用，请转去。

　　即候

时安！

汪曾祺

930523　致陆建华

建华：

　　寄上文集自序和几个剧本。费振钟来电话索稿，你看看如自序可发表，就让他复印一份。不过我觉得文集出版尚需时日，现在发表自序，有点为时过早。剧本缺《沙家浜》，此剧发表在 1970 年第 6 期《红旗》。

　　年表我看了，觉得这样就可以，不必要删补充。但是年表不知叫我藏到哪里去了（越是怕丢了，越容易丢了），明天我要用一天时间在乱书乱信堆中穷搜一次，我想是能找出来的。万一找不到，怎么办？你那里留有底稿没有？（找不到了）

　　照片寄上。如不够用，可再选一些续寄。

稿酬办法请你代为考虑,我也不知道哪种办法更上算一些。

即问近好!

曾祺

五月二十三日

剧本《小翠》前寄目录未列入

930527　致 陆 建 华

建华:

真是糟糕,年表真的找不到了。各处都翻遍了,汪朝翻了一遍,老伴翻了一遍,我来回翻了六七遍,就是没有。真是奇怪。我准备再找找,实在找不到,只好请你再抄一次。

手稿两份奉上。

即候

时佳。

曾祺

五月二十七日

930530　致 戎 文 凤①

戎文凤市长:

我三年前回高邮时曾向市里打报告请求将当时为造纸厂占用、本属于我和堂弟汪曾炜名下的臭河边的房屋归还我们,迄今未见落实。

这所房屋是我家分家时分给我和汪曾炜的房产。土改时我和曾炜都在外地,属职员成份。此房不应由他人长期占用。

近闻高邮来人云,造纸厂因经济效益差,准备停产。归还我们的房屋,此其时矣。我们希望房管局落实政策,不要再另生枝节,将此房转租,另作他用。

曾祺老矣,犹冀有机会回乡,写一点有关家乡的作品,希望能有一枝之栖。区区愿望,竟如此难偿乎?

即致

敬礼!

汪曾祺　一九九三年五月三十日

注　释

① 戎文凤,生于 1950 年,江苏高邮人。时任高邮市人民政府市长。此信见于陆建华著《私信中的汪曾祺》,上海文艺出版社,2011 年 5 月;据此编入。

930623　致陈有升①

陈有升同志:

你的热情洋溢的长信、沈先生书信的复印件和《无从驯服的斑马》的篇目都已见到。

写序本是我义不容辞的事,但我对文物是外行,沈先生这一类文章过去零零碎碎地读过一些,印象不深,如要写序须精读全文,我近来极忙,没有时间好好地阅读,因此未能如命。如用《沈从文转业之谜》代序,我同意。

书名我建议用沈先生在文章中、书信中常说的"花花朵朵坛坛罐罐"。《无从驯服的斑马》使人看了不知道是什么书,好像是一本童话集似的。沈先生既常用"花花朵朵坛坛罐罐",想必他很喜欢用这样的话来概括他在文物、艺术方面的学问。如用此作书名,"花花朵朵"下不要加逗号,连写下来即可。可加副题:"沈从文文物艺术研究文集"。

我建议这本书的序可以叫沈红(虎雏的女儿)来写。她就是在花花朵朵、坛坛罐罐中长大的,文章也写得很漂亮。她写的《湿湿的思念》,感情和文笔都很美。

沈先生文物、艺术研究文集的出版是非常有意义的。作为沈先生的学生,我愿向你和出版社深致谢意。

如文集编好,能赐寄清样,我可以写个后记。

此复,即候

暑安!

汪曾祺　六月二十三日

注　释

① 陈有升,生于1936年,广东澄海人。时任外文出版社文化交易编辑室主任。

9306□□　致陆建华

王干已将文集自序交《光明日报》韩小蕙。昨得小蕙电话,将于26日头题发表。她希望改一个题目,拟了一个:

却顾所来径,

苍苍横翠微

下加副题:汪曾祺文集自序。

画选两幅即可。画不需题目。

制版时请把"新华通讯社稿纸"压掉。

曾祺

930722　致　陆　建　华

建华：

信悉。所询诸事答如下：

《胡同文化》副题《胡同之没》，"没"是没有的没。

省电视台要拍专题片以秋凉后为好。最好在10月中旬。10月初我要去台湾（估计问题不大），10月10号当可回京。

《裘盛戎》剧划去"与梁清濂合作"字样。

《沙家浜》署名"汪曾祺执笔"，"执笔"前加"主要"二字。

自序似可不用《光明日报》发表时的题目。

"逃警报"、"跑警报"，"逃"与"跑"不要统一。因为散文说明什么叫"跑警报"，小说未说明，还是用"逃"，一看就明白。

先燕云的序好像没有发表过。曾明了的序也像没有发表过。读朱自清、陈寅恪、阿索林的笔记曾在《光明日报》发表过。推荐《孕妇和牛》发表在《文学自由谈》。推荐《秋天的钟》稿在《文学自由谈》尚未发表。《要面子》发表在《大连日报》，但我未见到报。《鲍团长》发表在《小说家》和香港《大公报》。

我最近写了三篇小说，还不错。是应《小说家》之逼而写的。准备同时给香港《大公报》和台湾《中国时报》。这三篇不打算收入文集。等字数凑够时，单独出一个小说集。

文集九月上旬出书最好。我想带一套到台湾去。台湾的座谈会10月2日开，我9月下旬即须从北京动身。由北京到香港很麻烦，先要到深圳住一天，罗湖住一天，由罗湖入香港境，再由香港飞台北。

浙江文艺出版社去年约我把以高邮为背景的小说出一个集子，书名《菰蒲深处》,大概已经出书。小说都是已经收入集子的,没有多大意思。但高邮人看了也许觉得很亲切。你写信告诉陈其昌,让高邮新华书店进一些。

北京天气闷热,像南方的梅雨天。我还好(能连续写三篇小说,可见健康情况不错)。南京是个大火炉,你编书不要太紧张,别弄病了。

问全家好!

汪曾祺

七月二十二日

931004　致杜月涛^①

月涛:

"序"写得。因为不太像序,乃改为"题"。如你认为作序更好,则用于画集上可改为"序诗"。

诗录如另纸。请斟酌,如不合用,即掷去。如为"扩大影响",可先在报上发表。但须离画集出版时期不远,否则即被人淡忘了。

剪报册及照片,你得便时来一取,邮寄殊不便也。

诗我已请人录副,原稿不必退还。如在报上发表,字须改为简体字。

即候

安好!

汪曾祺

十月四日

注　释

① 杜月涛,生于 1963 年,山东淄博人。画家。

9310□□　致　古　剑

古剑：

　　送你两本书：《散文随笔选集·汪曾祺》和《榆树村杂记》。

　　字一幅，博一笑。

　　两组小说：《小姨娘》《忧郁症》《仁慧》；《生前好友》《红旗牌轿车》《狗八蛋》《子孙万代》。后一组可以说是"新笔记体小说"。你可以选用其中的一组，另一组请转《大公报》文学副刊。我觉得前一组好一些。你可不要全部留下，因为我欠《大公报》文债已久，得搪一搪账。

　　如果全不中意，无妨。

　　我请舒非通知你。

　　书、稿各件均由我的儿媳刘阳带来。舒非通知你后，你最好陪她一同去看我的儿媳（她住什么地方，会打电话告舒非的），因为书、稿颇重，还是你这男子汉取为好。

汪曾祺
一九九三年十月

931119　致　袁　鹰^①

袁鹰兄：

　　信悉。

　　另函寄上沈阳出版的我的随笔散文选。你所要的散文大都在里面，复印费事，寄书还方便一些。

别有所嘱,请来信,或打电话:7623874。

即候

安好!

汪曾祺　十一月十九日

注　释

①　袁鹰,生于1924年,江苏淮安人。作家,诗人。曾任《人民日报》文艺部副
　　主任,《散文世界》主编。

931124　致　袁　鹰

袁鹰同志:

　　你接连收到两本我的散〔文〕随笔选集,一定会觉得奇怪。经过如
下:我给你签了一本书,加了封,我老伴说要去邮局去寄,下雪路滑,未
寄,置于案头。前天她要去寄,怎么也找不到,只好另签一本。原来的
那一本由我的女儿大前天寄了。

　　多余的一本,你瞧着办吧。转送给别人也可以,自己留着也行。寄
还给我也行,——我可以留着作校对底本。

　　以一人之力,编如此卷帙繁浩之书,够累的。不过单枪匹马也有好
处,人多了,七嘴八舌,也麻烦。

　　我的散文随笔发表在什么报刊上,因剪样分寄给不同的出版社,已
无从查考。好在文后大都有写作时间,就以此为参考吧。

　　即候时安!

汪曾祺
十一月二十四日

931226　致　刘　琛[①]

琛子：

"风水宝地"引诗及后记[②]"传"上。"前言"望早日传到。我昨已到荣宝斋买到宣纸八行书，俟稍有暇，即可书写。争取在去台湾之前写好寄上。——毛笔字电传失真，制出版来效果不佳。

曾祺

十二月二十六日

"前言"可电传5125015汪朗转

风 水 宝 地

引　　诗

青山排户入，

在山泉水清。

七碗风生腋，

饮之寿且宁。

后　　记

门对青峰，户绕流泉。梵宇为邻，桑麻可话。子贡生涯，陶朱事业。既隐于市，亦隐于山。人在画图之中，神游红尘之外。居此福地，宜登寿域。编是书迄，聊贡余言。

注　释

① 刘琛，生于1967年，北京人。时任广州白马广告有限公司总监助理。

② 刘琛为白马广告公司约汪曾祺写广告册《西山客话》。

1994 年

940102　致　古　剑

古剑兄：

　　我一月六日晨（7：50）由北京乘飞机往台北，经香港，在香港机场要停留几个小时。我大概不能出机场，你也进不了机场，恐无缘一见。

　　我曾托舒非买了一架照相机，由她代垫了一笔钱，大概有 500 港元左右。《华侨日报》是不是有我一点稿费？如有，近 500 港元，你是否将此项稿费代为偿还舒非？

　　劳神之处，容当后谢。即候

春安！

汪曾祺 顿首　一月二日

940125　致　金　家　渝

家渝：

　　你找找王尔聪、陈其昌等人，让他们搜集一点王匋民的材料（家世、师承、为人、画风……），最好能拍一些王匋民字画的照片，我想写一篇《王匋民传》。王匋民的画是很有特点的。高邮人真正可以称为画家的实只王匋民一人。

　　捷子想写写邓胖子，恐怕很难。他切药刀功好，但性格上似没什么特点。我觉得他可以试写"鹿女丹泉"。不要只照传说那样写，要有想象,写得很美,有诗意。要写出鹿和人(和尚)的爱情。《法苑珠林》里有一篇写鹿与人的爱的,可找来看看。这套佛经我这里也没有,扬州师院图书馆不知能不能找到。

《文集》三千套已售完,江苏文艺出版社准备再版。高邮首发式举行了没有?市委宣传部副部长某曾打电话到台湾,让我在电话里讲几句话,他们录了音在首发式上放。我不知道这位副部长怎么能查到我在台北的电话!

我们都挺好。给娘请安,问你们大家好!

大哥　一月二十五日

940201　致　文　牧^①

文牧同志:

序^②写好了,请审处。

先后寄来各件暂存我处。如急需,当寄来。但我很怕到邮局寄东西,因为包扎费事,又重。如不急需,等你们什么时候到北京来取去,如何。

即候

节安

汪曾祺

二月一日

注　释

① 文牧,生于 1933 年,江西萍乡人。作家。历任吉林人民出版社、时代文艺出版社、《新苑》文学杂志社编辑。

② 序,即《再淡一些——〈文牧散文选〉序》。

940301　致　陶　阳

陶阳同志：

序①写好,请审处。

此序我未留底。如你觉得可在出书前先发表一下,以"扩大影响",请"便宜处理"。如先期发表,则请复印一份寄我,可作他日"复案"。

你前寄我复印稿等件,怎么处理? 或你得便时取去,或由我邮寄给你? 请明示。——我很怕到邮局寄东西。我近处邮局撤销,用牛皮纸包扎也不方便。

得便望给我一个电话。我的电话是7623874。

曾祺
三月一日

注　释

① 序,即为陶阳著《扶桑风情》一书所作序文《小滂河的水是会再清的》。

940506　致　巫　宁　坤①

四月廿五信收到,前来信,因为把你的地址搞丢了(我这人书信、稿件向来乱塞),故未复,与"大红大紫"无关也。

注　释

①　此信片段见于巫宁坤《忆老友汪曾祺》,载刘琅、桂苓编《从前:万人如海一身藏》,中国友谊出版公司,2005年3月;据此编入。

940602　致　古　剑

古剑兄:

久疏问候。

前函敬悉,寄来的1880元稿费已收到。你交给舒非的稿费,舒非来信云亦收到。事忙,迟复为歉。我身体尚好,只是年纪大了,精神不如以前,腿脚也不够灵便。现在去开会、赴宴,上下楼梯总会有人来扶我,其实我尚未龙钟如此!

这二年我写散文较多,据有人统计,去年我出版散文达十五万字。去年第四季度忽然连续写了十一个短篇。七十四岁的人还能不断地写,大概还能再活几年。

有合适的稿子,当奉寄。即候
著安!

汪曾祺　六月二日

940622　致　舒　非

舒非:

我近极忙,《中学生读物:沈从文》恐不能在6月30日前交稿,那怎么办?

(我23日将参加"沈从文文物研究展览",27—28日将和法国作家座谈。)

"读物",我想选四篇:《边城》《贵生》《丈夫》《牛》。已看了几遍，有些想法，但写起来也相当费事。能不能把文稿日期放宽一点，到 7 月 15 日前交稿？

我同意在正文外加"题解"、"注释"和"赏析"。

我觉得书前还需一个"前言"。"前言"已写出，寄你一看，以示我并不是把你指令之事不放在心上也。余容后叙。

候佳

汪曾祺　六月二十二日

沈先生①的照片已嘱沈家加印。

注　释

①　沈先生，指沈从文。

940717　致　舒　非

舒非：

先把有关《边城》《丈夫》《牛》各件（包括题解、注释、赏析）寄给你。

《贵生》文我正在赶写，周内可以完成。写成后当即续寄。

《边城》《丈夫》《牛》的本文希望你在香港找一找，我不再另寄。

《沈从文和他的边城》《又读边城》也希望在香港找到。这两篇在《汪曾祺文集·文论卷》内均有。香港找一本《文论卷》当无困难。

麻烦你了！

汪曾祺　七月十七日

940719　致　舒　非

舒非：

三天前寄出有关《边城》《丈夫》《牛》各件，想当收到。

今再寄有关《贵生》诸件。

至此，预定任务已全部完成。

各件到齐，希望给我一信，或打个电话来。

有什么意见，盼告。

这本书大概何时可以出版？如果下厂时间较长，你是不是把这几篇东西给古剑看看，问他能否选用一些。题目如何安排，由他决定。不用，当然没有关系。

北京今年奇热，又闷，你的这本书真是让我出了不少汗。文章不好，其志可嘉，一笑！

曾祺　十九日

1995 年

950313　致　刘　琛

琛子：

收到信（很久了）很高兴，我们都很想念你。香港岭南学院本订三月间请我去讲学，我以为可以见到你，不料我住了一些时医院（因肝功不良），香港之行取消，就错过看到你这小疯子的机会，遗憾！

前寄来的那本《西山八大处》早已看到，印得很讲究！

你生活上发生波折，别看你是个大大咧咧的人，创痛还是很大的。好在已经过去了。希望你在感情上能够顺顺当当的。

汪曾祺　施松卿
三月十三日

汪朝问你好！我们常常谈到你，说明你给人印象之深，她已于去年 5 月成家，所以不在这里，不能在信上签字。不知此信地址写对没有？

松卿

950525　致　刘　琛

琛子：

昨天收到来信，很高兴。

你要写我，我当然同意，欣然同意。但是我不知道你怎么写。我有什么可写的呢？我看了不少篇写我的印象记之类的文章，说来说去无非是那几句话，而且是互相转抄，实在没有多大意思。看完了，我都随手置之，不保留（有的作家是很在乎别人怎么写他的）。希望你能别出心裁，说出点未经人道的话。你写吧，我相信你能写好。

为了配合你的文章，我也许会给《作品》一篇小说（或寄给你，由你过目后转给他们）。我有一篇短小说被《辽宁日报》拿去，我叫他们寄一份复印样给我。辽宁、广东，一北一南，一稿两寄想来关系不大。我正在酝酿另一篇小说，写成了，也许把这篇寄给你。

我的肝病似有好转。最近在吃一种奇怪的东西，——蚂蚁。我前到中医院看了一次，拿回三十付中药。现在一天到晚吃药。我的肝病无症状，倒是疝气影响行动，小肠随时会"出溜"下来。因此我谢绝一切活动，在家静养。

看你的信，似乎活得还挺来劲。能到三亚这种地方去做广告，证明并不消沉。你还能疯，这很好。

你还是那样吗？站立，走动是不是还是两边晃？

我很想你。

北京天气很热，最高温度是 30℃，比广东还高。老不下雨，真奇怪。

上帝保佑你！

曾祺　五月二十五日

施阿姨附笔问候

950705　致朱福生、刘金鳌、肖维琪^①

朱福生同志、刘学鳌同志、肖维琪同志：

我请求解决本属我的名下的造纸坊的房子。现委托我的胞妹汪丽纹办理。详细情况见我与汪丽纹的委托书。此致

敬礼！

汪曾祺

1995 年 7 月 5 日

注　释

① 朱福生(1950—2011)，江苏靖江人，时任高邮市委书记。刘金鳌，汪曾祺误记为刘学鳌。生于 1946 年，江苏高邮人，时任高邮市委宣传部长。肖维琪，生于 1945 年，江苏高邮人，时任高邮党史办副主任。

950918　致　康　健^①

康健同志：

遵嘱题词，今寄上。附照片一张。

汪曾祺

照片用后请寄还。

九五年九月十八日

注　释

①　康健，1966 年生于甘肃泾川县。作家。

951014　致　麦　风①

麦风同志：

　　索画之函今日才转到我手中，当即命笔。我作画不索酬（大款除外），请勿寄钱来。

曾祺问候

九五年十月十四日

注　释

①　麦风，生于 1965 年，辽宁沈阳人。作家。

951027　致　刘　琛

琛子：

　　信及《作品》都收到。在此之前，《作品》编辑部已将刊物 2 本，稿费 200 元（《窥浴》160，画 40）寄给我，便中可转告他们一声。

　　《窥浴》曾为《沈阳日报》拿去，主编不敢用，这很好，我干嘛要到沈阳这样的土地方去发表一篇东西！

　　你写老疯子的文章很流畅，但我不太满意，对我的思想性格写得不深。这也难怪，我们接触得还不太多，你又是比较外向的人，不大会深思。这样也好，感觉到多少说多少，不像一些访问我的记者，浅浅地接触，但玩深沉。以后有机会咱们再略作深谈，我愿意让你把我"穿刺"

一番。你还是一块料,不过得打磨打磨,能够知人论世,不要只是写广告。

老伴说,《作品》把她的名字排成了"施格卿",冇关海!

我 29 日到温州去一趟,约 10 日即回,以后再联系。

匆问近好!

老疯子　十月二十七日

95□□□□　致　曲　令　敏^①

令敏:

你委托平顶山的一位同志(这位同志的姓名我记在一张纸上,一时找不到了)在电话中告我治疝气的方子:升麻、台片各 5 克,水煎服,红糖水作引子。有两点疑问:一、药铺售货员不知道"台片"为何物,后一老店员说:即党参,因产于五台山,故名台片。不知是否? 二、剂量对不对? 5 克似乎太少了。也许是我听错了。以上两点,请核对后打个电话告我。

听说你到北京来了,为什么不上我家来坐坐?

你一切都好吗?

注　释

① 曲令敏,生于 1953 年,河南唐河县人。时任平顶山日报社编辑。据推测此信写于 1995 年,未完。

1996 年

960130　致 林 靓 月[①]

靓月：

收到信，十分高兴。

"春来酒家"[②]是为你写的，原件当然应该归你，怎么会由泽雅区委拿去呢？我写一简单的信，你可拿了我的信向区委要回来。

又，我给《钱江晚报》写的关于泽雅的文章共有三篇，其中第二篇《月亮》是写你的。我把你的姓记错了，写成"陈靓月"，你可和《钱江晚报》联系一下，请他们改过来。我也写一短信给他们，只是我不记得是谁拿去了，你去打听一下。

汪曾祺

一月三十日

注　释

① 林靓月，生年未详，浙江温州人。时为温州泽雅宾馆服务员。

② "春来酒家"，汪曾祺为林靓月父亲所开饭馆写的招牌。

960130　致《钱江晚报》

《钱江晚报》：

　　我写的关于泽雅的短文，第一篇已发，谢谢。第二篇《月亮》闻亦将发。第三篇《瓯海修海堤记》交给了林斤澜，他会复印了寄给你们。

　　兹有一事相恳：拙文《月亮》写的那个小女孩叫"林靓月"，我误记她姓陈，请改正过来。

　　麻烦了！

汪曾祺　顿首

一月三十日

960626　致陆建华

建华：

　　信悉。

　　那首诗[1]是我写的。原诗及写诗原由见《文集》散文卷 269 页。抄件错了两个字："来"当作"朱"，"由"当作"从"。

曾祺

六月二十六日

注　释

　　① 那首诗，即《为张抗抗画牡丹并题》。

960716　致陆建华

建华：

　　我的一个亲戚要帮助我把我的全部作品及有关材料输入电脑光盘，希望你即将你所掌握的材料用快件寄还给我。包括：

　　我的作品海外版（大陆所出作品集可不必寄）；

　　我的照片（与沈从文及我爱人的合影、书画、原稿及影印件）。

　　收入光盘，如你还要用，再想办法。

　　请速办。

　　匆匆，即问

著安

汪曾祺
一九九六年七月十六日

960823　致陆建华

建华：

　　寄来的照片已收到有日，麻烦你了。

　　据我女儿查找，照片还缺以下几张：

　　台湾版《八月骄阳》，我与松卿在高邮湖上的照片；

　　与保罗·安格尔合影；

　　《文论集·戏曲剧本》集、散文集前的人像特写。

　　请找出寄我。光盘制出，当可赠奉一份。

　　《江苏教育报》嘱写配合教师节一文，已写得，等他们告我报纸地址、邮编即可寄去。文章题目《师恩母爱》，是写我的幼儿园（当时叫"幼稚园"）老师王文英（张道仁先生之老伴）的。你写传记，可跟《教育报》要一份复印稿看看，70 年前的幼儿园情况现在已经很少人知道了。复印稿可向报社李黎红要，并嘱他们把原稿给我寄回来。

即候

秋安！

曾祺

八月二十三日

960828　致　陆　建　华

南京能否找得到《文艺复兴》（解放前二三年郑振铎、李健吾主编）？有两期发表了我的《小学校的钟声》和《复仇》。大约是发《复仇》的那一期上有郑振铎写的编后记，《记》中主要是说《复仇》的，写得很热情，我〔想〕看看这个"后记"。我想写一篇谈编者、作者和读者关系的文章，想引用"后记"的片断。你写我的传，此后记可供参考。如果方便，望能将此后记复印一份寄我。现在的主编多半缺少眼力，也缺乏热情，这样是办不好刊物的。

初秋凉爽，当能写一点东西。

曾祺

八月二十八日

1997 年

970318　致　陆　建　华

建华：

把汪朗整理的材料寄给你看看。

据我的律师陶武平说，上海第一中级法院目前无暇处理《沙家浜》案①，得等三、四月后再说，你可以从容考虑对策，不必着急。

曾祺

三月十八日

注　释

① 即江苏文艺出版社《汪曾祺文集·戏曲剧本卷》中《沙家浜》的署名侵权案。

未编年

 致 某 人[1]

挺好。

只有一个问题,提出来商量一下。就是关于"律动性"的提法。"律动性"好像是美学上的一个更普遍、更宽广的概念。音乐、舞蹈甚至雕塑、绘画都是有这种特点的。这似乎不是语言所特有的,而且也不宜讲得太死。如"律动性的表现形式之一"这样的说法。如果要提,笼统地提一下注意语言的律动性也就可以了。后面对称层递,不再用这个词,也能说明。

这一点拿不准,星期一查查《辞海》之类的书看。

一个困难:唱腔,听的人较易有印象,单唱一段、几句,都易明白。念白,如果不是对剧本很熟,听的人就不易了解是在什么情景下,对哪些人说的。单提某几句、某一段,别人不易摸着头脑。而具体地介绍剧情,又很噜嗦。这怎么办?

我觉得关于念白,对演员来谈,他们较易领会,也易收益;对搞声乐的人来谈,就有点隔膜。关于歌唱的部分已经很长了。如果主办报告会的同志不坚决要求,念白部分可以不谈。

稿子留着待他时他处用。

曾祺

注 释

① 此信收信人及写信时间未详。

书信全编